经院哲学与宗教文化研究丛书

《托马斯·阿奎那自然法思想研究》，刘素民著，已出

《阿奎那自然神学思想研究》，翟志宏著，已出

《阿奎那存在论研究——对波埃修<七公理论>的超越》，董尚文著，已出

《阿奎那人学思想研究》，白虹著，已出

《阿奎那变质说研究》，濮荣健，已出

《吉尔松哲学研究》，车桂著，已出

《拉纳先验哲学研究》，车桂著，已出

《阿奎那三一学说研究》，车桂著，已出

《托马斯·阿奎那情感理论研究》，黄超著，已出

《自由之三维：力量、爱和正义——R.尼布尔政治神学研究》，方永著，已出

《托马斯·阿奎那爱的学说研究》，张祎娜著，已出

《阿奎那伦理学研究》，王涛著，即出

《阿奎那正义理论研究》，陈文安著，即出

（待续）

经院哲学与宗教文化研究丛书

段德智 总主编

A Study on Thomas Aquinas' Doctrine of Love

托马斯·阿奎那爱的学说研究

张祎娜 著

人民出版社

总　序

段德智

　　《经院哲学与宗教文化研究丛书》已经开始面世了。在其面世之际或面世之初，我作为该丛书的主编和策划者之一，有责任向读者交代一下我们主编这套丛书的初衷，即我们为何要策划编辑出版这样一套丛书以及我们关于这套丛书的一些具体设想。

　　《经院哲学与宗教文化研究丛书》虽然从字面上看蕴涵两个部分，但是，按照我们的设想，"经院哲学"毕竟是其主体部分。从这个意义上讲，"我们为何要主编这样一套丛书"便可以化约为我们为何要研究和阐释经院哲学这样一个问题。那么，我们为什么要研究和阐释经院哲学呢？诚然，我们之所以要研究和阐释经院哲学是具有多方面的原因的，例如，有社会方面的原因，也有我们个人学术经历方面的原因，但是，最根本的原因却在于作为我们研究对象的经院哲学本身的本质规定性，在于它的学术价值和学术地位。具体说来，就在于，在我们看来，经院哲学是一门比较纯粹的学问，是作为哲学的哲学，是一种指向性极强的形而上学和生存论，是一种与宗教文化和世俗文化密切相关的哲学，是一种在西方哲学发展史上享有崇高历史地位的哲学。

第一，在我们看来，经院哲学是一门比较纯粹的学问，是哲学。经院哲学虽然与基督宗教神学相关，但是，就其基本内涵和学术取向看，经院哲学，顾名思义，其所意指的无非是经院里的哲学，学院里的哲学，学者们的哲学。"经院哲学"这个词在英文中为"scholasticism"，在德文中为"Scholastik"，在法文中为"philosophie scolastique"，而它们的源头又都可以一直上溯到希腊词"schoolastikós"，而这一希腊词主要意指的即是一种为学问而学问的比较纯粹的学术探究。此外，希腊词"schoolastikós"还有一个意思，这就是它也可以用来意指以上述学术态度和学术立场治学的学者。在拉丁文中，"scholasti-cus"作为经院哲学的一个近义词，其基本内涵即为"学者"、"文人"。其意思与杜甫"士子甘旨阙，不知道里寒"（《别董颎》）一句中的"士子"以及吴敬梓的《儒林外史》书名中的"儒"字的含义大体相当。再者，从这些词的词根(scho-)看，这些词除内蕴有学问、学习、学术探究外，还都内蕴有学校、学院、大学的意思。例如，英文"scholasticism"除与意指"学问"、"学识"的"scholarship"同源外，还显然与"school（学校）"同源。而在拉丁文中，"schola"的基本含义即为"学校"、"学舍"、"讲堂"、"教室"，与我国古代的"书院"大体相当。因此，经院哲学其实是一种学校里的哲学，大学里的哲学，当然，从历史上看，首先当是巴黎大学、牛津大学和剑桥大学里的哲学。因此之故，即使"打算穿七里长靴尽速跨过"中世纪的黑格尔在《哲学史讲演录》中在谈到经院哲学与教父哲学的区别时，也曾经强调指出：能够成为经院哲学载体或主体的不是具有圣职的"教父",而是有学问的能够"科学地成体系地"讲授哲学和神学的"博士"、"教师"和"学者"(scholasticus)。他还进而明确指出:"经院哲学是这个时期的主要人物。它是欧洲中世纪的西欧哲学。"①而意大利来华的传教士艾儒略(Julius Aleni,1582—1648年)在《西学凡》中不仅将哲学(Philosophia)译做"理科"或"理学",而且还明确地将"理学"解释为"义理之大学"和"格物穷理之学"。即使基督宗教神学(Cheologie),也被他译做"道科"或"道学",理解成"总括人学之精"的学问。②

第二,在我们看来,经院哲学的长处不仅在于它是一种比较纯粹的哲学,而且还在于它是一种指向性极强的形而上学。按照黑格尔的说法,经院哲学家,作为哲学家,其根本努力就在于"把基督宗教教会的教义建筑在形而上学的基础上"。③这是一件经院哲学家当时不能不做的事情。在基督宗教神学在当时的意识形态中处于"万流归宗"的地位的情势下,经院哲学家只有两种选择:一种是放弃职守,如是,他也就因此不复为哲学家;另一种是接受"任务"。然而,一旦他接受为基督宗教神学做哲学论证的"任务",他也就必须站到形上学的平台上开展工作。因为基督教教义和神学,归根到底是一种关于上帝的学说,一种关于终极实存的学说,一种关于使万物

3

---

① 参见黑格尔:《哲学史讲演录》第3卷,贺麟、王太庆译,商务印书馆1981年版(下同),第268、278、268页。

② 参见艾儒略:《西学凡》,见李之藻编:《天学初函》(一),台湾学生书局1965年版(下同),第50页。

③ 黑格尔:《哲学史讲演录》第3卷,第289页。

之存在得以存在的纯粹存在的学说。因此,黑格尔强调说:"这样的神学家只能是哲学家。关于上帝的科学唯有哲学",唯有形而上学。① 在一定意义上,我们可以说,把人类的思维水平提升到形而上学的层次上来,是中世纪经院哲学的一项巨大贡献。艾儒略在《西学凡》中将经院哲学称做"超出生死之学",②来华传教士利类思(Pudovicus Buglio,1606—1682年)将经院哲学称做"最贵且要"的"天学",③台湾新士林哲学强调经院哲学乃"超越智慧"。所有这些都可以看做经院哲学形而上学性质的印证。形而上学乃哲学的"硬核"和"纵深维度",是任何哲学体系都不可或缺的东西。尽管在西方哲学史上,从古希腊罗马时代的智者派和皮浪主义,到中世纪的唯名论,再到近现代的经验主义、实证主义、逻辑经验主义,一直绵延有"拒斥形而上学"的理论思潮,但是,从整个哲学史来看,最后遭到拒斥的不是形而上学,而是那些拒斥形而上学的上述哲学流派。"从这个意义上讲",对以形而上学为其主体内容的"经院哲学和学院哲学的研究"是"具有永恒意义的,只要哲学存在一天,学院哲学或作为学院哲学的经院哲学就应当存在一天,因为对学院哲学或作为学院哲学的经院哲学的研究的意义因此就永远会有专属于它自身的面向未来而在的载体。"④就此而言,人们关于经院哲学或托马斯·阿奎那的哲学为"永

---

① 黑格尔:《哲学史讲演录》第 3 卷,第 280 页。

② 参见艾儒略:《西学凡》,见李之藻编:《天学初函》(一),第 49 页。

③ 参见利类思:"《超性学要》自序",圣托马斯:《超性学要》"超性学要自序",利类思译,上海土山湾印书馆 1930 年版(下同),第 3 页。

④ 段德智:《试论经院哲学的学院性质及其学术地位》,载许志伟主编:《基督教思想评论》,上海人民出版社 2007 年版(下同),第 8 页。

恒哲学"(philosophia perennis)的说法,如果撇开其宗教立场和神学意蕴,也是不无道理的。

第三,经院哲学不仅是一种指向性极强的形而上学,而且还是一种指向性极强的生存论。毋庸讳言,宗教神学是人异化或对象化的产物,但是,在这种异化或对象化的背后还有一个更深层次的问题,这就是人何以要将自己异化或对象化出去的问题,这就是我们通常所说的宗教神学之谜的谜底问题。费尔巴哈曾经深刻地指出:"神学之秘密是人本学。"①蒂利希也从人学的立场出发,指出:"神学的对象,是引起我们的终极关切的问题。"②恩格斯的答案更为简洁。他说:宗教之谜的谜底不是别的,就是"神是人"。③ 然而,无论是费尔巴哈和蒂利希的答案,还是恩格斯的答案,似乎都尚未完全回答了我们的问题。因为他们的答案所回答的只是一个"是什么",尚不是我们所要求的"为什么"。"因此,当我们说过'神是人'之后,我们还必须进而说'人是神'。唯其如此,我们才可以说是解读了宗教的秘密,给出了宗教之谜的谜底。"④这就是说,人类之所以要造出一个个神,乃是为了使他们自己成为神,使他们自己像神那样生活。一句话,宗教神学和宗教哲学的问题,说到底,是一个生存论问题。就经院哲学来说,事情也是如此。如果说

5

① 费尔巴哈:《基督教的本质》,荣震华译,商务印书馆1984年版(下同),第5页。

② 蒂利希:《系统神学》第1卷,芝加哥大学出版社1951年版(下同),第12页。

③ 恩格斯:《英国状况(评托马斯·卡莱尔的〈过去和现在〉)》,见《马克思恩格斯全集》第1卷,人民出版社1956年版(下同),第651页。

④ 段德智:《宗教概论》,人民出版社2005年版(下同),第252页。

在希腊哲学里,根本无所谓"人本思想",而只有"魂本思想"的话,那么在经院哲学里,则出现了"全整的人(既有灵魂也有身体的人)"的概念。如果说在希腊哲学里,只有抽象的人的概念或人的"类"概念的话,在经院哲学里,则出现了"个体的人"的概念。如果说在苏格拉底那里,"认识你自己"、"照顾你自己的灵魂"还是少数知识分子精英的事情的话,那么,在中世纪的经院哲学里,则成了普通民众的事情。还有,如果说在古希腊哲学里,"存在"只不过是一种"理念"或"通种"的问题,而在中世纪的经院哲学里,"存在"便开始演变成了一种"生存活动"。总之,在经院哲学这里,人的问题或人的生存问题,不再是哲学予以说明的一个问题,而是成了整个哲学的归宿问题。① 艾儒略在谈到经院哲学的功用时,强调说:研究和掌握经院哲学不仅旨在"知万有之始终、人类之本向、生死之大事",而且还旨在"格物穷理,则于人全,而于天近"②。利类思则从"天学"与"人学"相互渗透、相互贯通的高度,充分肯认了经院哲学的人学意义:"非人学,天学无先资;非天学,人学无归宿。必也两学先后联贯,乃为有成也。"③我国著名学者徐光启在谈到经院哲学时,也突出地强调了它的生存论意义,说经院哲学是"事天爱人之说,格物穷理之论,治国平天下之术"。④ 与徐

---

① 参见段德智:《试论经院哲学的学院性质及其学术地位》,载许志伟主编:《基督教思想评论》,第11—13页。

② 艾儒略:《西学凡》,见李之藻编:《天学初函》(一),第50、31页。

③ 利类思:"《超性学要》自序",圣托马斯:《超性学要》"超性学要自序",第3页。

④ 徐光启:《辨学章疏》,见《徐光启集》下册,上海古籍出版社1984年版(下同),第434页。

光启相一致,李之藻也把经院哲学视为"存心养性之学"和"救心之药"。① 这些都是很有见地的。

第四,经院哲学不仅是一种指向性极强的形而上学和生存论,而且还是一种与宗教文化和世俗文化关系密切的哲学。宗教既然为人类文化的"硬核"和"深层维度",它与人类社会和人类文化的各个层面的广泛联系也就是一件非常自然的事情了。马克思在《〈黑格尔法哲学批判〉导言》中称宗教为世俗世界或世俗文化的"总理论"、"包罗万象的纲领"和"具有通俗形式的逻辑",即是谓此。② 这种情况在中世纪欧洲差不多被发挥到了极致,以至于在谈到基督宗教及其神学在中世纪欧洲的整个社会文化大系统中的"万流归宗"的地位时,恩格斯强调说:"中世纪把意识形态的其他一切形式——哲学、政治、法学,都合并到神学中,使它们成为神学中的科目","中世纪的历史只知道一种形式的意识形态,即宗教和神学"。③

第五,作为学院哲学的中世纪经院哲学是西方哲学史上一个极其重要的发展阶段。作为学院哲学的经院哲学虽然有古典经院哲学和新经院哲学之分,但是,其"轴心时代"无疑是中世纪。而中世纪经院哲学不仅是西方哲学发展史上的一个阶段,而且是其一个极其重要的发展阶段。说它是西方哲学发展史上一个极其重要的发展阶段乃是出于下面两个理由

① 李之藻:《天主实义序》、《畸人十篇序》,朱维铮主编:《利玛窦中文著译集》,复旦大学出版社 2001 年版(下同),第 100、502 页。
② 马克思:《〈黑格尔法哲学批判〉导言》,《马克思恩格斯选集》第 1 卷,人民出版社 1995 年版(下同),第 1 页。
③ 恩格斯:《路德维希·费尔巴哈和德国古典哲学的终结》,《马克思恩格斯选集》第 4 卷,人民出版社 1995 年版(下同),第 255、235 页。

的考虑。首先,是就中世纪经院哲学本身的特殊规定性而言的。哲学,作为一种特殊的意识形态,与其他人文科学和社会科学的根本区别,在于它对终极实存的特别关注,在于它的超越性和形而上学性,在于它的"一切皆一"、"一即一切"的意识。在通常情况下,由于人们为身边的俗物所累,很难进入这样一种超越的意境,用柏拉图的话说,就是我们很难完成"哲学的排练"(即"死亡的排练")。而经院哲学的根本特征恰恰在于其对终极实存或终极存在的特别关注,在于它的超越性和形而上学性,在于它对"一切皆一"和"一即一切"的无保留的强调。从这个意义上讲,中世纪经院哲学是训练人类哲学思维的最好的课堂或最好的课堂之一,对于人的形上思维的成长和形而上学的进步无疑有非常积极的影响。尽管人们往往将中世纪经院哲学仅仅理解为"历史"和"过去",但是,一如吉尔松所强调指出的,它至今"依然活着","我们可以假定它还会长久地继续鼓舞形而上学"。① 其次,是就中世纪经院哲学作为西方哲学发展史中的一个环节而言的。黑格尔曾经把哲学史理解成"一道洪流",理解成一个包含诸阶段于自身内的一个"在发展中的系统"。② 卢汉高等哲学研究所首任所长麦西埃(Desire Mercier,1851—1926 年)说:"哲学是在历史进程里时代相连的努力所生成的果实。"③中世纪经院哲学作为

---

① 吉尔松:《中世纪哲学精神》,沈清松译,台湾商务印书馆 2001 年版(下同),第 14 页。

② 参见黑格尔:《哲学史讲演录》第 1 卷,贺麟、王太庆译,商务印书馆 1981 年版(下同),第 8、33 页。

③ 转引自赵敦华:《基督教哲学 1500 年》,人民出版社 1994 年版(下同),第 4 页。

西方哲学发展史中的一个环节,一方面是古希腊罗马哲学的承续者、丰富者、革新者和赋予意义者,另一方面又是近现代西方哲学的资源、助产者和开启者。中世纪经院哲学的这样一种双重身份是可以从许多方面看出来的。例如,中世纪经院哲学在人学和存在论方面强调人的全整性和个体性,并把存在理解成一种创造性的生存活动,一方面是对古希腊罗马时代的"魂本思想"和"逻各斯主义"的继承和超越,另一方面又构成了近现代人学思想和存在主义思想的先声和一个理论源头。① 再如,中世纪经院哲学的注重广延和运动的物质观一方面是对古希腊罗马哲学消极被动的物质观的扬弃和超越,另一方面又是近现代物质观的先声和一个理论源头。② 中世纪经院哲学与西方哲学史上其他历史阶段的哲学形态一样,也具有明显的两重性,即:一方面具有时代的局限性,有其"过去"的一面;另一方面也有其"不死"的一面,也有其"超时代"的一面。

这些就是我们编辑出版这套丛书的主要缘由。

那么,关于这套丛书,我们究竟有一些什么样的具体打算呢?

在我国,对于中世纪经院哲学的介绍、思考和研究工作,可以一直上溯到明末清初。那时候,不仅一些有学养的来华传教士,如利玛窦(Matteo Ricci,1552—1610 年)、艾儒略、毕方济(Franciscus Sambiasi,1582—1649 年)和利类思等,对之做了大量的介绍和研究工作;而且一些著名的华人学者,如李之藻和徐光启等,也对之做了大量的介绍和研究工作。但是,

---

① 参见段德智:《试论经院哲学的学院性质及其学术地位》,载许志伟主编:《基督教思想评论》,第 11—13 页。

② 参见赵敦华:《基督教哲学 1500 年》,第 470、388 页。

在此后开展的洋务运动、维新运动、新文化运动、抗日战争等事关中国命运和前途的各项政治运动和社会变革中，尽管在这期间康有为等也曾提出过"建立宗教论"的主张，梁启超甚至强调过"天下无无教而立国者"，但是，由于当时我国的志士仁人所关注的主要是器皿层面和制度层面的问题，甚至是民族的存亡问题，故而尽管西学在这个时期有了相当规模的"东渐"，而对作为学院哲学的经院哲学却几乎无人问津。这种状况至 20 世纪下半叶才有所改变。一些先知先觉者，如大陆学者车铭州、张尚仁、傅乐安、赵敦华、唐逸，台湾学者罗光、邬昆如、黎建球、沈清松、高凌霞、张振东、潘小慧、傅佩荣等，香港学者谢扶雅等，"继"中国经院哲学研究之"绝学"，在复兴这项哲学事业方面分别作出了程度不同的贡献。但是，至今我国在经院哲学的研究无论从规模上还是从水平上都与我们的大国地位极不相称。而且，在这些介绍、思考和研究中，一部分学者或是过多地倚重宗教神学层面，或是基本上着眼于历史层面和文化层面，或是基本上满足于外在审视和通俗介绍，且相当一部分学者对西方中世纪经院哲学原典又缺乏必要的了解和研究。在这种情势下，除了少数几本著作外，大多数相关著作往往缺乏应有的学术立场和必要的理论深度。鉴此，编辑出版一套基于原典翻译和研究的注重学术品位和理论深度的经院哲学著作，在我们看来，就是一件对于振兴我国经院哲学研究再适合不过的事情了。

关于这套丛书，我们的具体设想主要在下述几个方面：

第一，我们打算走学术化的研究路子，走"哲学研究"的路子。诚然，无论从宗教神学的角度，还是从历史层面和文化层面，来思考和研究中世纪经院哲学，都是有益的和必要的。但是，我们认为学术著作的生命线在学术和思想本身，唯有走学术化的研究路子、走"哲学研究"的路子才是提升我国经院哲学研究水平的根本途径。黑格尔在《哲学史讲演录》中不仅区分了哲学与宗教、哲学与其他科学知识，而且还区分了哲学与"通俗哲学"。① 罗素在《对莱布尼茨哲学的批评性解释》的"第一版序"中也明确地区分了哲学史的"历史"研究方式和"哲学"研究方式，宣称："哲学史作为一项学术研究，可以设置两种稍有差异的目标，其中第一种主要是历史的，而第二种则主要是哲学的。由于这个缘故，就很容易出现这样一种现象，即在我们寻找哲学'的'历史的地方，我们却相反地发现了历史'和'哲学。"②事实上，当我们宣称经院哲学是一门比较纯粹的学问、学院哲学和学者的哲学时，我们就是在宣示我们这样的一种意向和决心。黑格尔说："思想必须独立，必须达到自由的存在，必须从自然事物里摆脱出来，并且必须从感性直观里超拔出来。思想既然是自由的，则它必须深入自身，因而达到自由的意识。"③亚里士多德断言"理性的沉思生活"乃"人的最完满的幸福"。它给出的理由是，这样一种生活"既有较高的严肃的价值"，"又不以本身之外的任何目的为目标，并且具有它自己本身所特有的愉快（这种愉快增强了活动），而且自足性、悠闲自适、持久不倦（在对于人是可

---

① 参见黑格尔：《哲学史讲演录》第 1 卷，第 91—93 页。

② 罗素：《对莱布尼茨哲学的批评性解释》，段德智、张传有、陈家琪译，陈修斋、段德智校，商务印书馆 2000 年版（下同），第 21 页。

③ 黑格尔：《哲学史讲演录》第 1 卷，第 93 页。

托马斯·阿奎那 爱的学说研究 A Study on Thomas Aquinas' Doctrine of Love

能的限度内)和其他被赋予最幸福的人的一切属性"。① 我等既然生活在尘世,受物所累,在所难免,但是,既然这种"沉思生活"值得憧憬,我等自当勉之。

第二,与此相适应,我们将着眼于经院哲学的超越性,着眼于经院哲学的形而上学性质,着眼于经院哲学的存在论和实体学说。毫无疑问,"宗教文化"也是我们这套丛书的一项内容,我们不仅要深入研究经院哲学的自然哲学、心灵哲学、认识论、道德伦理、人学思想、自然法理论、正义学说、公平价格理论、美学思想等,而且还要研究中世纪的与宗教相关的政治、经济、科学技术、文学、艺术、风俗习惯等。但是,在所有这些研究中,一方面,我们将首先致力于经院哲学的形而上学研究,致力于经院哲学的存在论和实体学说的研究;另一方面,我们又将努力从形而上学和本体论的高度来审视经院哲学的其他内容和宗教文化的各个层面。在我们看来,唯其如此,方能保证我们这套丛书的理论深度和学术品位,才能昭示出中世纪经院哲学既区别于古希腊罗马哲学也区别于西方近现代哲学的特殊本质。像罗素那样,把中世纪经院哲学简单地等同于古希腊罗马哲学,把中世纪经院哲学简单地视为古希腊罗马哲学与基督宗教神学的结合的看法,我们是不能苟同的。而致力于中世纪经院哲学的形而上学研究,致力于对其存在论和实体学说的研究正是对这样一种错误看法的一服消毒剂。②

---

① 亚里士多德:《尼各马可伦理学》第 10 卷第 7 章,北京大学哲学系外国哲学史教研室:《古希腊罗马哲学》,商务印书馆 1982 年版,第 327 页。

② 参见段德智:《阿奎那的本质学说对亚里士多德的超越及其意义》,《哲学研究》2006 年第 4 期。

第三,强调原典的研读和研究、强调研究和著述以原典的翻译和研究为基础也是我们的一个根本性的指导思想。既然在我们看来,我国近半个世纪中世纪经院哲学研究的一个根本缺陷即在于缺乏坚实的文本基础或原典基础,则我们之注重原典的研读和研究,强调研究和著述须以原典的翻译和研究为基础就是一件再自然不过的事情了。黑格尔在谈到治哲学史的秘诀时,曾强调指出:"从原始史料去研究哲学史。"①至于翻译的重要性,也一向受到硕学之士的强调。明末学者徐光启就曾发出过"欲求超胜,必须会通;会通之前,必须翻译"的呼吁。② 梁启超更从"强国"的高度来审视"翻译"问题,说:"国家欲自强,以多译西书为本。"③梁启超的这句话固然有点高谈阔论,但是,倘若把翻译视为振兴我国经院哲学研究的"第一事",倒是一点也不为过的。我们注重原典的翻译和研究,注重尊重文本,这并不意味着我们将拘泥于文字考据,正相反,我们也同样注重对文本作出现代性的诠释。我们所强调的只不过是一种尊重文本的伽达默尔式的"视域融合"罢了。

第四,我们将把对托马斯·阿奎那的研究作为我们的一个重点。我们这样做,不仅仅是因为托马斯·阿奎那是中世纪经院哲学的主要代表人物,也不仅仅是因为托马斯·阿奎那是中世纪经院哲学家中最具影响力的人物,是一个在西方

---

① 参见黑格尔:《哲学史讲演录》第 1 卷,第 110 页。

② 徐光启:《历史总目表》,见《徐光启集》下册,第 374 页。

③ 梁启超:"西学书目表序列",《饮冰室合集》文集之一,中华书局 1989 年版,第 122 页。

思想史上堪与苏格拉底、柏拉图、亚里士多德、笛卡尔、牛顿、康德、达尔文、马克思、麦克斯韦、霍金、尼采相媲美的世界历史性人物，而且还因为他的哲学思想在中世纪经院哲学中最为丰富，也最见学理性和系统性，是中世纪经院哲学的集大成者。利类思在其"《超性学要》自序"中，曾经称赞托马斯的著作"义据宏深，旨归精确。自后学天学者，悉禀仰焉。……学者推为群学之折衷，诸理之正鹄，百学之领袖，万圣之师资。岂不然哉！"①毫无疑问，在我们这套丛书中，我们将尽力推出一系列阐述中世纪经院哲学的其他代表人物和中世纪经院哲学发展过程、发展规律和历史影响的专著，但是，无论如何，托马斯·阿奎那经院哲学思想的研究都是我们的一个重点。我们这样做不仅是想借此把中世纪经院哲学的最壮观的一幕呈现给读者，在中世纪经院哲学的研究中发现"哲学"，而且还想借此为我们对中世纪经院哲学的其他代表人物的阐述提供一个坐标或参照框架。换言之，在我们看来，唯其如此，才能够使我们的整个中世纪经院哲学的研究整体上达到更高的水平。

第五，西方中世纪经院哲学与中国中世纪"书院哲学"的比较研究，也当是本套丛书的一项内容。按照一些史学家（如朱维铮）的观点，中国也有自己的"中世纪"，既然如此，中国也当有自己的中世纪经院哲学，其中最典型的莫过于"书院哲学"了。这就向我们提出了一个如何对中西中世纪经院

---

① 利类思："《超性学要》自序"，圣托马斯：《超性学要》"超性学要自序"，第3页。

哲学进行比较研究的问题,换言之,这也就是所谓"会通中西"的问题。既然我们身为中国学者,既然我们是在中国国土上从事中世纪经院哲学研究,我们就不能不考虑这种比较研究或中西会通问题。明末徐光启就曾强调指出:"欲超前胜,必须会通。"①清末维新学者梁启超也从"治国"和"救亡"的高度强调了"会通"的必要性。他指出:"舍西学而言中学者,其中学必为无用;舍中学而言西学者,其西学必为无本。无用无本,皆不足以治天下,虽庠序如林,逢掖如鲫,适以蠹国,无救危亡。"②虽然梁启超关于"本"、"用"的说法未必精15当,但是他强调"会通"的初衷却是楚楚可见的。"会通"是不可能靠简单的"对照"和"比附"就能成就的,不仅需要很好的学养,而且还需要下很大的工夫。否则,不仅"视域融合"将成为一句空话,甚至连"时间间距"和"空间间距"的隔障也难以破除。

第六,还有一个学术国际化的问题。马克思在其博士论文中就曾经提出过"哲学的世界化"问题。③ 时至今日,我们已经进入了"全球化"时代,"哲学的世界化"的任务就更加迫切了。若要在中世纪经院哲学的研究中担当这样一个任务,至少有两个方面的工作要做。这里首先有一个知识结构和理论视野问题,它要求我们在研究工作中尽可能多地了解和借

---

① 徐光启:《辨学章疏》,见《徐光启集》下册,第433页。

② 梁启超:《〈西学书目表〉后序》,《梁启超全集》第1册,北京出版社1999年版,第86页。

③ 马克思:《德谟克利特的自然哲学与伊壁鸠鲁的自然哲学的差别》,《马克思恩格斯全集》第40卷,人民出版社1982年版(下同),第135页。

鉴国际学术界在这一领域中的优秀成果,尽可能地同这一领域世界顶尖级的专家学者形成一种积极的对话态势。其次,在作者队伍方面,尽管我们将以国内学者或大陆学者为主,但是我们也将尽可能多地吸收像圣路易斯大学讲席教授埃利奥诺·斯敦普(Eleonore Stump)和哈佛大学中国历史和哲学教授杜维明这样一些世界顶尖级学者参加。相信我们的这些努力会对提升本套丛书的学术质量产生积极的影响。

我是 1963 年进入大学开始学习哲学的。正是因为我对信仰问题有着一种好奇或诧异,这推动我对宗教信仰问题进行哲学的思考,推动我创办了武汉大学宗教学系,组建了阿奎那与中世纪思想研究中心(后更名为武汉大学基督宗教与宗教文化研究中心),推动我去翻译杜维明先生的《论儒学的宗教性》,去组织翻译托马斯·阿奎那的《神学大全》、《反异教大全》和《论存在者与本质》,并因此而逐步萌生了主编一套关于中世纪经院哲学丛书的念头。2005 年,当我把我的这个念头和相关设想告诉人民出版社洪琼先生的时候,出乎意料地得到了他的极其热烈的回应。说实话,他当时所表现出来的学术热情、使命意识和乐观情绪,不仅使我平添了几分信心,而且还颇有几分遇到知音的感觉。应该说,我们这套丛书之能够成功推出,与他的积极投入是分不开的。因此,在我们这套丛书面世之际,如果有什么人需要感谢的话,那么,我首先应当感谢的就是洪琼先生。

我还应当特别感谢我们刚刚提到的著名的阿奎那专家埃利奥普·斯敦普教授,多年来她不仅多次到我们学校进行中世纪经院哲学讲演,而且还将他的老师诺曼·克雷茨曼(Norman Kretzmann)的数千册图书悉数捐赠给了我们。她对我们武汉大学基督宗教和宗教文化研究中心的无私帮助,对我们中世纪经院哲学研究工作的充分肯定,是并且将继续是我们中世纪经院哲学研究的一个重要助力。台湾辅仁大学哲学系的高凌霞教授受美国天主教大学荣誉教授乔治·弗兰西斯·麦克莱恩(George Frances Mclean)的委托年复一年地奔波于海峡两岸,为我们的经院哲学研究和教学工作作出了令人瞩目的贡献。此外,德国柏林自由大学的哲学教授威廉·施米特·比格曼(Wilhelm Schmidt Biggermann),加拿大不列颠哥伦比亚大学维真学院的许志伟教授,香港中文大学崇基学院神学院的卢龙光院长,台湾辅仁大学的黎建球校长和该校哲学系的潘小慧主任、香港浸会大学基督教研究中心的江丕盛主任,中国神学研究院的周永健院长和余达心院长也都曾高度评价了我们的经院哲学研究,并给予了我们多方面的支持和帮助。大陆学者如北京大学的赵敦华教授、靳希平教授、张志刚教授,中国人民大学的李秋零教授,山东大学的傅有德教授,浙江大学的王志成教授,中国社会科学院的李景源先生、李河先生、霍桂桓先生、孔明安先生、卓新平先生、辛岩先生,商务印书馆的狄玉明先生、徐奕春先生、朱泱先生和陈小文先生,人民出版社的陈亚明女士、方国根先生等也都对我们的中世纪经院哲学研究工作给予了极大的关注、支持和帮助。我谨在此一并予以致谢!

我国古代著名的诗人陶渊明在读过《山海经》后曾写过一首催人奋进、感人肺腑的诗:"精卫衔微木,将以填沧海。刑天舞干戚,猛志固常在。同物既无虑,化去不复悔。徒设往昔心,良辰讵可待!"无疑,他的这首诗向我们提出了一个值得深思的问题,这就是:我们如何在持守精卫、刑天的"勇猛凌厉之志"的同时又能使我们的"往昔心"不至于"徒设"?我们的应对措施主要有两条。首先,我们必须看到,尽管中世纪经院哲学研究具有上述诸多重大意义,但是它毕竟只是一种哲学形态,而且还是一种我们几乎不可能指望其成为一门"显学"的哲学形态。自西方中世纪经院哲学东渐以来,它虽然也曾受到过国人的重视,但是,它却从来不曾成为一门显学,而且,在洋务运动、维新运动和五四运动和文化革命运动中,它甚至几乎为国人所忘却。因此,尽管我们对振兴我国经院哲学研究心存希望并决心为之奋斗,但是我们也绝不会因此而奢望它在我国成为一门显学。其次,我们清醒地看到,振兴我国经院哲学研究是一项巨大的学术工程:不仅需要社会各方面的鼎力相助,而且也需要几代人坚韧不拔的努力。就我们而言,倘若借这套丛书能为这样一种振兴稍尽绵薄,对我国学术事业的繁荣和发展稍尽绵薄,也就至幸、至足了。仅此而已!仅此而已!

是为序。

2007 年 2 月 3 日初稿

2007 年 11 月 3 日修订稿

于武昌珞珈山南麓

目　　录

3

序

段德智

  张祎娜博士的论著《托马斯·阿奎那爱的学说研究》从宗教哲学和宗教伦理学角度,以托马斯·阿奎那的文本为依据,比较全面、系统、深入地研究了托马斯·阿奎那爱的学说。该著一方面从本性之爱和超性之爱两个维度对托马斯·阿奎那的爱的学说的本体论基础做出了相当全面又相当深入的横向考察,对其爱的学说的基本内容及其理论特征进行了相当深入又相当细致的剖析和阐释;另一方面,在追溯其爱的学说的理论渊源及其现当代意义的基础上,从纵向的角度考察和阐释了这一学说的思想史意义。这样一种双向考察不仅对于我们比较全面系统地理解和把握阿奎那爱的学说的深层意涵有重大意义,而且对于我们深层次地理解阿奎那的宗教伦理学、整个神哲学体系乃至其在整个基督宗教神哲学史上的卓越地位也同样有非同寻常的意义。

  阿奎那不仅是中世纪哲学的最重要的代表人物,而且也是基督宗教神学史上最富创见的思想家之一。一如当代学者玛·T.克拉克(M.T.Clark)所说,阿奎那既是合时代的又是超时代的,他是个适用于所有时代的非凡之士。他所关注的问题,尤其是爱的问题,每个人都无可回避。毋庸讳言,无论是国际学界,还是国内学界,对于阿奎那的研究在许多个领域都已经取得了一些令人瞩目的成就,但相对而言,对阿奎那爱的学说的研究则显得极其薄弱,不要说出版大部头的学术专著,就是单篇论文也少之又少。从这个意义上,我们不妨将这本小书称作补白之作。至少我们可以说,这部小书是我国学者撰写的全面、系统、深入阐述托马斯·阿奎那爱的学说的第一部学术专著。

《托马斯·阿奎那爱的学说研究》至少有两大创新之处,值得予以特别关注:

其一,该著对阿奎那爱的学说的本体论基础做了相当全面又相当深入的考察。该著以人性论、肖像论、上帝论或存在论三个层面对阿奎那的爱的学说做了深层次的解析,从本性之爱、超性之爱、上帝之爱三个向度昭示了阿奎那爱的学说的基本意涵和终极归宿,较为全面完整地揭示了阿奎那爱的学说的内在根据和逻辑理路。国外学者一般习惯于从教义理论层面考察阿奎那爱的学说,从而往往缺乏本体论高度。其他一些学者即便注意到了阿奎那爱的学说的本体论基础,但他们不是偏执于"超性之爱",就是偏执于"本性之爱",终究未能对阿奎那爱的学说的本体论基础做出全面、完整的说明。本著的一个基本优点即在于它从本体论的上述三个互不相同但又有机关联的层面对阿奎那的爱的学说的本体论基础做出了全面、深入的考察和阐释,不仅完整地昭示了阿奎那所理解的爱所兼具的"本性"与"超性"的双重品格,而且还深刻地昭示了在爱的问题上人与上帝的双向互动关系,使得阿奎那的爱的学说既超越了基督宗教神学史上传统的"从人到上帝的模式"，又超越了其传统的"从上帝到人的模式"，从而充分展示了阿奎那爱的学说对亚里士多德主义和柏拉图—奥古斯丁主义的双向扬弃和理论创新。

其二，该著对阿奎那爱的学说的理论特征进行了比较全面和系统的阐释。第一，作者认为，阿奎那爱的学说的理论特征之一是它的整全性。这源于阿奎那将人视为身体和灵魂的复合实体，对人的本质的比较全面的界定。从这一整全的人学观出发，他以人的本性为基础，把爱分为自然之爱、感觉之爱和理智之爱三个层面。这一观点既有别于柏拉图，也有别于奥古斯丁。柏拉图认为，身体是灵魂的工具，人的本质是灵魂，身体的感官和感觉无足轻重；奥古斯丁认为，身体固然重要，但依然是成圣的障碍，因此，从总体上看，他同样是贬斥身体及其感官和感觉。与他们不同，阿奎那高度重视身体及其感官的功能与作用，不仅强调了灵魂的纯粹活动在欲望层面的表达即意志之爱，而且也强调了灵魂和身体的复合活动在欲望层面的表达即感觉之爱，从而使得他的爱的学说获得了一种前所未有的全整性。第二，阿奎那爱的学说的理论特征之二是它的理性化。这根源于他对意志和理智关系的较为妥当的处理。在基督宗教神哲学史上，人们要么将爱降格为感性冲动，与理性了无关系，要么将爱拔高为意志与信仰。但阿奎那却较多地接受了亚里士多德的"人是理性的动物"的思想，强调意志和理性的互联和互动，尤其强调理性对于意志的基础作用，强调理性对于爱的行为的滋生的重要性。难能可贵的是，作者在阐述阿奎那爱的学说的理性内容时却并未因此而像某些西方学者那样，将其片面化和扩大化，以致完全否认其所具有的信仰内容。第三，阿奎那爱的学说的理论特征之三是它对个体性的强调。在阿奎那看来，形式本身具有一种普遍性，但是其作为受造的精神实体的本质，却是个体性的。形式就其作为受造的物质实体的组成部分而言，则一定是被个体化了的。就像人的灵魂一样，就其作为一种精神实体，毫无疑问具有一种普遍性，但就其作为一个人的形式而言，则一定是个体化了的。一方面，人的理智具有个体性；另一方面，人的意志活动也具有个体性。既然如此，则人的爱也就是个体化的。爱的个体性首先表现为每个人爱的深度和广度不一。其次，爱体现着每个人的德性和道德境界的差异。再次，在超性之爱方面，人们对上帝的爱归根到底是个人内心的一种感受。应该说，作者对阿奎那爱的学说的归纳和阐述不仅比较全面，而且也比较系统和深入。

　　基督宗教爱的学说不仅是基督宗教神哲学区别于古希腊罗马哲学的一项重要内容，而且也是阿奎那神哲学思想体系中一项不可或缺的内容。阿奎那爱的学说思想深邃，内容恢宏。它像一扇哲学之窗，借助它，我们可以看到阿奎那神哲学思想的迷人之处和逻辑链条。该著虽然紧紧围绕着阿奎那爱的学说这个主题展开，但无论从论述的深度还是从表达的晓畅来看，都不仅显示出作者对托马斯神哲学乃至对整个中世纪哲学有着很好的理论素养，而且还显示出作者有很深的生活感悟和较好的文字功夫。除上述两点外，作者还在与阿奎那的对话中，凝练出了许多耐人寻味的爱的箴言与隽语：一方面，作者以否定的方式表达出爱≠独占，爱不同于欲求和愉悦等思想；另一方面，作者又以肯定的方式表达出爱仅仅是一种感情的结合，是一种倾向，是对对方善的欣赏以及唯友谊之爱、祝福之爱和无嫉妒之爱方是真正的爱。无论谁倘若没有对阿奎那爱的学说深刻领悟，没有对于爱与生命的深层体验，没有对于智慧的诚挚之爱，要在与阿奎那的对话中引申和提炼出如此精辟的妙言绝句是难以想象的。

此外，注重阅读和引用元典也是该著的一个重大优点。这不仅需要作者有很好的理论功夫，而且还需要作者有很好的学术定力。在当前学界普遍浮躁的情势下，一个年轻学者能够做到这一步，实属难能。

毋庸讳言，该著如任何一部有价值的学术著作一样，依然存在有一些不足之处。例如，作者对有关材料的掌握在个别地方尚欠充分；该著个别地方的论证似显单薄；还有，在中西文化交融的大背景下对于儒家的仁爱之说与阿奎爱的学说的比较研究尚付阙如等。但瑕不掩瑜，该著从总体上看，仍不失为一部研究托马斯·阿奎那神哲学思想的优秀之作。因此之故，我们完全有理由相信：《托马斯·阿奎那爱的学说研究》并非一种观点和理论的"终结"，而是且应当是和能够是另一部更完善的有关论著的"导引"或"纲要"。我们期待张祎娜博士以她的聪慧、敏锐和爱心在若干年之后给我们带来下一个更大的惊喜。

2018 年 10 月 6 日
于武昌珞珈山南麓

引　言

本书所研究的人物是托马斯·阿奎那(Thomas Aquinas,公元 1224 或 1225—1274),中世纪最伟大的神学哲学家之一,在人类思想史上具有独享的荣誉和地位。托马斯·阿奎那以他的《神学大全》著称于世。对于其巨著《神学大全》,教皇利奥十三世在其著名的《永恒之父通谕》中曾经由衷地感叹道:"托马斯首要的和真正独享的荣誉,任何一个天主教博士都不能分享的荣誉,在于:在特伦特大公会议期间,神父们竟一致同意,将托马斯的《神学大全》,与《圣经》和至上教皇的教令一起,摆放在祭坛上,昭示它们乃人们寻求智慧、理性、灵感和各种答案的源泉。"教皇利奥十三世称颂托马斯"天下无双","作为所有经院博士的大师和帝王,高高地矗立在他们所有人之上","他的上帝的知识和人的知识竟是如此的丰富,他就像是太阳"。如果我们要给托马斯历史定位的话,最为精当的做法就是将托马斯称作堪与《圣经》相提并论的《神学大全》的作者。①

---

① 参见【意】托马斯·阿奎那:《神学大全》第一集《论上帝》,段德智"译者序言",北京:商务印书馆 2013 年版,第 i 、iii、x 页。

托
马
斯
·
阿
奎
那
爱的学说研究
A Study on Thomas Aquinas' Doctrine of Love

托马斯的声望不仅来自基督宗教教会方面,而且也来自研究他的学者及世俗社会方面。20世纪托马斯学说研究的权威学者赛迪朗琪(A.D.Sertillanges)这样评价托马斯,"与雅尔博为伍,则努力奋发,再接再厉,而以圣托马斯为师,则有一种别有天地的安全感。雅尔博确是伟大,而他仅是一代哲人,圣托马斯则永垂不朽。"当代学者玛·克拉克(M.T.Clark)认为:"认识托马斯就等于认识了中世纪最好的、最有能力的、而且是最具现代性的心灵,因为托马斯既是超时的又是合时的,他是适于所有时代的人。"①20世纪末,英国广播公司(BBC)举行"千年思想家"网上评选活动,托马斯·阿奎那力压霍金、康德、笛卡尔、麦克斯韦和尼采,以排名第五的身份跻身于"千家十大思想家"之列。这些评价都足以见得托马斯·阿奎那的伟大和影响之深广。

为什么托马斯·阿奎那享有如此之高的荣誉呢?其实,托马斯之所以能够"天下无双",之所以能够成为"所有经院博士的大师和帝王",之所以能够"像是太阳",归根到底在于:与中世纪的其他基督宗教神学家相比,托马斯无论在理论视角方面还是在理论高度和致思进路方面都显然高出他们一筹,就在于他不仅极具哲学智慧,而且在哲学智慧方面明显地高出他们一筹,就在于他不仅是一个伟大的基督宗教神学家,而且还是他那个时代最为卓越的哲学家。这或许就是托马斯得以"天下无双"的根本成因和真正秘密。这或许也是托马

---

① 潘小慧:《德行与伦理——多玛斯的德行伦理学》,台北:哲学与文化月刊杂志社2003年版,第4页。其中以上所引"雅而博"是阿奎那的老师Magnus Albertus,大陆学者一般翻译为"大阿尔伯特"。

斯的《神学大全》能够赢得人们特别敬重的根本成因和真正秘密。[①] 他的神哲学思想体系不仅是经院哲学最高理论成果的体现，而且也是中世纪神学与哲学的最大、最全面的体系，后来成为天主教官方的"永恒哲学"。一个伟大人物的思想是值得从多方面加以挖掘和研究的，本书主要以《神学大全》为依据，选取阿奎那"爱的学说"为研究对象，从中参透阿奎那神哲学思想的精髓。

一、托马斯·阿奎那"爱的学说"的研究意义

之所以选择"爱的学说"进行研究，主要出于以下几个方面的考虑。

第一，"爱"这个论题本身在人类思想史上具有重要意义。"爱"是人类思想史上永恒的主题，是人类经验中最普遍的一种现象。自从有了人类，爱就存在，后来人们以各种方式表达自己对爱的理解。中西哲学史上，很多哲学家都曾对此问题发表过精彩的见解，儒家讲"仁爱"，墨家讲"兼爱"。在西方，从古希腊开始就有各种各样的爱的学说产生。基督宗教产生之后，希腊与希伯来两大文明系统里爱的思想，在基督教里也有一个集中的体现。从某种意义上说，基督宗教就是爱的宗教。20世纪初德国的哲学家舍勒认为，任何情感道德与宗教实践都需要情感力量的推动。他把爱分为三种：前基督教之爱、基督教之爱和后基

---

① 【意】托马斯·阿奎那：《神学大全》第一集《论上帝》，段德智"译者序言"，北京：商务印书馆2013年版，第 X 页。

督教之爱。① 前基督教之爱主要指的是希腊哲学家推崇的爱,是一种低层次向高层次的趋附。基督教的爱是由上到下的俯就。后基督教之爱即"人道主义之爱"。虽然爱的内容发生了变化,但是爱一直是一条主线贯穿在整个思想史的进程中。在阿奎那之前的大思想家柏拉图、亚里士多德、奥古斯丁对爱都有过精辟的论述。希腊时代爱的理论发展到柏拉图那里达到了极致,柏拉图的《会饮篇》就是对爱(Eros)的礼赞,只不过柏拉图式的爱是一种欲求之爱,是处于低级状态的缺乏者趋向处于高级状态的充满者的运动,通过爱达到理念本身。亚里士多德的友爱论延续的仍然是柏拉图式的欲爱传统,但他还是扩展了柏拉图的欲爱理论。亚里士多德认为,第一推动者由于爱推动万物运动。爱不再只限于有灵魂的人,宇宙间的一切要素都在爱的作用下而产生运动。爱在这里成了一种推动事物从潜在状态(potentiality)到现实状态(actuality)的宇宙性力量。在希腊人的观念中,神是完满的;他"只是爱的对象,他自己并不施爱"。② 相反,基督教认为,上帝是爱。爱是上帝的本质特征之一。上帝的爱体现在他的创造和救赎行动之中。上帝的爱是出于充满,而不是出于缺乏。这种爱的目的是为了给予,而不是为了获得,这种自上而下、自我给予的爱就是圣爱。当基督教与希腊哲学碰撞之时,教父们的首要工作就是竭力运用希腊哲学为基督教教义做论证。

---

① 赵敦华教授在《基督教哲学1500年》中论述基督教伦理和希腊哲学的伦理的差异,谈到两种道德情感"理性之爱和精神之爱"时引用了舍勒对爱的区分。

② 舍勒:《爱的秩序》,林克等译,北京:三联书店1995年版,第11页。

虽然,希腊时代爱的理论和基督教爱的理论有非常大的差别,但两者最终还融合到一起了。教父思想的集大成者奥古斯丁第一次把希腊哲学和基督教两大传统结合在一起,在他爱的伦理学中体现得尤为明显。在早期,奥古斯丁的思想更多地带有柏拉图主义的痕迹,爱作为一种人对至善的欲求,对上帝的渴望,占据了主导的地位。但是,随着他对《圣经》启示更深的领受,他越来越认识到,爱是上帝的恩赐。奥古斯丁的伟大之处在于,他把人作为上帝的造物对上帝的本然渴慕与上帝救赎的恩典结合在一起。但是,奥古斯丁并没有完成其他的工作,特别是在亚里士多德被重新发现后,基督教哲学家如何处理亚里士多德主义与基督教思想的冲突,就成为奥古斯丁之后最大的宗教哲学难题。这一难题的解决最终是靠阿奎那。阿奎那主要继承了亚里士多德的思想传统,同时也吸收了柏拉图—奥古斯丁的思想成果,在更加广泛而又深刻的思想体系里发展了基督教的爱的伦理思想。在他之后,很多基督宗教思想家继续对爱的问题进行探索、论述,形成了一个非常丰富的爱的伦理思想传统。正如约翰·麦奎利(John Macquarrie)在其《人性研究》中所说:"基督宗教学者对于爱的探索与解释所达到的深度远远超过了任何其他的宗教或世俗哲学。"①可见爱这个问题在基督宗教思想史中的地位。

第二,研究阿奎那爱的学说具有重要的神哲学意义。早期的经院哲学以柏拉图的哲学学说为理论根据论证基督教神学。

---

① 参见姚新中:《儒教与基督教仁与爱的比较研究》,北京:中国社会科学出版社2002年版,第160页。

但是随后,亚里士多德主义的传播,给基督教思想以猛烈的冲击,在这一困境中,托马斯·阿奎那主张改造吸收亚里士多德主义来挽救经院哲学的危机,维护基督教的信仰。这个选题"阿奎那爱的学说"就是以爱的学说为支点来透视阿奎那的神哲学思想。因为,一个有逻辑体系的思想家对某一个问题的论述必然是在他的根本的立论思想指导下展开的。阿奎那爱的思想与前人对爱的论述有何不同,这个差异源于他们的思想体系的差异。托马斯·阿奎那主张改造吸收亚里士多德主义来维护基督教信仰的这一立场使得他的爱的学说也体现了他的这一基本的思想特征。通过对阿奎那爱的学说的研究,努力找出他的伦理学思想与柏拉图、奥古斯丁及亚里士多德的差异之所在,有助于厘清西方早期伦理思想史的脉络以及思想演变过程,同时也有助于加深对阿奎那神哲学思想的理解。

第三,阿奎那爱的德性伦理学说对当代德性伦理复兴以及当代中国的道德建构具有深远意义。阿奎那爱的德性伦理学对当代德性伦理复兴有着不容忽视的影响。现代性的"道德筹划"正是因为忽略甚至摒弃了道德形而上学的根基,使得现代性伦理缺失了其最为重要的形上本位。现代德性伦理的建构应植根于深厚的道德形而上学,特别是关于善的形而上学理论。[①] 而阿奎那爱的学说植根于一种深厚宽广的道德形而上学,将本性与超性、自然与恩典、世俗与精神等双重维度加以综合和融摄,是现代道德哲学和道德神学重要的思想

---

① 梁卫霞:《阿奎那的基督教德性伦理学及其对现代中国道德建构的意义》,《宗教学研究》2016 年第 4 期。

资源,对当代道德哲学如何寻求形而上学的根基具有启发意义。又因其具有鲜明的理智特征而与世俗道德哲学有密切的关联,可以巧妙融入当代道德哲学的新发展和新思潮中。因此,在当今时代有着独特的意义。

同时,阿奎那爱的德性伦理学对中国道德哲学的发展、中国的道德建构以及中国的神学思想建设也具有启发意义。正如安德鲁·德洛里奥对阿奎那德性伦理学所评价的:"因为它一方面严肃看待人类自身的行动对于发展自我的作用,而同时又使人类面对超越以及上帝(中国的'天')或恩典保持开放性……这种道德视域对于中国的当代道德哲学也有着特别的相关性。这不仅因为如今中国哲学家们正在努力寻找道德的根基,而且因为阿奎那的视角与中国传统思想,尤其是儒家思想有着某种相似性。"①阿奎那的德性伦理可以与儒家传统道德彼此推进,互相借鉴,共同寻求自然与超越、世俗与精神之间的和谐,以达到某种新的、更高的综合。所以,将二者进行比较研究,对于当代中国的道德建构、中国化的神学思想建设来讲也是重要的思想资源。无怪乎有的学者认为,"《神学大全》是我们所拥有的关于道德哲学的最好资源之一,此外圣托马斯的伦理著作对于无神论者以及天主教或其他的基督教徒同样有意义。"②

7

---

① [美]安德鲁·J.德洛里奥:《道德自我性的基础:阿奎那论神圣的善及诸美德之间的联系》,刘玮译,北京:中国社会科学出版社 2008 年版,第2—3 页。

② Philippa Foot, *Virtues and Vices*, Berkeley Uversity of Calitornia Press, 1978,p.17.

二、托马斯·阿奎那爱的学说研究状况分析

阿奎那作为在哲学史上和神学史上有着重要地位的思想家,后世的学者尤其是国外的学者对其巨著投入了大量的心血进行研究,取得了丰硕的成果。关于阿奎那爱的学说的研究,国外的学者并没有忽视,他们对阿奎那爱的学说的内容进行了挖掘,从不同的角度进行研究,深化了人们对其伦理学思想特别是爱的思想的认识,充分显示了阿奎那爱的学说的丰富性。以本人的阅读经验来看,国外学者大体上在以下四个方面对阿奎那爱的学说展开了研究。

第一,关于爱的本性、超性层面的研究。在 20 世纪早期,天主教和新教的神学家都不是很关注德性这个论题,他们的注意力在自然法方面,自然法被理解为一套统治天主教道德生活的规则。但是在 20 世纪后期,一些神学家开始重新发现德性,恢复对德性的重视。在这个时候,道德神学家吉拉德·吉尔曼(Gerard Gilleman)试图去重现阿奎那关于爱德作为基督教道德和精神生活之根的论述,体现在其著作《道德神学中爱德的首要性》中。吉尔曼的贡献就在于,在现代的神学家对爱德给予极少关注的时候,他唤醒了大家重新认识爱德的重要性,他通过具体阐释阿奎那的爱德思想,并设计出一套评注的方法,从而体现爱德在道德生活的重要角色。他认为,"爱德是道德神学的灵魂"。略显不足之处就在于,作者完全从爱的超性层面来谈论爱的问题,并没有涉及本性之爱。虽然作者也提到了爱德和本性之爱是紧密伴随的,但是他并没有详细地论述这二者之间是怎样的紧密伴随,也没有具体地

论述超性之爱和本性之爱的关联与区别等问题。还有一些作者在对阿奎那伦理学研究过程中，稍微涉及爱这一问题，基本属于简单介绍性的，而且内容主要是相关于爱的超性层面，并作为一种神学德性来加以阐述，如斯蒂文·波普（Stephen J. Pope）主编的《阿奎那的伦理学》、爱德华·格拉斯克（Edward J.Gratsch）的《阿奎那大全》、约瑟芬·波比克（Joseph Bobik）的《论神圣真理》、布瑞恩·大卫（Brian Davie）的《托马斯·阿奎那的思想》《阿奎那》等。詹姆斯·基南（James F. Keenan）的著作《善与公正》的其中一章涉及爱德，主要是通过对爱德的分析来阐述善与公正的不同，认为善与公正的不同在于心灵和理性的不同。

相对于超性之爱来说，对于阿奎那本性之爱的研究就显得薄弱一些。这是由于国外学者的研究视角大部分集中在基督宗教信仰内部。罗伯特·布南（Robert E.Brennan）在其著作《托马斯主义心理学》中用很少的篇幅涉及了爱的问题，而且主要将爱看作是一种情感，是人的动物的本性。玛·克拉克的《一个阿奎那读者》一书，在其中"人论"这一章涉及了对爱的问题的论述，然而谈不上有什么研究，大多数情况下是对阿奎那文本的引用，而且也是从人性行为之情感这个角度来描述其爱的思想。罗伯特·哈索（Robert Hazo）在其著作《爱的理念》的其中两章"关于超性之爱的争论"以及"爱作为获取性欲望和给予性欲望"中，都涉及对阿奎那爱的学说的评论。作者认为，阿奎那爱的学说既是本性之爱的，又是超性之爱的。如果不提及超性之爱的理论，本性之爱理论也可以被理解。但反之则不行。意即本性之爱的理论是相对独立的，但是超性之爱要以本性之爱为基础。然而遗憾的是,作者论述的内容并不是很多,并不是对阿奎那爱的学说的专门研究。

第二,关于爱的内部结构的研究。保罗·威德尔(Paul J. Wadell)对阿奎那爱的学说有专门的研究。在 20 世纪 90 年代出版了他的两本有关阿奎那爱的学说的专著,即《爱的首要性:托马斯·阿奎那伦理学的介绍》和《上帝的朋友:阿奎那中的德行和礼物》。威德尔认为,对爱的强调,特别是对上帝爱的强调,是托马斯伦理学的基石。威德尔对阿奎那伦理学的理解是以爱为中心而展开的。他将阿奎那的伦理学看成是真正情感的伦理学,并认为,如果研究阿奎那的伦理学不涉及情感的角色,那么阿奎那的伦理学从根本上是不完整的。但是作者对这一问题的论述也有他的不足之处。他的论述虽然突出了情感的重要性,把爱理解为一种情感,爱德就是圣灵的赐品,表现为人对上帝的情感,但是他所谓的自然情感及本性之德是为超性之爱服务的,并没有突出本性之爱、自然情感的相对独立性,意即他的阐释还是以超性之爱为重中之重的。另外,他把情感的概念泛化,把所有的爱都理解为是一种情感。其实在阿奎那的论述中,仅仅是来自感觉欲望的爱才是情感,出自理智欲望的爱在广义的意义上才是情感。作者忽视了人和动物共有的感觉之爱的情感的重要性,直接过渡到人对上帝的情感。再次,他并没有阐释阿奎那意志之爱中的理智因素,主要偏重于情感欲望的因素,忽略了理智欲望中的理智因素。一个情感主义者一定不会看到在人本性中的理智能力。威德尔对阿奎那爱的伦理的阐释过程中,对其理智因素似有所忽视,这使得他的阐释缺乏了一定的说服力。其实，托马斯的理智主义在他的道德神学中有很重要的角色。但无论怎么说，威德尔把情感、德性和爱德相关联，突出情感的重要性，建立阿奎那的情感伦理学，这就是他的突出贡献。

威德尔重视爱的感觉欲望情感的一面，此与相反，米歇尔·沙文（Michael S. Sherwin）则重视爱的理智因素，他在2005 年出版的《凭借知识和凭借爱：在托马斯·阿奎那道德神学中的爱德与知识》一本书中阐释了自己的观点。他认为，爱德与知识密切相关，超越的且与认知分离的爱德并不是阿奎那所认为的爱德。沙文对爱德和知识关系的理解，关涉到了他把行为分为内在的行为和外在的行为这一分类法。爱德既被认知衡量，同时也不被认知衡量。相关于内部的爱上帝的行为，仅仅是上帝在衡量。但是爱德的外在行为一定是被认知因素衡量的，否则是偶然的、不理智的，最终将不是真正的人性行为。他认为爱德如果缺乏认知的因素，那么它将不能以一个有意义的方式运转，爱德要通过智德行为。总之，沙文还是强调理智在爱德中的重要性，这是他在阿奎那爱的伦理学研究方面的突出贡献。但是作者太过于强调理智的因素，突出了爱是理智欲望的理智因素，忘记了爱毕竟终归是一种欲望和情感，太过于强调理智和意志两条线之间的关联，让爱蒙上了浓厚的理性色彩，从而使爱失去了基督宗教信仰之情感特征。

第三，关于"爱的问题"的研究。"爱的问题"主要指非利己主义的爱是否可能这一问题。如果是可能的，那么存在者的欲望如何朝向不是自己的善？爱的问题是一个永久的困感,关乎自我主义和利他主义,关乎自我私利和非自我私利。鲁瑟乐(P.Rousselot)在《中世纪爱的问题》一书中阐释了阿奎那的观点,他认为,自爱和爱上帝、爱他人是统一的,阿奎那就是坚持自爱与爱上帝的完美和谐的观点,而且,阿奎那把亚里士多德的观点"自爱是所有爱的基础"和奥古斯丁的观点"所有的行动都要寻求自己的幸福相结合形成他自己的本性之爱的概念"综合起来了。《中世纪哲学精神》的作者吉尔松(E.Gilson)认为,阿奎那的自爱和爱上帝也是统一的。与鲁瑟乐不同的地方在于,吉尔松不赞同鲁瑟乐用部分和整体的关系来阐释自爱与爱上帝的关系。他认为,人在爱上帝中发现自己的善的真正原因是因为他们是天主的肖像,爱自己也就是爱天主的一个类比,也就是爱天主。对于一切本性存在,完善自己就是使自己更肖似天主。所以,吉尔松更赞同用肖像理论阐释自爱和爱上帝关系。托马斯·奥斯本(Thomas M. Osborne)在《13世纪伦理学中的自爱与爱上帝》其中一章谈到了阿奎那关于自爱与爱上帝关系的问题。作者将阿奎那本性上爱上帝胜过自己的可能性的讨论,变为一个关于自然倾向和公共善的问题。但并不是所有的人都认为自爱和爱上帝是统一的。《圣爱与欲爱》的作者安德斯·尼各仁(Anders Nygren)认为,阿奎那在本性层面的爱就是完全自我主义的爱的学说,他不认为纯本性的爱上帝是可能的,他也不承认本性的爱上帝能为爱德做准备或引向爱德。他的意思是,在本性层面,所有的爱都建立在获取性的爱的基础上,这种爱相关于获取性的意志,爱上帝是因为上帝是我们的至善。

第四,关于爱的存在论研究。伯纳德·迪格斯(Bernard

J.Diggs)的著作《爱与存在》,其研究的视角定位在形而上学层面,开启了从形而上学角度谈爱与存在的关系的新思路,将爱定义为形而上学的客体。因为善和存在二者之间在某种意义上来说是可以互换的,爱善也就是爱存在。上帝给我们的礼物爱,让我们获得了存在。但是我们也会主动地通过自己的能力去爱上帝,成为上帝的肖像,达到完全善的实现。把爱与存在相关联,把存在论作为爱的形而上学基础,这是作者的贡献之处。但是仅仅以存在论作为爱的本体论基础未免有点单薄,因为这样无法把本性和超性之爱进行关联及区分,也无法把本性之爱和超性之爱统一起来。

另外,《托马斯主义者》是一份"神学和哲学的评论季刊",遵循阿奎那的思想和精神主旨,反映了西方对阿奎那思想的研究。这份杂志上也有一些相关阿奎那爱的学说的文章,但都是针对一些小的问题进行研究,在此不再赘述。

从整体上说,中国学者对于阿奎那思想的研究还处于一个起步的阶段,不像西方的研究已经趋于成熟。相对于对柏拉图、亚里士多德和奥古斯丁爱的思想研究而言,中国学者专门对托马斯·阿奎那爱的学说的研究比较少。仅就目前收集的资料来看,仅有几篇硕士论文以及零星的文章涉及阿奎那关于"爱德"方面的研究。相比较而言,台湾学者对阿奎那爱的学说作了一些研究。如台湾天主教辅仁大学的士林哲学研究中心展开了对托马斯·阿奎那思想全面的探讨。潘小慧教授在其《德行与伦理——多玛斯的德行伦理学》一书中有很大的篇幅论仁爱之德。潘教授主要从超性之爱的角度论述阿奎那的爱德思想。而且她的论述基本上是按照《神学大全》

中对爱德的论述的顺序写的,比如仁爱的对象、主体、来源、秩序等,其实是对托马斯的文本进行归纳和整理。但这毕竟是为进一步的深入研究做了一个基础性的铺垫工作。辅仁大学袁廷栋教授的著作《哲学心理学》有一小节论述了爱的哲学。他是从历代所争论不休的爱的难题的角度去论述的,即爱能否是完全不自私的,爱是否常常含有自私的成分。作者提到了阿奎那的看法,并同意阿奎那的看法,即所有的爱都建基于自爱,但并不等于所有的爱都是自私的,自爱是原始之爱,是所有爱的灵魂,这一理论被称为"爱的物理观"。

鉴于上述国内外研究现状的分析,可以看出这些研究成果各有所长,笔者受益颇多,为本书提供了研究的参照系和可借鉴的资料,然而他们研究内容也有局限与不足。以国外学者的研究来讲,在爱的超性层面和本性层面研究方面,有的学者只注重超性层面,有的学者只涉及爱的本性层面,即使是有的学者认为阿奎那爱的学说既是超性的、又是本性的,但他们也只是笼统的说明,并没有进行详尽的研究;在爱的内部结构研究方面,有的学者突出爱的欲望情感层面,有的学者突出强调理智对爱的决定性的影响;在"爱的问题"研究方面,主要是后来的学者对阿奎那思想的引申和发挥,这一问题并不是阿奎那爱的学说的本质内容;在爱的存在论研究方面,仅仅论述了爱和存在的关联,但是并没有用存在论把阿奎那的本性之爱和超性之爱统一起来。而中国学者的研究还仅处于归纳说明的起步阶段。相对于前人的研究而言,本书的创新之处在于,力图从本体论的高度对阿奎那爱的学说进行深度的挖掘,剖析其最深层次的结构,并从时间和空间的动态结构中重构他的思想体系，以期对阿奎那爱的学说有一个全面、系统而深入的认识。

　　其实，在阿奎那之前的大思想家如柏拉图、亚里士多德、奥古斯丁等都对爱有其自己的表述，尤其《圣经》中爱的思想更为丰富。阿奎那在建立爱的学说时，必然是以前人的这些论述为基础的。但是，他在他所处的时代问题的刺激下，又必须超越历史上已有的各种思想，从而增强基督教哲学的社会统摄力。本书主要是对阿奎那爱的学说的核心内容本性之爱与超性之爱进行研究，因为阿奎那的确是从两个向度分别进行论证的，这正是阿奎那爱的学说的特色，也是阿奎那不同于其他思想家的独特之处和超越之处。仅仅从本性之爱或仅仅从超性之爱来理解阿奎那爱的学说，都是不完整和不深刻的，都不能把握它的精髓之处。尽管阿奎那是一个神学思想家，但是阿奎那的目的是要用亚里士多德主义挽救基督宗教的信仰危机，以亚里士多德主义的思想理论为基础对柏拉图—奥古斯丁主义进行改造。相对于那些神学思想家，他是个亚里士多德主义者，但是他并没有动摇他的信仰，而是以维护基督宗教信仰为最终目的。所以，理解阿奎那为什么会从两个向度对爱进行论述，这是非常关键的入手之处，否则就不能很好地把握他的爱的学说的核心思想。然而，阿奎那并没有采用折中主义无原则的调和方式，把本性之爱和超性之爱割裂开成为两方面的东西而加以论述，而是把二者有机地统一起来。可以恰如其分地引用他的那句名言："恩典并不摧毁自然，它只是成全自然。"所以，本性之爱指向超性之爱，超性之爱规范本性之爱。本书仅仅希望以阿奎那爱的学说作为一个思想个案进行研究,能让不了解阿奎那神哲学思想的人找到一个更容易理解阿奎那思想的窗口。

三、创新之处

本书在对阿奎那爱的学说的理论渊源作出初步考察的基础上,从西方哲学史(形而上学史)和基督宗教伦理学史的高度,比较全面、比较深入地探究了其爱的学说的本体论基础及其两个基本向度(本性之爱与超性之爱),并对其理论特征与现当代意义作出了概括性的说明。其根本努力和创新之处主要在于下述三点。

首先,对其爱的学说的本体论基础做了比较深入的考察。本书以人性论、肖像论、上帝论或存在论为基础,揭示了阿奎那的本性之爱、超性之爱、上帝之爱的三个不同的理论层次,最终以上帝论或存在论为导源和归宿,较为清楚又较为条贯地揭示了其爱的学说的内在根据和逻辑链条。

一般而言,国外的大部分学者从教义理论层面展开对阿奎那爱的学说研究,缺乏必要的哲学理论深度。即使有的学者从哲学的角度思考过爱与存在的关系,但往往只是以存在论作为爱的学说的本体论基础,未能从人性论、肖像论和存在论或上帝论的三个层次全面分析阿奎那爱的学说的本体论的三个有机层次,未免有点单薄。本书则清晰地从本体论的三个层面揭示了人与上帝的关系,即人是分有上帝存在的存在者,所以人本性追求本体的成全,人本性必定爱上帝,以上帝为最终的目的。虽然人本性堕落了,但因人是上帝的肖像,人有接受上帝恩典的超性所在,所以上帝的恩典使人与上帝重新建立了友谊。因此,阿奎那爱的学说不是单向的强调由于上帝的恩典而来的人对上帝的超性之爱,而是既强调了人的意志的本性能力以爱上帝为自己的目的的"人到上帝的模式",同时他也强调了必须通过上帝的恩典,人才具有和上帝形成友谊的爱的德性的"上帝到人的模式"。人到上帝的模式与上帝到人的模式的高度统一,使得阿奎那爱的学说与奥古斯丁的单一的上帝到人的模式有明显的不同,这也充分展示了他对亚里士多德主义、柏拉图—奥古斯丁主义的双向扬弃而带有调和论的特征。

其次,对其爱的学说的理论特征做了比较全面和比较系统的阐述。本书认为阿奎那爱的学说的理论特征首先在于它的整全性,这根源于他对人的本质的界定,他将人看作是身体和灵魂的复合实体。从这一整全的人学观出发,他以人的本性为基点,把爱分为自然之爱、感觉之爱和理智之爱三个层面。这一观点与他之前的柏拉图和奥古斯丁都不一样。柏拉图认为身体是灵魂的工具,就好比船与水手的关系,人的本质是其灵魂,所以他贬斥身体的感官和感觉;奥古斯丁虽然突出了身体问题的重要性,但依然认为身体是成圣的障碍,归根结底他还是贬斥身体的感官和感觉的。因此,相比较于柏拉图和奥古斯丁而言,阿奎那重视感官的功能与作用,给予了身体和灵魂的复合活动在其欲望层面的表达即感觉之爱、情感一定的地位。阿奎那爱的学说的整全性特征,就在于他不仅仅强调了灵魂的纯粹活动在欲望层面的表达即意志之爱,而且也注重灵魂和身体的复合活动在欲望层面的表达即感觉之爱。

阿奎那爱的学说的另一个理论特征在于它的理性色彩，这根源于他对意志和理智关系的处理。耶稣、保罗、奥古斯丁等人所说的爱不是建立在理性基础上的，爱是基督徒显著的标志，爱更是一种信仰，是非理性的、发自内心的一种高级的情感。在奥古斯丁那里，意志是永远高于理性的。然而在阿奎那看来，意志和理智是相互关联的，意志总是跟随着某种理智的认知。爱和理智彼此关联，突出了理智在爱的行为中的重要性，在很大的程度上对于理性的作用给予了肯定。与奥古斯丁相比，阿奎那更体现了希腊人所说的"人是理性的动物"这一根本的价值取向。相对于他之前的思想家而言，阿奎那对爱的学说作出了一定程度的革新。因此，本书认为，有必要对阿奎那爱的学说的整全性特征和理性特征着意加以刻画。国外学者对阿奎那爱的学说的研究并没有突出整全性特征，有的学者突出了其爱的学说的理性特征，但有时强调过分，使得爱蒙上了浓厚的理性色彩，失去了基督宗教信仰的特征。

最后，就目前本人所及的材料得知，本书是一本对阿奎那爱的学说进行比较全面、比较系统、比较深入研究的著作。阿奎那爱的学说的内容很丰富，国外的学者大部分是从超性之爱的维度进行研究，局限于神学伦理学的视野。这样就有一定的片面性，因为阿奎那爱的学说的特色和核心内容就是，它既是本性的，又是超性的。缺一不可，缺少了任何一个，对其爱的学说的认识都是不完整的。即使有的学者注意到了阿奎那爱的学说本性层面，然而注重的不够，认为本性之爱仅仅是为超性之爱服务的，并没有突出本性之爱相对的独立性；还有的学者注意到了阿奎那爱的学说既是本性的，又是超性的，但是缺乏详细的阐释，尤其是对二者之间的内在关联性缺乏必要的、细致的理论说明。个别中国学者如台湾学者对阿奎那爱的学说进行了论述，但还仅仅停留在对阿奎那文本的归纳和整理的层面上，基本上没有上升到对其爱的学说的内在理路、本体论基础的研究层面。

本书虽然努力想做到博采众家之长，既注重阿奎那爱的学说的超性维度，又注重其爱的学说的本性维度，突出本性之爱相对的独立性，同时注重本性之爱与超性之爱的关联性及互动性，但毕竟还有很多材料没有涉及，再加上对阿奎那的全部著作涉猎得还不够深广，故论述之中肯定有很多疏漏之处，祈请评论家赐教。

四、篇章结构

本书的正文分为五章。

第一章以柏拉图、亚里士多德、《旧约》与《新约》、奥古斯丁有关爱的论述为代表，勾勒阿奎那爱的学说的理论背景。

第二章着重论述阿奎那爱的学说的本体论基础。笼统地说，阿奎那爱的学说的本体论就是其上帝论或存在论。析而言之，其本体论思想其实包含着三个层面的内容，即人性论、肖像论和上帝论或存在论。在人性论的维度里，阿奎那主要探讨了人性的内涵与特征，认定人性即人的本性，也就是人的灵魂的能力，主要包括人的理智能力、感觉欲望能力、理智欲望能力等，这三种能力在哲学的领域又分别表现为认知、情感、意志三个部分，而在阿奎那的思想体系中，认知、情感、意志三者是统一的。在肖像论的维度里,阿奎那主要阐明人和上帝的关系,揭示人性中的神性之所在。上帝论或存在论是阿奎那整个学说的核心,当然也是其爱的学说的本体论基础。在阿奎那看来,上帝的本质和存在是同一的,上帝的神圣属性和上帝的内在道的运行及爱的运行也是统一的。人性论、肖像论和上帝论或存在论是层层递进的关系,而且这三者之间其实是相互关联、相互贯通的。人性论和肖像论都以上帝论或存在论为根基,因为人的本性也是上帝所赋予的,人是分有上帝存在的存在者,天生如此。而肖像论,主要阐述人是上帝的肖像,揭示人的超性之所在,从而为人接受上帝的恩典之爱做理论的准备。

第三章以人性论为基础阐述阿奎那本性之爱的内容。先概论本性之爱,阐释本性之爱的种类及定义。本性之爱分为自然之爱、感觉之爱和理智之爱。而真正的爱在阿奎那看来就是"意志和每一种欲望能力的第一运动",爱仅仅相关于善,是一种倾向。这便是阿奎那爱的定义。阿奎那将爱看做是首要的情感,认为感觉之爱有五个方面的特征;同时高度肯定理智之爱,认为自爱与对他人的爱体现在自我的德性修养和爱人如己两个方面。最后,对阿奎那论人对上帝的本性之爱如何可能以及这种爱的性质和形上学分析做了比较细致的阐述。要而言之,本章旨在分析阿奎那如何论述人的本性之爱从下往上、从人到上帝的思想进路。

第四章以阿奎那的肖像论为基础论述其超性之爱。在阿奎那看来,上帝赋予人的本性,使得人在本性上具有爱的能力,从而使人可以凭借自己的本性能力爱上帝在万有之上。

然而人由于罪的堕落,人的本性严重受损,使得人与上帝之间的差距越来越大,上帝的肖像在人性之中被非常严重的抹去,以至于近乎无,或者是变暗了和受到了玷污。然而,上帝并没有抛弃人类,差遣自己的独生子道成肉身来到世间,拯救罪恶的人们,召唤人们要相信他,要相信他能把人们从罪恶中解救出来。耶稣基督通过自己的死亡与复活把人类从罪恶的束缚中解脱出来,显明了上帝的大爱。上帝的大爱唤起了我们对他的爱。所以,人对上帝的超性之爱来源于上帝的恩典,是上帝在基督中的启示,上帝的恩典使人的本性获得了提升,在超性的基础上建立了与上帝的友谊。这一友谊是一种德性,并且是诸德中最优越的,是诸德之母和诸德的形式。最后,还进一步分析了阿奎那超性之爱和本性之爱在形而上学视野里和伦理学视野里的差别,及其在上帝论或存在论之下的有机统一。本性之爱以存在论为基础指向超性之爱,超性之爱以上帝论为基础规范本性之爱,这恰如其分地体现了阿奎那的名言:"恩典成全自然。"

第五章主要从整体上来论述阿奎那爱的学说的理论特征,比如它的理性特征、个体性特征和整全性特征,以及这些特征与他的整个思想脉络走向之间如何保持着内在的统一性问题。另外,在本人目前掌握的研究材料基础上,通过对著名的新托马斯主义代表人物马利坦和吉尔松,新教神学思想家蒂利希、尼各仁等四位有关爱的思想的概略性分析,尝试着揭示阿奎那爱的学说在后来的影响及其所具有的现当代启示意义。

第 一 章

阿奎那爱的学说的理论渊源

在阿奎那之前,西方哲学史与思想史中有关"爱"的问题的论述已经非常丰富了,如柏拉图的"欲爱论",亚里士多德的"友爱论"等。在基督宗教内部,有《圣经旧约》与《圣经新约》中的"上帝之爱"以及人与人之间的博爱论,以及奥古斯丁关于爱的论述。其实,在前苏格拉底时代的一些哲学家那里,他们在讨论世界构成的原因时,也涉及"爱"的问题,如前苏格拉底时代的恩培多克勒在讨论事物的结合与分离的动力因问题时,就提出了爱(philotes)与争(neikos)这两种相反的力量,并将"爱"看作是一种结合的力量。他说:"在一个时候,万物在爱中结合为一;在另一个时候,个别事物又在争的冲突中分离。"而事物结合在一起总是依靠"爱"的力量:这一切在受争支配时形状不同,彼此分离的事物,"然而它们在爱中却结成一体,互相眷恋",甚至是"身体的一切部分由爱团聚成一个整体"。① 这些有关爱的思想都启发了阿奎那对这

---

① 姚介厚:《西方哲学史》(学术版)第二卷,江苏:江苏人民出版社2004年版,第249页。

个问题的认知。

本章以柏拉图、亚里士多德、《圣经旧约》与《圣经新约》、奥古斯丁等有关爱的论述为例,勾勒阿奎那爱的学说的理论渊源。

第一节　柏拉图的"欲爱"论

一、《会饮篇》——爱是对不朽的企盼

柏拉图对爱的论述主要集中在两篇对话中,一是《会饮篇》,二是《斐德罗篇》。

在《会饮篇》柏拉图通过对厄洛斯(Eros)的礼赞(包含了六篇①关于爱的演说,其中每一篇都代表一种爱的理论),巧妙地展现了当时希腊社会人们关于爱的六种主要看法。斐德罗认为 Eros 应受到称颂,因为他是最古老的神,是诸神中最光荣的神,是人类一切善行和幸福的赐予者。鲍萨尼亚认为爱有两种,天上的爱和地下的爱。他认为人们要歌颂的爱神是天上的阿佛洛狄忒,而不是尘世的普通人之爱。只有位于天国的爱神才可以激起无论在国家还是个人心中真正的美德。崇高的爱,即纯粹与灵魂相结合的爱,不受肉体的支配。厄律克西马库则认为,爱神应该不限于人与人之间的爱欲,他把爱神的情欲导向一切事物的对立与和谐运动,是事物健康和谐与否的动力因。喜剧诗人阿里斯托芬编造了一个神话,

---

① 有人认为是七篇演说,最后阿尔基比亚德对苏格拉底的赞美也应列为一篇。

说人最初是球形的,四只腿、四只胳膊,两张一模一样的脸孔。后来被宙斯劈成两半。爱就是被劈开的一半寻求与另一半的结合。阿里斯托芬还认为,全体的人类,包括所有男人和女人,获得幸福的道路只有一条,那就是实现爱情,通过找到自己的伴侣来医治我们被分隔了的本性。悲剧诗人阿伽松认为,爱神是最美的神,因为他最年轻,而且温婉、柔和、美丽,具有一切的美德:公正、节制、勇敢。他充满了智慧,而且他自己还是个非凡的诗人,并能使人成为诗人和艺术家。他是秩序的创造者,是和平的缔造者,是一切美好事物的起因。①

在叙述了六个人物对爱的论述之后,柏拉图把关于爱的理论隐藏在苏格拉底的形象之下,通过苏格拉底与曼提尼亚妇女狄奥提玛的对话,并借助狄奥提玛之口说出了他自己的爱的理论。简而言之,柏拉图爱的理论主要有如下三层含义。

第一,"爱"(Eros)不是神,而是一种"精灵"。他是"贫穷"与"富足"结婚而生下的孩子,因此,他的本性介于缺乏和充满之间。爱总是与缺乏分不开。而神永远是充满者,没有缺乏,无所欲求。因此,对于神来说无所谓爱。所以,苏格拉底或柏拉图式的爱从一定意义上说是一种产生于缺乏的"欲求"。"爱"(Eros)的主体出于需要而寻求爱的对象,从而把爱的主体与爱的对象结合在一起,并通过对爱的对象的拥有来满足自己的需要。德国哲学家西美尔在讨论柏拉图式的欲爱时曾说过:"希腊人的爱欲是一种占有的愿望,当然,'占

---

① 柏拉图:《柏拉图全集》第二卷,王晓朝译,北京:人民出版社 2003 年版,第 212—237 页。本节有关柏拉图"论爱"的文字,均以王氏译本为底本。

有'一词是在较为高尚的意味上来使用的。希腊人希望在被爱者身上获得趋达理念和提高道德修养的载体。所以,对希腊人来讲,爱是获得与未获得的一个中介环节。因而,这种愿望的逻辑结果就是,占有一经达到,爱便将必然熄灭。"①这种解释比较符合柏拉图爱的第一个特征。

第二,爱本质上就是一种永远渴望占有美善的欲望,爱就是对不朽的企盼。然而这种欲望的实现要通过"在美中孕育、生产,凭身体,也凭灵魂",肉体的生殖通过美的女人而孕育,心灵的生殖则是通过最高最美的思想智慧而得到孕育。爱的行为就是孕育美,既在身体中,又在灵魂中。爱不是对美的企盼,而是在爱的影响下企盼生育。正是靠生育,生命才会延续和不朽。柏拉图在此也把爱欲看成一种宇宙性力量,既为自然又为灵魂所有,或者说,爱欲乃是自然和灵魂的原始性力量。正是靠着爱欲,"会死的自然"才会生生不竭;也正是靠着爱欲,不断生灭的灵魂才能最终获得不朽——而从根本上说,自然和灵魂都是不朽的。但自然和灵魂不是那种静止不动的不朽,它们是生生不息的,而且是自动的,这种自动的力量的根源,就在"爱欲",其实现的方式,就是生育,而且是在美中生育。

第三,爱是有阶梯的。从身体的肉体美开始,思考身体之美如何与其他方面的美相联系,然后学会把心灵美看得比形体美更为珍贵,经过心灵之美,他会被进一步导向思考法律和

① 西美尔:《柏拉图式的爱欲与现代的爱欲》,刘小枫主编:《人类困境中的审美精神——哲人、诗人论美文选》,上海:东方出版中心1996年版,第269—270页。

体制之美。再进一步,应当从体制被导向各种知识,在沉思中产生最富有成果的心灵的对话,产生最崇高的理想,获得哲学上的丰收,从而把握美的知识。这时候已经接近终极启示,最终看到神奇的美景,即美本身,到达爱(Eros)的终点。这种美是永恒的,无始无终,不生不灭,不增不减。这种"美"自存自在,是永恒的一,而其他一切美好的事物都是对它的分有。无论其他事物如何分有它的部分,美本身既不会增加,也不会减少,仍旧保持着不可侵犯的完整。人的生活值得去过,全在于他的灵魂能够观照到美本身。一旦你看到了美本身,你就不会再受黄金、衣服、俊男、美童的迷惑。① 柏拉图在这里说的爱的阶梯,指的正是哲学的生活方式和哲学的精神训练。

二、《斐德罗篇》——爱是灵魂对理念世界的回忆

如果说《会饮篇》通过对厄洛斯这一爱本性的揭示,探讨灵魂提升的历程,即爱如何由形而下的追求上达对永恒美的追求,那么《斐德罗篇》则通过"回忆说",揭示了爱的形上学本质,即爱在形上学的本质上是灵魂对绝对美的想往。尘世中有爱情的人如果理解了爱的这一本质,那么这样一种有爱情的人就是值得赞赏的。《斐德罗篇》一开始借吕西亚斯之口,表达了部分世人对爱情的否定性看法,即认为有爱情的人表现出来的恰恰是自私、欲望、占有、嫉妒和背叛,没有爱情的人倒是有智慧和值得宠爱的。而在吕西亚斯之后,苏格拉底

---

① 柏拉图:《柏拉图全集》第二卷《会饮篇》,王晓朝译,北京:人民出版社 2003 年版,第 254 页。

也发表了一篇讲话,进一步阐述有爱情的人的不好之处,如苏格拉底认为,有爱情的人对对方的关注肯定不怀好意,他们无非就是想要满足贪婪的欲望,"有爱情的人爱娈童,好像恶狼爱羔羊"①。不过,苏格拉底这篇讲话中对爱的描述完全是吕西亚斯爱的逻辑推进。根据吕西亚斯的逻辑,爱最后会演变为恶狼对羔羊的爱。这显然是一种特有的"苏格拉底式的反讽",其实并不是苏格拉底所认为的真正的爱情。在苏格拉底看来,那些所谓的有爱情的人其实是对爱神的亵渎,因为真正的爱并不是他们所认为的那样。我们不能以社会经验的个别素材来证明"爱情"这类超经验事物的存在。随后,柏拉图在苏格拉底的第二篇发言中道出了自己有关真正爱的论述。

首先,有必要研究与爱相关的灵魂的性质。在《斐德罗篇》,柏拉图用了较长的篇幅论述了灵魂的性质及本质问题。在一定意义上,柏拉图的爱的理论乃至其整个哲学学说真正重视的还是灵魂问题。在《斐德罗篇》中,柏拉图认为,一切灵魂都是不朽的,永远处于运动之中。而且灵魂是其他被推动的事物的源泉和运动的第一原则。灵魂是自身推动且不朽的。柏拉图把灵魂的运动比作一股合力,就好像同拉一辆车的飞马和一位能飞的驭手。诸神的飞马和驭手都是好的,血统高贵。人用的马车是两匹马拉车,有一位驭手驾车,有一匹马是良马,有一匹马是劣马,因此,人的灵魂其实由三个部分构成。如果灵魂是完善的,羽翼丰满,它就在高天飞行,主宰

① 柏拉图:《柏拉图全集》第二卷《斐德罗篇》,王晓朝译,北京:人民出版社2003年版,第153页。

全世界,费尽心力地用真理的大草原来滋养和丰满他们。但是若有灵魂失去了羽翼,它就向下落,附着于凡俗的肉体,成为可朽的,这样开始了人的生命。所以说,灵魂与身体的结合是堕落的结果。人的本质是灵魂,只有灵魂本身才是人,人是利用身体达到一定目的的灵魂。

其次,爱来源于灵魂对理念世界的回忆。由于灵魂原本属于天上,陷在肉体中的灵魂本然地渴望回到天界。人的灵魂都是在天上见到过真理的,曾见过神圣的美,见过理念世界的形式或理念,因此便极力驾驭住他手中的两匹马,试图使灵魂向上升腾,重新回到天上。陷入肉体之中的灵魂要通过观看尘世间的美好事物来引发对天界事物的回忆。地上美的事物虽然只是理念世界的绝对美的影子,但是它们却能唤起灵魂对绝对美的回忆。灵魂在下坠之前越完全地看见理念世界的美,它的回忆就越清晰,它的爱也就越强烈。"灵魂来到尘世之后,便能认识尘世的诸存在物,并爱它们,这完全是由于灵魂具有朦胧的、然而也是显著地对那些上天中的原初意象的回忆,对原初意象的反思有时也在尘世的个别事物中出现。"①当灵魂看到地上的美的事物时,它会被自己对绝对美的记忆所激动,它的羽翼就开始生长,想要飞向天界,把下界一切置之度外。这种对天界绝对美的向往被世人认为是疯狂的。然而,这种疯狂的爱是由于灵魂对理念世界的回忆引发的。

---

① 西美尔:《柏拉图式的爱欲与现代的爱欲》,见刘小枫主编:《人类困境中的审美精神——哲人、诗人论美文选》,上海:东方出版中心1996年版,第261页。

第三,爱就是要抗拒"劣马"欲望的诱惑。当灵魂看到能唤起他对绝对美的回忆的尘世的美的时候会有两种反应。一种是受劣马的指挥,以充分满足自己的欲望为终极目标。这种爱情不会有什么酬劳,也不会给灵魂带来好处。另外一种就是受良马的指挥,抗拒劣马的诱惑,心灵中比较高尚的成分占了上风,引导他们过一种有纪律的、哲学性的生活,他们灵魂中恶的力量已经被征服,善的力量得到了解放,他们已经成了自己的主人,能够控制自己的欲望,赢得了内心的和平。尘世生活终结之时,他们卸去了包袱,恢复了羽翼。这就是真正有爱情的人,伟大而又光荣。柏拉图赞美的是这种有爱情的人。

三、柏拉图"Eros"的特征

通过上述对柏拉图"爱的学说"的简明概述,我们可以发现,柏拉图爱的学说大体上具有以下三个方面的特征。

第一,无论是《会饮篇》还是《斐德罗篇》,都呈现了"柏拉图之爱"所具有的"欲求"特征。"柏拉图之爱"是一种欲求和渴望,是自下而上的运动。柏拉图并没有把爱看做是神。爱对他来说只是通往神性的桥梁,它本身不是神。神是爱的对象,而不是爱本身。爱产生于缺乏,她的形上学本质是对神的渴求。

第二,柏拉图的欲爱不是对某个具体的人或事物的爱。爱的本质在柏拉图那里其实就是灵魂的生命。正因为有爱,人才不至于陷入感官经验的偏见之中。而且人也正是通过爱,实现一种由形下的眷恋到形上的超越。就此而言,爱本身就是一种超越感官的追求活动,通过对无形的美本身的渴望,精神或灵魂获得一种满足感。正是因为"爱"具备这种超越的性质,人才能够展现出与"神"所固有的那一份关联。

第三,柏拉图的欲爱说和他的理念论和灵魂回忆说紧密相关。新教神学思想家尼格仁(Anders Nygren)曾指出:"欲爱与柏拉图的回忆说紧密相关;它是由灵魂对其进入时间之前在理念世界所见的回忆孕育的。"①在灵魂进入尘世生活之前,灵魂在理念世界中早已看见了感觉事物的理念。灵魂在尘世生活中看见可感的事物,便回忆起它在理念世界曾见到过的可感事物所分有的理念。由于美的理念是所有理念中唯一可见的理念,美的事物最能唤起灵魂对美的理念的回忆。处于尘世间的灵魂总是渴望向上升腾,重新回到理念世界。这种渴求就是欲爱。因此,柏拉图式的"欲爱"就是人因缺失了理念的完满而产生的欲求,欲爱内在于人的灵魂。它是人"从感觉世界向超感觉世界的转向;它是人的灵魂向上的倾向;它是一种推动灵魂趋向理想世界的真正力量"。②

柏拉图"欲爱"所具有的三个特征,与后来阿奎那爱的学说有很多相似之处。如果将柏拉图的"理念"(Ideal)换成阿奎那的上帝,则柏拉图的欲爱就具备了"圣爱"的特征。当然,不同之处也是非常明显的,在柏拉图那里,人先验地具有趋向完满的倾向,而在阿奎那那里,人必须通过上帝的恩典才能最终实现完满,尽管阿奎那也从人的自然本性角度论证了

---

① Anders Nygren, *Agape and Eros*, Translated by Philip S. Watson, Philadelphia: Westminster Press, 1953, p.173.

② Anders Nygren, *Agape and Eros*, Translated by Philip S. Watson, Philadelphia: Westminster Press, 1953, p.170.

人有爱上帝的倾向。

第二节　亚里士多德的"友爱"论

作为西方思想史上系统阐述伦理学理论的第一人,亚里士多德对西方伦理学的发展产生了深远影响。《尼各马可伦理学》是亚里士多德的第一部伦理学著作,全书共十卷,其中,第八卷和第九卷专门用来阐述他关于友爱的看法,其他的伦理学著作《大伦理学》及《优台谟伦理学》也有一定的篇幅讨论友爱。亚里士多德的"友爱"论在其伦理学体系中有着重要的地位,是亚里士多德伦理学中不可或缺的组成部分,也是西方伦理学中"友爱"论思想的重要渊源之一。以下我们简略地阐释亚里士多德"友爱"论的思想。

一、友爱是一种德性

在希腊文中,"eros"和"philia"两个词有不同的根源与意涵,"eros"为柏拉图所使用,"philia"为亚里士多德使用。"eros"指的是含有情意及肉欲的爱,"philia"的原意具有宇宙原理的意涵,后来发展成友爱,指涉精神的爱。在亚里士多德的用语中,没有使用"eros"一词,他将人类相互关系的所有形式都诠释为友爱"philia"的形式。①

亚里士多德主张的"友爱"是人与人之间的一种良性的

---

① 潘小慧:《德性与伦理——多马斯的德行伦理学》,台北:哲学与文化月刊杂志社 2003 年版,第 253 页。

相互关系,两个人彼此之间都有善意,希望对方过得好和获得善。人与无生物之间都没有友爱,"对无生之物的喜爱不能称之为友爱,因为它是没有回报的爱"①,一般之物不可能对"爱"有所报答。人和神之间也没有友爱,对神的友爱不允许有爱的回报,甚至完全没有爱。因为假如有人说他爱宙斯,那是荒谬的。② 所以亚里士多德所探讨的友爱不是对神的爱,也不是对无生物的爱,而是作为人际关系的彼此之间的相互的友爱。另外,友爱应该是相互的,如果单方面地希望对方好,而对方没有回报同样的希望,这只能称为善意。只有相互都有善意并且知道相互间的善意,才是友爱。

在《尼各马可伦理学》第八卷的篇首,亚里士多德这样写道:"在这一切之后让我们来谈一谈友爱。它就是某种德性,或者是赋有德性的事情;或者说是生活所必需的东西,谁也不会愿意去过那种应有尽有而独缺朋友的生活。"③在他看来,友爱是某种德性,并且是生活最为必需的德性。幸福高尚的生活是不能没有朋友的。

亚里士多德将人与人之间的相互关系的所有良性形式均诠释为"友爱"的形式,友爱的关系包含了父母子女之间、夫妻之间、兄弟之间、统治者与被统治者之间等。因此,我们对亚氏"友爱"的理解就不能完全按照汉语的意思去理解。"友

---

① 亚里士多德:《尼各马科伦理学》,苗力田译,见苗力田主编:《亚里士多德全集》(第八卷),北京:中国人民大学出版社1994年版,第167页。

② 亚里士多德:《大伦理学》,徐开来译,见苗力田主编:《亚里士多德全集》(第八卷),北京:中国人民大学出版社1994年版,第323页。

③ 亚里士多德:《尼各马科伦理学》,苗力田译,见苗力田主编:《亚里士多德全集》(第八卷),北京:中国人民大学出版社1994年版,第165页。

爱"虽然包含了很多不同性质关系的良性人际形式,但是根据友爱所依据的原因可以细分为不同的友爱。在亚里士多德看来,爱的事物可以分为三种:善、令人愉悦和有用。相应于三种可爱的事物,友爱也可以分为三种。第一种,为了对自己有好处,这个朋友对自己有用。第二种,为了使自己愉快,这个朋友能让自己快乐。第三种,为了朋友自身,朋友自身是善的。前两种"不是因为朋友自身而友爱,而是为了有用和快乐,这样的友爱都是偶性上的友爱"①;第三种友爱是完善的友爱,是好人和在德性上相似的人之间的友爱。"那些为了朋友自身而愿望朋友为善的人才最是朋友,因为他们都是为了朋友自身,而不是出于偶性,只要善不变其为善,这种友谊就永远维持。"②

亚氏所说的前两种友爱都不是为了友爱自身,而只是为了有用和快乐,这两种友爱因而被看作是偶然的友爱,难以持久,然而在生活中却最为常见。我们常能看到很多人因为利益或者纯粹为了享乐而结为朋友,而利益和快乐来得容易散去也快,当利益和快乐都不再有的时候,这种所谓的朋友关系便也随之消散。只有第三种是建立在美德的基础上,以美德为目的的友爱才是真正的友爱,这也才是人的德性品质。这种友爱是发生在好人,即有相似德性的人之间,因为只有在好人之间才能因为对方自身的原因而希望他好,而不是为了利

---

① 亚里士多德:《尼各马科伦理学》,苗力田译,见苗力田主编:《亚里士多德全集》(第八卷),北京:中国人民大学出版社1994年版,第168页。

② 亚里士多德:《尼各马科伦理学》,苗力田译,见苗力田主编:《亚里士多德全集》(第八卷),北京:中国人民大学出版社1994年版,第169页。

益或快乐。亚里士多德认为,这种友爱才是最好的友爱,才有资格被视为友爱本身,并且最稳定、持久,给我们以快乐和高尚的外在善中最大的善,是我们达至幸福的最高德性。然而,善的友爱也因如此高尚而难得一见——有德性的好人本就不多见,更何况还需要时间来形成共同的道德。因此,我们也就多在"千金易得,知己难求"、"士为知己者死"这样流传至今的俗语中,表达和想象着对于善的友爱的渴求。无论处于何种发展阶段的人类社会,普遍的、高尚的友爱总是协调人际关系、和谐社会秩序、凝聚民族力量的强有力的动因和保障。

不过,也有一些人并不赞同亚里士多德所描述的友爱,如当代著名的哲学家、伦理学家麦金太尔。他认为,"亚里士多德自足的理想人格却严重损害和扭曲了他对友谊的阐述。有些关系不同寻常,阿喀琉斯对帕特洛克罗斯、阿西比亚德对苏格拉底的同性恋,彼特拉克对劳拉的罗曼蒂克式的挚爱,托马斯·莫尔先生与他的妻子的夫妻忠诚,这些关系没有一个能包括在亚里士多德的表格中。因为人们之间的那种爱,是不同于人们之间的善处、共乐,或者互益的,而在亚里士多德那里,却没有这种爱的位置。只要我们记得'具有伟大心灵的人',我们就能理解这是为什么,他赞赏所有的善,所以他也将赞赏其他人身上的善。但他不需要任何东西,他以他的德性而自足。因此,对他而言,友谊永远是一种道德上的相互尊敬,这就是亚里士多德所描述的友谊。"①

---

① 阿拉斯代尔·麦金太尔:《伦理学简史》,龚群译,北京:商务印书馆2004年版,第120页。

二、德性友爱的根源——自爱

作为德性品质的友爱,是一种完满的、高尚的、令人称道的友爱,它是在善意基础上的互友互爱,它所成就的不是单个人的德性,而是友爱双方在德性上的共同促进。但从其根本上来看,德性友爱根源于自爱。亚里士多德说:"我们与他人友谊关系的根源建基于我们自己的关系上。"①既然朋友是一个自我,对朋友的爱就是对自己的爱。亚里士多德为了深刻地表达他的这一思想,用了较多的篇幅,对自爱、爱他人以及被爱的问题进行了颇为深细的哲学思辨。这些哲学思辨得出了与常识完全不同的结论,即使对当今社会的人们也具有极大的思想启迪意义。

人们常常不加分别地把"自爱"当作贬义词,并简单化地把那些多占钱财、荣誉和肉体快乐的人等同于"自爱者"。然而,亚里士多德认为,"自爱"其实可以分为两种形式,第一种即是通常意义上的多占钱财、荣誉和肉体快乐的"自爱者",这些人"都沉迷于欲望之中,整个地说来,是沉迷于情感、沉迷于灵魂的非理性部分,这样责备自爱者是公正的"。② 这样的自爱就是自私和自利。但亚里士多德认为,还有一种自爱总是做公正的、节制的或任何合乎德性的事情,即总是做使自己高尚的事情。这种自爱者顺从他自身的主宰,这是真正的

35

---

① 亚里士多德:《尼各马科伦理学》,苗力田译,见苗力田主编:《亚里士多德全集》(第八卷),北京:中国人民大学出版社1994年版,第196页。

② 亚里士多德:《尼各马科伦理学》,苗力田译,见苗力田主编:《亚里士多德全集》(第八卷),北京:中国人民大学出版社1994年版,第203页。

自爱者。前一种是按照感性、情感来生活,是邪恶者的自爱;后一种是按照理性来生活,是理性者的自爱。只有这种理性的自爱才是真正的自爱,在这种自爱的基础才能形成德性之友爱。因为,理性是人与植物和一般动物相区别的根本之所在。"只有伴随着理性所行的事情,才可称得上是自己的行为、自愿的行为"①,也只有这种行为,才能将爱自己和爱朋友统一于德性的基础之上,为高尚而向往,为善良而追求,并能长时间地专注于德行之中。尽管万物变化万端,但理性的自爱者能够心志恒常如一。由此可以看到,亚里士多德的友爱论思想是崇尚理智,贬低情感的。

亚里士多德进一步地论证道:对于有德之人来说,自己首先是自己最好的朋友,"善良的人愿意与自己做伴,并且以此为乐"②。从第二种意义上的"自爱"来说,人首先应该爱自己,然后才有可能去爱他人。一个人如果连自己都不爱,让他如何去爱别人,去爱朋友呢。有的人向往公正,让自己永远美好和高尚,他总是为了朋友,为了自己的祖国而尽心尽力,必要时甚至不惜自己的生命。这样的人才是更大的自爱者,他分配给自己全部是最高贵和最美好的东西,他把高尚置于一切之上。因此,亚里士多德的结论是:只有自爱的人才会以自爱的方式去爱他人,自爱是他爱的前提和基础,通过自爱扩及他爱,然后才有交互的友爱。从这个意义上说,自爱是友爱的

---

① 亚里士多德:《尼各马科伦理学》,苗力田译,见苗力田主编:《亚里士多德全集》(第八卷),北京:中国人民大学出版社1994年版,第203页。

② 亚里士多德:《尼各马科伦理学》,苗力田译,见苗力田主编:《亚里士多德全集》(第八卷),北京:中国人民大学出版社1994年版,第196页。

根源,"友爱,始于爱己,终于爱人,其从爱己以至爱人"①。在真正的友爱中,关心自己与关心朋友是一致的。理想的生活应当服从理性的安排。这样,一方面,理性的自爱造成了德性的友爱。另一方面,德性友爱的建立也更进一步巩固和加强了人的理性,让理性者能更深刻地自爱。

在美德伦理的框架内,亚里士多德认为,友爱是这样一种活动:除了爱的活动外,没有其他的目的。② 因此,这种纯粹的友爱不涉及任何世俗的功利目的。这种成己成人的"友爱"既不属于义务论伦理学,更不属于功利主义的伦理学,它是一种真正的美德伦理学。从它的超功利的角度看,在精神趋向上与后来阿奎那的爱的学说有很多相似性。所不同之处在于它尚未涉及神性的维度。

亚里士多德还认为,友爱更多的是存在于主动的爱之中,而不是在被爱之中,其最为直接的证明就是,母亲总是以爱为喜悦③。朋友作为另一个自我,爱朋友就是爱自己,所以友爱更多的是在爱之中,而不是被爱之中。那些爱朋友的人总受到人们的称赞,是因为"爱"本身就是朋友的德性。可是,有些人要求被爱多于爱。他们喜欢被奉承、被喜爱,喜欢接受荣誉,然而殊不知荣誉似乎不是因其自身而被选取的,而是出于

_37_

---

① 严群:《亚里士多德之伦理思想》,北京:商务印书馆 2003 年版,第172 页。
② 亚里士多德:《大伦理学》,徐开来译,见苗力田主编:《亚里士多德全集》(第八卷),北京:中国人民大学出版社 1994 年版,第 333 页。
③ 亚里士多德:《大伦理学》,徐开来译,见苗力田主编:《亚里士多德全集》(第八卷),北京:中国人民大学出版社 1994 年版,第 177 页。

偶性。因此要求被爱多于爱的人，是一些好名之徒，是一个人虚荣心过强的表现。只有在主动爱他人过程中看到自身的善良和价值，把友爱本身当做快乐，才是真正的友爱。爱是主动的，是强者的表现；被爱是被动的，是弱者的表现。因此，人们应把心思放在如何爱人上，而不应该把心思放在是否能得到别人的爱上。这样，亚里士多德的"友爱"论就把建成和谐、良序社会关系的责任巧妙地归之于伦理主体上面，要求每个人积极、主动地去爱他人，而不是被动地接受他人的爱。这与中国儒家所讲的"为仁由己"极其相似。

与柏拉图的"欲爱"论追求一种灵魂的超越不同，亚里士多德的"友爱"论则希望通过此世的人与人的相爱来实现人的自我完善。他把朋友看做是另外一个自我，通过我们的朋友来认识我们自己，这就好比透过照镜子来看自己的脸一样。① 这种"友爱"论主要强调在一种实在的关系中实现人的自我完善，为后来阿奎那在人与人、人与上帝的关系中讨论爱的问题提供了思想资源。相比较于阿奎那的爱的学说而言，亚里士多德"友爱"论尚未涉及人与上帝的友谊这一根本性的维度。

第三节　《圣经》中"爱"的思想

英文里"爱"（love）这个词汇的含义十分宽泛，它基本上

---

① 亚里士多德：《大伦理学》，徐开来译，见苗力田主编：《亚里士多德全集》（第八卷），北京：中国人民大学出版社 1994 年版，第 337 页。

涵盖了三个希腊概念——"eros"、"philia"、"agape"的意思。柏拉图表达爱用的是"eros"。"eros"起源于男女之间的渴望和欲望,柏拉图用它来意指对于完美和善与永恒不朽的寻找与追求;亚里士多德用的是"philia",表达德性的友谊之爱。在此节中我们将可以看到,《圣经》中的"爱"可以用"agape"来概括。"agape"的本意并不是指一种占有和占有财富的渴望,而是一个人为了他人而作出的慷慨举动。后来《圣经》的作者与译者把"agape"规定为上帝自发给予他的创造物的爱。① 上帝只是给予而不需要任何条件或回报,所以"agape"就是纯粹的自我单向给予的爱。《圣经》中的爱可以分为三方面,第一是上帝对人的爱,第二方面是人对上帝的爱,第三方面是人对自己同类的伦理的关怀之爱。这三方面都是属于"圣爱"(agape)的有机组成部分。因此,人的真正的爱也应当是给予性的。

一、上帝对人的爱——盟约之爱与救赎之爱

《圣经》很清楚地向我们展示:上帝是一位爱的上帝,爱是上帝的本质属性。概而言之,《圣经·旧约》和《圣经·新约》中上帝对人的爱主要体现在如下三个方面。

首先,上帝出于爱而创造了世界。《旧约》的开端描述了上帝的创造活动。上帝是宇宙的创造者。上帝创造了世间的一切,创造了天与地,创造了白天和黑夜,上帝把祝福送给了

---

① 姚新中:《儒教与基督教仁与爱的比较研究》,北京:中国社会科学出版社 2002 年版,第 102 页。

所有的生命、所有活动的生物，并且使生物得以成倍的增长。在这些创造过程中，上帝确保了他的创造物是善的。上帝对人的爱体现在把人类创造成他自己的模样，并且赋予了人爱的本性。上帝之爱区别于西方思想上的所有之爱在于："在上帝之中没有需要填饱的饥饿，只有渴望给予的充满。"①上帝虽然是充满的、自足的，但他还是选择创造了这个世界。上帝是出于爱而创造了这个世界。上帝的创造行为本身，就是神爱的表达。上帝之爱是一种彻底的自我给予的爱。"在上帝之外没有柏拉图式的完美理念吸引着上帝去创造，也没有永远顽抗被赋予形式的接受性质料在那里。由于上帝现在、过去、将来都永远是完满、自足的，因此，只有一种自生、自发的流溢之爱的行为，一种极度的慷慨和创造人来与他分享他已经享有的自我完满的渴望，才能解释世界的被造。"②由于上帝的爱是隐藏在背后的，而且，上帝之爱的实现必须在人类的历史及人的爱中才可以被发现。因此，神的爱与人的爱之间有着不可割裂的内在联系。上帝虽然爱人类，但是人类却背叛了上帝的爱，犯下了原罪。为了重新建立上帝和创造物之间的关系，上帝从世界上所有的民族中选择了一个民族，向他们揭示自己是最高和唯一的神。

其次，在《旧约》中，上帝对其子民的拣选和立约也表现出了他恒久不变的爱。在上帝与以色列人的盟约中，上帝对人的爱得到了完全的体现。全部的《旧约》都是围绕上帝与

---

① C.S.Lewis, *The Four Loves*, London：Fount Paperbacks, 1998, p.121.

② Douglas N. Morgan, *Love：Plato, the Bible and Freud*, New York：Prentice-Hall, 1964, p.48.

以色列人的盟约这一事件发展的。作为以色列宗教基础的盟约首次是在摩西时代出现的，上帝通过摩西与以色列人在西奈山建立了盟约。上帝说："我向埃及人所行的事，你们都看见了；且看我，如鹰将你们背在翅膀上，带来归我。如今你们若实在听从我的话，遵守我的约，就要在万民中做属我的子民。因为全地都是我的。"（《出埃及记》19：4—5）上帝与以色列的祖先立了约，就信守他的约，对以色列民族不离不弃，无论他们多么地悖逆。"我永不废弃与你们所立的约。"（《士师记》2：1）上帝带领以色列人出埃及，进入迦南美地，以色列人在旷野中漂流四十年期间，悖逆之极，上帝常常被触怒，但还是保持他的信实，没有离弃他的选民。当然这并不意味着上帝纵容以色列人的悖逆。上帝常常被以色列人的罪行所震怒，而且施行过许多严厉的审判。上帝的公义不能容许他的选民犯罪而不受惩罚。上帝的爱与公义是并存的。上帝是个宽恕的上帝，必将重建他与以色列人的盟约关系。"日子将到，我要与以色列家另立新约。我要将我的律法放在他们里面，写在他们身上。"（《耶利米书》31：33）

最后，耶稣基督及其带来的《新约》，把上帝的爱彰显至极，以道成肉身的形式表达了上帝对人类的至爱。上帝的自我启示在耶稣基督身上达到了极致。他来了，宣告："上帝爱世人，甚至将他的独生子赐给他们，叫一切信他的，不致灭亡，反得永生。"（《约翰福音》3：16）"从来没有人看见神，只有父怀里的独生子将他表明出来。"（《约翰福音》1：18）永恒的神把自己限制在有限的时空之中。他从至高荣耀的宝座上下降成卑微的人，披上了血肉之躯，住在人中间。"他本有神的形象,不以自己与神同等为强夺的;反倒虚己,取了奴仆的形象,成为人的样式;既有人的样子,就自己卑微,存心顺服,以至于死,且死在十字架上。"(《腓立比书》2:6—8)基督不仅披上了血肉之躯限制了自己,而且为了替人代付赎价,死在十字架上。这就是道成肉身所表达的爱。离开耶稣基督和他的十字架,基督宗教的上帝之爱就不可能得到充分地理解。当代著名神学家帕刻(J.I.Packer)说:"《新约》给了我们两个衡量上帝之爱的尺度。一是十字架,二是做儿子的恩赐。"①十字架表明了上帝对人的爱。这一爱使得人类的罪孽得到了宽恕,人类的生命得到了保证,人类与上帝的爱和人类之间的爱得到了维系。耶稣基督的真正意义在于具体地体现了上帝的爱。藉着他的死和他的血,一个上帝与人之间崭新的约立定了。基督徒相信,耶稣就是上帝的化身,上帝成了肉身,上帝愿意承受世界的苦难、痛苦和折磨,为的是救赎这个世界、更新这个世界。② 但是,上帝赐下圣灵给信他的人,把他们接纳为他的儿女,这慈爱,这恩典则更大。他不仅要赦免他们的罪,还要让他们得享他的生命。面对这样的恩典,使徒约翰惊叹道:"你看父赐给我们是何等的慈爱,使我们得称为神的儿女;我们也真是他的儿女。"(《约翰一书》3:1)

在《旧约》中,主要强调拣选盟约之爱,上帝之爱是上帝与其选民的关系,突出上帝的律法。在《新约》中,耶稣继承了《旧约》中关于"上帝的爱"是所有爱的前提条件,但是他也

---

① J.I.Packer, *Knowing God*, London: Hodder & Stoughton, 1993, p.242.
② 麦格拉斯:《基督教概论》,马树林、孙毅译,北京:北京大学出版社2003年版,第148页。

发展了上帝之爱的观念,怜悯和宽恕成为上帝之爱的核心内容,主要突出了上帝的救赎之爱。但总的来说,《圣经》表达的是上帝自身充满、无所缺乏的爱。上帝的爱是出于充满从上而下完全给予的爱,而不是出于"缺乏"的"欲求"之爱。这是基督宗教伦理对古希腊"爱的伦理"的根本性的突破。

二、人对上帝的爱——律法之爱与信仰之爱

在《旧约》中,无论人的爱是以什么形式出现,它都从属于上帝之爱。只有以上帝之爱为基础,人的爱才具有意义和价值。人对上帝的爱只是上帝对人的爱的延伸和派生。《旧约》中并没有充分探讨人之所以必须爱上帝的原因。上帝对人的爱被简单地当作了人之爱的根本原因。换句话说,人对于上帝之爱的根源和原因就在于上帝对人的爱。① 上帝对人的爱体现为上帝为人类创造了法,通过摩西发布给以色列人。"戒律"一词主要特指摩西制定的十戒。前四戒主要指的是人与上帝的关系,其余的六戒涉及人与人的关系。但主要归结为"你要尽心、尽兴、尽力爱耶和华你的神"。(《申命记》6:5)人爱上帝是出于对上帝命令的一种回应,即人要遵守上帝的律法。"十戒"后来发展为详尽的戒律系统,随着历史的演进,上帝之法逐渐地被理解为一种僵化的法律体系,人们之所以遵从法不再是因为法是上帝和人之间的媒介,而是因为法是祭司集团所要求的。耶稣很反对这些,认为这是一种堕落,

43

---

① 姚新中:《儒教与基督教仁与爱的比较研究》,北京:中国社会科学出版社 2002 年版,第 106 页。

并极力地去改变这一现状。

在《新约》中，人对上帝的爱得到了充分的阐释。首先，人对上帝之爱是作为一种宗教的情感。耶稣说："你要尽心、尽性、尽意爱主你的神。这是诫命中的第一，且是最大的。"（《马太福音》22：37—39）这是他对旧约（《申命记》6：5）内容的重申，但不同之处在于耶稣把"爱"提高到唯一，把人对上帝的爱放在了首位，为此甚至不惜以牺牲人类的亲情为代价："因为我来，就是叫人与父亲生疏，女儿与母亲生疏，媳妇与婆婆生疏。"（《马太福音》10：35）对于上帝的爱就意味着放弃人们所拥有的一切或者所欲望的一切。这种"爱"显然不是人们通常所说的自然情感。属于自然情感的爱是不可命令的，人喜欢什么就是喜欢什么，不喜欢什么就不喜欢什么。人对上帝的这种爱完全建立在个人的自然喜好之上。但是，"爱"作为信仰的情感（religious affection）却是对上帝的一种虔敬和忠诚，它要求人的思考和意志的决定，要求人要舍己，委身于上帝。①

其次，人对上帝之爱更注重的是人发自内心地对上帝的信仰与服从。一个人的行为若是为了完成一种立法的要求，它就有可能违背它，而且也不会有什么仁慈的行为。《新约》更注重发自内心的信仰，和由爱而生的信仰行为。耶稣告诉人们，遵循律法并不仅仅表现为某种外在的行为，而在于内心的净化和灵魂的纯洁。信仰的目的就是造就人的善良和纯

---

① James Maffatt, *Love in the New Testament*, London: Hodder and Stoughton Limited, 1929, p.61.

洁,而不是遵守某种仪式。提倡遵守律法,是为了塑造人的心灵和内心的世界,而不是恪守各种繁文缛节。这是基督教作为道德宗教的重要标志,也是福音人道主义的根本前提。基督教经典之所以叫作"新约",乃是因为他们认为,基督教与上帝订立一种写在心中的律法。基督教和犹太教的最根本的差异在于,犹太教的律法是写在纸上,写在历史中的,而基督教的律法是写在信徒的心中。① 然而《新约》并不是要废除《旧约》,而是要完成《旧约》。耶稣并不是来废除律法和先知的,而是来完成并实现他们的。

最后,人对上帝的爱的原因乃是出于上帝的恩典。人对上帝的顺服的基础不是律法,乃是恩典。人的生命被上帝的爱改变之后会产生一种对上帝的信赖、委身和渴慕的情感。约翰说:"凡有爱心的,都是由神而生,并且认识神。没有爱心的,就不认识神,因为神就是爱。"(《约翰一书》4:7—8)"不是我们爱神,乃是神先爱我们。"(《约翰一书》4:10)《约翰福音》里记载,耶稣对门徒说:"不是你们拣选了我,是我拣选了你们;并且分派你们去结果子,叫你们的果子长存。"(《约翰福音》15:16)是上帝先爱了人,并且藉着圣灵将上帝的爱浇灌在他们心里,他们才能以爱来回应神的爱。换句话说,人能回应上帝的爱,是因为领受了圣灵。

在《旧约》中人对上帝的爱主要表现为人要遵守律法,在《新约》中人对上帝的爱主要表现为在上帝的恩典之下,人发

45

---

① 杜丽燕:《爱的福音——中世纪基督教人道主义》,北京:华夏出版社 2005 年版,第 167 页。

自内心地对上帝信仰与服从，是一种宗教情感。

三、人对邻人的爱

在《新约》中，耶稣把人对邻人的爱看成是仅次于对上帝的爱，可见爱邻人在《新约》中的重要地位。他说："你要尽心、尽性、尽意爱主你的神。这是诫命中的第一，且是最大的。其次也相仿，就是要爱人如己。"(《马太福音》22:37—39)"爱人如己"的诫命仅次于"爱上帝"，并且人若不爱他的邻人就不能说他爱上帝。可见，在此岸世界，人爱上帝的第一诫命是通过人爱邻人的实践活动体现出来的。

值得一提的是，在《新约》中，"邻人"的内涵发生了非常重要的变化。"邻人"一词在《旧约》中具有特定的意义，只有盟约的成员们才能相互成为伙伴关系，否则就是外人和陌生人。然而在《新约》中，"邻人"一词的用法已经扩大，用于更为广泛、更为复杂的关系上。[1] 无论他属于哪个阶级、阶层和民族，只要他需要帮助，就好像撒马利亚人对待受伤的犹太人那样，他就是我们的邻人。[2] 可见"邻人"的概念不再是一个空间概念，也不是一个种族的概念，"邻人"成了一个伦理的概念。你只有用爱去对待你所遇见的人，才能证明你所遇见者是邻人。如果你用爱去对待所有的人，所有的人都是你的邻人。所以，爱邻人就是爱所有的人。

---

① 姚新中：《儒教与基督教仁与爱的比较研究》，北京：中国社会科学出版社 2002 年版，第 253 页。

② 姚新中：《儒教与基督教仁与爱的比较研究》，北京：中国社会科学出版社 2002 年版，第 254 页。

更进一步,耶稣还把"邻人"一词的外延拓宽到"所有临近的处于需要之中的人",它甚至包括自己的敌人。把"爱敌人"纳入"爱邻人"的范畴之中,这是对《旧约》中"爱邻人"思想的最大限度地解放。《新约》之新不在于它否定《旧约》,而在于它拓展了《旧约》,使《旧约》中隐含的博爱思想第一次真正明白地展现出来。"爱邻人"的最高境界,同时也是最大边界莫过于对仇敌的爱,这一点在《旧约》中也没有明确的提及,虽然在《旧约》中提到帮助敌人,但是帮助毕竟不等于爱。《马太福音》中有一段非常精辟而且也非常典型,且经常被人引用的一段"爱敌人"的论述,耶稣说:"你们听见有话说:'以眼还眼,以牙还牙。'只是我告诉你们,不要与恶人作对。有人打你的右脸,连左脸也转过来由他打;有人想要告你,要拿你的里衣,连外衣也由他拿去;有人强逼你走一里路,你就同他走二里;有求你的,就给他;有向你借贷的,不可推辞。你们听见有话说:'当爱你的邻舍,恨你的仇敌。'只是我告诉你们,要爱你们的仇敌,为那逼迫你们的祷告。这样,就可以做你们天父的儿子。因为他叫日头照好人,也照歹人;降雨给义人,也给不义的人。你们若单爱那爱你们的人,有什么赏赐呢? 就是税吏不也是这样行吗? 你们若单请你弟兄的安,比人有什么长处呢? 就是外邦人不也是这样行吗? 所以你们要完全,像你们的天父完全一样。"(《马太福音》5:38—48)只有相信上帝才会有这样的爱。这种爱是人的神性的彰显。上帝是人的榜样,上帝用无私的爱创世和救世,那么人也应该效法上帝以无私的爱立世。

与中国儒家的"仁爱",墨家的"兼爱"不同,①人对邻人的普遍的爱是建立在上帝之爱当中的,人对邻人的爱来源于上帝。"所以你们该效法神,好像蒙慈爱的儿女一样。也要凭爱心行事,正如基督爱我们,为我们舍了自己,当作馨香的供物和祭物献给神。"(《以弗所书》5:1—2)"所以,你们要彼此接纳,如同基督接纳你们一样,使荣耀归于神。"(《罗马书》15:7)"原来基督的爱激励我们。"(《哥林多后书》5:14)使徒约翰也说:"主为我们舍命,我们从此就知道何为爱;我们也当为弟兄舍命。"(《约翰一书》3:16)正如尼各仁所说:"没有必要在邻人身上寻找某些隐藏在他实际样子后面的珍贵品质,没有必要去寻找为什么他应该被爱的解释。上帝自己的爱就是注释,就是足够的认可:'这样你就可以成为你天父的孩子'。"②因此,对邻人的爱乃是对基督在十字架上彰显的爱的回应。人们也当向上帝那样去接纳和饶恕人,为人舍己。

---

① "仁爱"在孔子那里似乎只是因为我们大家是同类,如孔子讲鸟兽不可与同群,如果不与人相处,那么我们能与谁相处呢? 他虽然讲要敬鬼神,要"畏天命",但天命、鬼神对于人具有"仁爱"之情似乎没有什么关系。所以,在我看来,孔子并没有阐述人为什么要有仁爱,为什么能有仁爱的问题。孟子倒是说,人皆有"四端之心",似乎论证了仁爱是先天具有的。后来的儒家如董仲舒倒是从天的角度论证了"仁爱"的根据。因为天具有仁德,所以人也应该具备"仁爱"之情。墨子的"兼爱"思想比较质朴。他认为,人们只有以爱自己的态度去爱他人,爱自己的亲人的态度去爱他人的亲人,他人才有可能像自己一样去爱你和你的亲人。所以"兼相爱"的隐蔽动机是"交相利",也许这种"利"并不一定是物质的利益,但毕竟不够纯粹。所以,与基督教立于上帝之爱的"爱邻人"的思想十分的不同。

② Anders Nygren, *Agape and Eros*, Translated by Philip S. Watson, Philadelphia: Westminster Press, 1953, p.71.

第四节　奥古斯丁"爱的伦理学"

　　奥古斯丁以其对基督信仰的忠实与对希腊哲学的继承和改造,第一次完成了希腊传统与基督教传统的融合。奥古斯丁对柏拉图主义与基督教思想之间的融合同样也体现在他的爱的理论上,他把源发于希腊传统的"欲爱"和源发于基督教的"圣爱"二者融会起来。有学者指出,"奥古斯丁在早期基督教的发展的关键时刻系统阐释爱的观念,而他的观点在一定方式上对西方后来所有的基督教思想都起了一种先导作用。"①爱的学说在奥古斯丁的思想中无疑占有十分重要的地位。

一、"仁爱"与"贪爱"

　　奥古斯丁"爱的伦理学"的基本观念是:一切的爱是占有欲的爱。所谓的爱是一个人对于某一目的物的渴望与欲求,并以占有该物为快乐。爱的产生是由于受到了目的物性质的吸引,尤其是受到目的物中善的吸引,而促使人渴慕追求。爱实在不过是为了自身的缘故对某物的渴求。② 爱是一种运动,而所有的运动都指向一定的对象,爱所指向的对象被人视

---

　　①　姚新中:《儒教与基督教仁与爱的比较研究》,北京:中国社会科学出版社 2002 年版,第 112 页。

　　②　Cf. Hannah Arendt, *Love and Saint Augustine*, Edited by Joanna Vecchiarelli Scott and Judith Chelius Stark, Chicago: University of Chicago Press, 1996, p.9.

为一种"善"（good），善才是可爱的，因为它可引起心灵的极大的吸引力。我们的生命是由上帝而来，因此欲望是被造之物的标记。被造之物分有上帝的生命，但却并非没有缺乏，需要追求更高的完善。从自然秩序的角度看，人对幸福的渴望是其自然本性的一种特征，这种渴望本然地内在于人。爱在宇宙中是一个普遍的现象，所有的事物都处在爱中，都在趋向它在宇宙秩序中的适当位置。无论是哪一种形式的爱，它们都是一种欲求。"这样看来，对人来说，爱不是某种偶然或附加的东西，而是内在于他的本质的一种力量，就像落石中的重力一样。"①

作为一种欲求的爱，无论是对有限事物的渴求还是对永恒上帝的渴慕，都是一种趋向对象的运动。根据对象的不同，爱可以分为两种：仁爱（Caritas）和贪爱（Cupiditas）。就仁爱（Caritas）与贪爱（Cupiditas）的性质而言，二者都是以追求自己的"善"为目的，这是二者的相同之处。但二者在对象上的差异，使得它们具有天壤之别。仁爱（Caritas）的对象是创造者上帝，贪爱（Cupiditas）的对象是被造之物世界；仁爱（Caritas）向上追求，使自己的存在得以完善；而贪爱（Cupiditas）则向下追求，其结果是使自己越发空虚。"贪爱"的对象是短暂易逝的，"仁爱"的对象是永恒不变的。在《上帝之城》中，奥古斯丁以两种爱的对立作为全书的思想基础，"属天之城"与"属地之城"实际上就是仁爱（Caritas）与贪爱

---

① Etienne Gilson, *History of Christian Philosophy in the Middle Ages*, New York: Random House, 1955, p.135.

（Cupiditas）的象征性表达。就思想的结构形式而言，奥古斯丁关于爱的二分法其实是继承了新柏拉图主义割裂灵魂与肉体的思想，从而发展出他的二元对立的神学性质的爱的学说。

与柏拉图主义者不同的是，奥古斯丁是从人被造的本体结构来阐发人对上帝的欲求。这一根本性的差异决定了奥古斯丁"爱的学说"的神学性质。上帝是大全，人对上帝的欲求与对有限之物的欲求完全不同。而唯有对上帝的欲求才可以称之为真爱。奥古斯丁说："唯有真爱才配称为爱，否则便是贪爱了；所以贪婪的人被不恰当地说成爱，真爱就是我们应该依靠真理公义地生活，要对人有爱、希望他们公义地生活，我们就应当轻视一切尘世之物。"[1]在他看来，如果对受造物的爱是指向创造者的，那么它就不是"贪爱"，而是属于"仁爱"的范畴。如果仅仅爱受造物本身，而不是把爱指向创造者，这种爱就是贪爱。当柏拉图式的欲爱与欲求的对象或动因与上帝关联在一起的时候，欲求就不再是以自我为中心的欲求了。在奥古斯丁那里，人的欲求是指向上帝还是指向上帝的被造物，这决定了两种不同性质的爱。

奥古斯丁与柏拉图主义者一样，认为爱的目的是为了幸福，而且认为只有永恒不变的"至善"才能满足人的幸福。所不同的是，柏拉图主义者的"至善"是善的理念，而奥古斯丁的"至善"是创造宇宙万物的上帝。奥古斯丁总结道："上帝是发现一切善物的唯一源泉，尤其是使得人善并将使得人幸

_51_

① 奥古斯丁：《论三位一体》，周伟驰译，上海：上海世纪出版集团2005年版，第233页。

福的那些善物的源泉；唯有发自于他，它们才能进入人心并固着在他身上。"①有关奥古斯丁爱的思想与柏拉图主义者的密切关系，汗那·阿伦特(Hannah Arendt)曾这样说，"就奥古斯丁把爱看作一种欲求，又把欲求的目的看作幸福而言，他更像是一个柏拉图主义者，而不像一个基督徒。"②

如上所述，我们可以明显地看到，奥古斯丁与柏拉图主义者一样，都是极力地贬低世俗的欲求之爱。所不同的是，奥古斯丁是在上帝与人关系中处理人的世俗欲求问题。人作为上帝的造物，总是渴慕着他的创造者上帝。这种渴慕是一种宇宙性的爱，是缺乏者自下而上地寻求充满者的欲爱。这种欲爱具有突出的柏拉图主义特征，如奥古斯丁把仁爱当作真正的爱，而贬斥世俗之爱，这一点与柏拉图关注灵魂之爱，贬斥肉体之爱在性质上是一样的。奥古斯丁对于爱的这种解释对后来的基督教"爱的伦理学"产生了重大的影响，如尼格仁说："爱上帝就是不去爱任何易变的东西。因此，他把一种对世俗之物的禁欲主义态度引入基督教神学之中。这一禁欲主义深深影响了后来基督教爱的学说的全部发展过程。"③

---

① 奥古斯丁：《论三位一体》，周伟驰译，上海：上海世纪出版集团 2005 年版，第 344 页。

② Hannah Arendt, *Love and Saint Augustine*, Edited by Joanna Vecchiarelli Scott and Judith Chelius Stark, Chicago: University of Chicago Press, 1996, p.21.

③ Anders Nygren, *Agape and Eros*, Translated by Philip S. Watson, Philadelphia: Westminster Press, 1953, p.650.

二、恩典之圣爱

在论述"圣爱"这一问题时,早期的奥古斯丁比较倾向于人的理性作用。认为人的理性自身具有回到上帝的能力,因此恩典只是上帝的一种邀请,它呼唤人通过理性认识事物的秩序,并依照世界的秩序来生活。他认为,人要从感觉的世界中挣脱出来,获得真正的幸福,首先要依靠理性。因为理性是人的灵魂理解事物之秩序的能力。奥古斯丁认为不是单靠信仰,而是藉着可靠的理性,灵魂才一点一点地把自身引向最具美德的习惯和完满的生活。人若藉着理性认识到事物的秩序,就能从感觉的世界中摆脱出来,把目光转向超感觉的永恒世界,即上帝。

但是,越往后,随着他对《圣经》启示更深的领受,他越意识到人的堕落,越看到堕落之后的人不能靠自身的理性使自己从罪中摆脱出来。因此,他更深刻地体会到爱是上帝的恩赐。"……由于心灵本身,尽管生来具有理性和理智,但被黑暗和根深蒂固的错误笼罩,变得不仅无法亲近上帝和获得喜乐,甚至不能忍受上帝不变的光,直到心灵逐日更新,被治愈,能够承受这样巨大的幸福。所以,首先要给心灵灌输信仰,使之洁净。"①后期的奥古斯丁坚信,人也只有藉着上帝的恩典才能重新恢复上帝的形象,回到上帝的爱中。

然而,上帝是如何将爱灌注到人的心里呢?保罗在《罗

---

① 奥古斯丁:《上帝之城》,王晓朝译,北京:人民出版社 2006 年版,第445 页。

马书》曾这样说:"所赐给我们的圣灵将神的爱浇灌在我们心里。"(《罗马书》5:5)而奥古斯丁在《论三位一体》中是这样说的:"从上帝而来的圣灵,在被赐给圣灵的人心中,点燃他们对上帝和对邻人的爱,他自己本身就是爱。"①因此,人对上帝的爱和对邻人的爱,也完全是上帝的恩赐。奥古斯丁的这一说法在现代基督教神学家尼各仁这里仍然得到了回应,如尼各仁说:"当上帝在基督中把自身赐给我们的时候,他同时赐给了我们爱的对象和爱的力量。我们爱的对象是他自身,但是爱也是他自身,他藉着圣灵住在我们的心里。即便我们爱上帝的事实也完全是上帝的恩典。"②

更进一步,奥古斯丁还论证了"圣爱"的普遍性与神圣性。他认为,上帝的恩典对一切人都是开放的,"恩典并非功德的报酬,而是白白赐给的;这也是它被称为恩典的原因。他不是因为我们配得而必须给我们,而是因为他乐意才给我们。"③在恩典之下,我们把贪爱(Cupiditas)转向仁爱(Caritas),把爱欲从一个低级的目标转向高级的目标,从更高级的和永恒的境界中寻求另一种满足,为永恒而牺牲暂时的世界,不失为明智之举,而当我们接近到永恒之后,我们才发现并没有失去什么。"如果灵魂带着善良意志追求自己的利益或他人的利益,它的目的就在获取那些不是被私人

---

① 奥古斯丁:《论三位一体》,周伟驰译,上海:上海世纪出版集团 2005 年版,第 431 页。

② Anders Nygren, *Agape and Eros*, Translated by Philip S. Watson, Philadelphia:Westminster Press, 1953, p.525.

③ 奥古斯丁:《论三位一体》,周伟驰译,上海:上海世纪出版集团 2005 年版,第 127 页。

占有,而是被所有爱它们的人共同占有的内在的和更高的事物,而这种共同的占有,乃是一种不带任何嫉妒的贞洁的拥抱。"①

值得注意的是,在奥古斯丁爱的伦理学系统中,作为恩典的"圣爱"和人对上帝的本体的欲求之爱是不矛盾的。"欲爱"作为人在本体结构上对上帝的渴求,促使人们去寻求上帝——关于这一点,奥古斯丁本人有切身的体验。他一生过着放荡的生活,但又强烈地渴慕着上帝。他认为,渴慕幸福,寻求上帝的欲爱,归根结底仍是出于上帝本身。对上帝的欲求之爱和上帝的恩典之爱一拍即合。但是,奥古斯丁认为,人完全通过理性的欲求达致上帝是不可能的,因为在奥古斯丁那里,灵魂不再有柏拉图哲学中的神性特质了,所以,人必须依靠上帝的恩典之爱才能最终回到上帝。这正是奥古斯丁与柏拉图主义的根本区别之处。

奥古斯丁的伟大之处在于,他把人作为上帝的造物对上帝的本然渴慕与上帝救赎的恩典结合在一切。人作为上帝的造物,在本体结构上有一种渴求上帝的爱,这种爱在人堕落之后受到损害,但是并没有完全丧失。然而,这时候人已经不像柏拉图或新柏拉图主义者所认为的那样能够靠着自己来达到上帝。只有藉着上帝的恩典,靠着上帝凭藉圣灵把爱浇灌在人的心中,人才能重新爱上帝和他的邻舍。奥古斯丁是把"欲爱"与"圣爱"成功地结合起来的最卓越代表。他的成就

① 奥古斯丁:《论三位一体》,周伟驰译,上海:上海世纪出版集团2005年版,第321页。

为基督教神学奠定了一块无与伦比的丰碑。他关于爱的理论对后世产生了深远的影响。① 从一定意义上说，他对后来阿奎那从人的自然性与上帝恩典这两个方面论述"爱的哲学"提供了基本思想框架。

三、爱的秩序即美德

奥古斯丁说："就我而言，美德最简单、最真实的定义是爱的秩序。"②

"爱的秩序"也是一个形而上学概念，它是指宇宙万物间永恒不变的秩序，因此也被称为"神律"、"永恒律"，它对人心的作用造成了道德规则。铭刻在人心的"神律"又被称作"自然律"。自然律这一概念主要是从人的理性灵魂的自然本性方面对道德律所做的概括。奥古斯丁是最早提出"自然律"概念的神学家，但在更多的场合，他用"爱的秩序"这类术语来代替自然律的概念。③

人类爱的各种形式并非完全平等，他们之间存在着等级。在爱的等级当中，对于上帝的爱是最高的爱，而其他形式的爱如性爱等，不仅层次较低而且价值较小。为了升华人类之爱，我们必须把所有其他形式的人类之爱转化为对于上帝的爱。对于奥古斯丁所倡导的仁爱（Caritas）而言，其重要特征就是

---

① 游冠辉：《欲爱与圣爱——基督教思想史上两种爱的关系类型研究》，北京：北京大学博士学位论文，2001 年。

② 奥古斯丁：《上帝之城》，王晓朝译，北京：人民出版社 2006 年版，第677 页。

③ 赵敦华：《基督教哲学 1500 年》，北京：人民出版社 1994 年版，第171 页。

遵循秩序而爱,唯其如此,才不违背上帝的永恒法则。当我们按照爱的秩序去爱时,我们首先会爱上帝,在这种对上帝的爱中,我们也是爱己的,同时爱人如己。否则,当人爱有限的造物超过爱造物主时,爱就败坏了。所以,美德即遵守爱的秩序。全心全意地爱有精神价值的对象,并使用物质资料和肉体的价值为此目标服务。

奥古斯丁对此问题的精辟论述,集中地体现在他对"享用"(frui)与"使用"(uti)两个词汇的辨析方面。他认为,"享用"是为其自身而爱,是绝对的爱;"使用"则是为其用途而爱,是相对的爱。"我们说享用的东西本身就能使我们快乐,不涉及其他目的,而我们使用某些东西则有某些潜在的目的。因此,暂时性的东西是被使用的,而不是被享用的,只有这样我们才配享用永恒的事物。"①"享用"与"使用"的关系,即是目的与手段的关系。

57

人应该"享用"上帝,一切的爱都必须以上帝作为其终极目的,因为上帝是至高的善,是一切造物之主,也是幸福的根源。在面对世俗时,我们要以相对的爱去爱暂时之物、爱世界,应该是以它为手段,施以"使用"意义上的爱。在《基督教教义》一书中,奥古斯丁说:"我们已经远离上帝了,如果我们希望回到我们天父的家中,就必须使用这个世界,而不是享用它,⋯⋯所以,享用的真正对象是圣父、圣子和圣灵。"②正确

---

① 奥古斯丁:《上帝之城》,王晓朝译,北京:人民出版社 2006 年版,第477 页。

② Augustine, *On Christian Doctrine*, Translated by D. W. Robertson, New York:Bobbs-Merrill co., 1958, p.705.

地遵循"享用"和"使用"的原则即是遵循爱的秩序。人们爱自己和爱邻人都是为了上帝而爱。当自爱是以爱上帝为基础的时候,它就是正确的自爱,他越爱上帝,那么他就等于是对自己最大的爱。我们也要爱人如己,爱邻人要像爱自己一样,并让邻人也爱上帝。

简而言之,我们应该享用上帝,使用世界。同时要在爱上帝的基础上,爱自己和爱邻人,要爱人如己,让自己和邻人都去爱上帝,这才是对自己和邻人真正的爱。遵守这样爱的秩序,便是一种美德。

第 二 章

阿奎那爱的学说的本体论基础

要理解阿奎那爱的学说,首先必须要理解其本体论基础。阿奎那爱的学说不同于一般伦理学,是一种基于神学—哲学的形而上学的伦理学,有深厚的道德形而上学根基,具有"自然与超自然"、"人性与超性"、"世俗与神圣"两个维度。在托马斯·阿奎那的体系中,对爱的学说的研究不可能独立于他的形而上学本体论思想。笼统地说,阿奎那爱的学说的本体论就是其上帝论。析而言之,其本体论思想其实包含着三个方面的内容,即人性论、肖像论和上帝论。

从人性论的角度看,阿奎那主要探讨了人性的内涵与特征。他认为,人性即人的本性,而人的本性也就是人灵魂的能力,主要包括人的认知能力、感觉欲望能力、理智欲望能力等,这三种能力在哲学的领域又分别表现为知识、情感、意志三个部分,而在阿奎那的思想体系中,知、情、意三者是统一的。从肖像论的角度看,阿奎那主要阐明人和上帝的关系,揭示人性中的神性之所在。上帝论是阿奎那整个学说的核心,当然也是其爱的学说本体论基础。在阿奎那看来,上帝的本质和存在是同一的,上帝的神圣属性和上帝的内在道的运行及爱的运行也是统一的。人性论、肖像论和上帝论是层层递进的关系,而且这三者之间其实是相通的,相互关联的。人性论和肖像论都以上帝论为根基,因为人的本性也是上帝所赋予的,人是分有上帝存在的存在者,天生如此。而肖像论,主要阐述人是上帝的肖像,揭示人的超性之所在,从而为人接受上帝的恩典之爱做理论的准备。

第一节 人性论

人性即人的本性(nature),在《论存在者与本质》一书中,阿奎那提到,"nature"这个词的拉丁文为"natura",其含义为"出生"。于是,阿奎那认为,"其首要意义指生物的出生,其次是出生的内在活动原则,再次是变化或运动的任何内在原则。"因此,质料和形式的内在原则被称作"本性"。① 并且阿奎那在《亚里士多德形上学注》中说"本性或自然",一方面是指物在一出生的时候就固定下来的本有状态;另一方面则是指包含在自然之物内变动的根源,并且,这根源存在在每一个事物中。本性是自然之物变动的源泉,它或是以潜能的方式或是以完全实现的方式,存在于事物之内。② 火向上升,水向下流等都是出于物的本性。那么人的一出生的固有的状态、内在活动的原则、变化或运动的根源就是人的本性,即人性。

---

① 托马斯·阿奎那:《论存在者与本质》,段德智译,《世界哲学》2007年第1期。

② 托马斯·阿奎那:《亚里士多德形上学注》,孙振清译,台北:明文书局1991年版,第539页。

阿奎那对人的本性的考察,始终围绕着"人是由灵魂和肉体组合而成的复合实体"这一人的本质之基础命题而展开。阿奎那在探究人的问题的过程中,始终把人看作是一个整全的个体。① 在他看来,人的生命及其各种行为,都是以整全的认识为基础的。一方面灵魂是脱离质料的理智实体,另一方面灵魂又是人这一复合实体的形式,它处在身体的每一个部分中,且灵魂的各种活动必然体现出与肉体的关联。因此,阿奎那认为,研究人的本性当然也要从灵魂的单独特征以及灵魂与肉体相结合的复合特征来入手。

一、人的认知能力——知识

阿奎那认为,人的灵魂的每一种能力都是一种形式或本性。整个形体本性是隶属于灵魂的,并且是作为它的质料和工具而相关于灵魂。人的灵魂存在着各种各样的能力,因为它处于精神的和有形的受造物的交界处,因此,这两者的能力就汇聚到灵魂这里。人的灵魂有五种能力,即营养的能力、感觉的能力、欲望的能力、运动的能力和理智的能力。

---

① 阿奎那认为,人是由灵魂和肉体所组成的复合实体。他对人的这一本质性的界定区别于他之前的思想家柏拉图、亚里士多德、奥古斯丁等人对人的界定。柏拉图认为人是一个利用其肉体的灵魂,灵魂是人的本质所在。亚里士多德认为"灵魂和身体是不能分离的",是同一实体的两个不可分离的因素,但是人是理性的动物,理智又是一种理智实体。他并没有具体地说明身体和灵魂的关系。奥古斯丁肯定肉体的存在,但是突出灵魂的决定性作用,理性灵魂是人的本质。阿奎那认为他们都没有很好地处理好人的身体和灵魂的关系,因而在他们的基础上提出了人是灵魂和肉体所组成的复合实体这一本质性的定义。所以说阿奎那的人的概念是整全的人的概念。

根据灵魂的运作胜过形体本性的各种不同方式的运作而被区分为各种不同的灵魂,可以归纳为三大类,即理智灵魂、感觉灵魂、营养灵魂。"理智灵魂"(animae rationalis)的运作远远地超出形体的本性,以至于它甚至并不是通过身体器官来实施的。在理智灵魂运作之下,存在有灵魂的另一种运作,它实际上是通过身体器官实施的,而不是通过形体性质实施的,而这也就是"感觉灵魂"(animae sensibilis)的运作。因为,虽然热和冷、湿和干,以及其他一些诸如此类的形体性质都是感觉工作所需要的,然而,感觉工作之所以需要这些性质并不是由于只有通过这样的性质感觉运作才能够发生,而只是由于形体器官的专门性向的缘故。"营养灵魂"的运作是灵魂的最低等级的运作,是那些身体器官以及藉形体性质实施的运作,这依然超出了形体本性的运作,因为并不是外在的原则引起的形体的运动,而是来自内在的原则。①

阿奎那认为,这三类灵魂中,其中理智灵魂是人的实质性的形式,人主要是靠理智灵魂的运作而存在。作为理性活动原则的理智是人的身体的形式,理智原则作为身体的形式同身体结合在一起。他推理到,"一个形式越是高贵,它就越是超出有形质料;它越少地结合进质料中,它藉它的能力和运作就越多地超出质料。因此,我们发现:一个混合形体的形式之具有另一种运作,并不是由它的基本的性质所引起的。我们在形式的高贵性方面提升得越高,我们也就越多地发现这种

① 【意】托马斯·阿奎那:《神学大全》第一集《论上帝》第 6 卷《论人》,段德智译,北京:商务印书馆 2013 年版,第 97 页。

形式的能力超出初级质料（materiam elementarem）：例如，植物灵魂（anima vegetabilis）超出金属的形式，而感觉灵魂又超出植物灵魂。而人的灵魂就是形式中最高级的和最高贵的。所以，由于它具有一种有形质料无以分享的运作和能力，它便在能力方面超出有形质料。而这种能力便被称作理智。"①

理智灵魂实际上包含着属于感觉灵魂的东西，甚至某些更多的东西，理性也就能够单独地把属于感觉灵魂能力的东西看作是不完满的和物质的。而且，由于它注意到这是一些对于人和其他动物所共同的东西，它就由此而形成了属相的概念；而在理智灵魂超出感觉灵魂的地方，它就变成了形式的和完满的；并且它由此而获得了人的"种差"。② 所以我们可以看出，人之所以为人，就在于他能理解，这也是他超越所有动物的地方，也只有灵魂的理智能力才可以证明人不同于其他的动物。理智原则乃人所固有的形式。

阿奎那认为，理智灵魂不依赖肉体，有其自身独立的运作，这是理智灵魂的独特功能。"我们称之为灵魂的理智运作的原则，作为一项原则，既是无形的，又是独立存在的。因为很显然，人是借助理智才能够认识所有有形事物的本性的。人的灵魂，也被称作理智或心灵，是某种无形的和独立存在的事物。"③阿奎那的意思很明确，灵魂的理智运作是在无需身

① 【意】托马斯·阿奎那：《神学大全》第一集《论上帝》第6卷《论人》，段德智译，北京：商务印书馆 2013 年版，第 34 页。

② 【意】托马斯·阿奎那：《神学大全》第一集《论上帝》第6卷《论人》，段德智译，北京：商务印书馆 2013 年版，第 49 页。

③ 【意】托马斯·阿奎那：《神学大全》第一集《论上帝》第6卷《论人》，段德智译，北京：商务印书馆 2013 年版，第 8 页。

体器官的情况下实施的,是非物质性的,是存在于作为它们主体的灵魂之中的。在阿奎那看来,能力都是指向活动的,灵魂的理智能力指向理智的认知活动。在认知层面,灵魂活动主要表现为纯粹的灵魂活动,即理智认知。理性认知即理智从个别物中形成能适合于所有同类物的普遍概念。理智的对象是普遍、抽象的。理智不接受具体的物质对象,只接受普遍的抽象对象。只有抽象的对象才能为理智所接受。

理智灵魂和身体的复合活动在灵魂活动的认知层面表现为感觉认知。感觉认知是人和动物都共有的,其活动方式是通过外感觉和内感觉活动来把握认知对象的。阿奎那把外感觉分为:视觉、听觉、嗅觉、味觉与触觉;内感觉分为:通感、想象以及估计能力和记忆能力。人们感知外在的世界最初是依赖于外感觉的。感觉认知由客观对象刺激主观的外感觉,然后向内感觉传递,经过内感觉的综合形成了感觉认知。感觉认知的对象是具体的事物。

认知是由外到内的活动,感觉接受外部事物的印象,理智抽象外部事物的形式,无论印象或概念,都是外部原因在心灵内造成的结果。感觉认知是理智灵魂和身体的复合活动,理智认知是理智灵魂的独立纯粹的活动。感觉认知能力和理智认知能力共同构成了人的认知能力,缺一不可。人的整个认知过程也是感觉认知活动和理智认知活动相互渗透的,绝不是单独的灵魂活动表现为单纯的理智认知活动。他从"人是由灵魂和肉体组合而成的复合实体"这一人的本质论出发,批判了柏拉图的"灵魂和肉体类似于水手和船的关系"那种无视肉体的唯灵论。在阿奎那看来,人是在灵魂和肉体的统一中获得知识。人的理智灵魂必须在感觉所感受到的物质对象中汲取知识。很显然,在认识论方面,阿奎那吸收了亚里士多德重视感觉经验的思想因素,但也没有完全抛弃柏拉图重视灵魂的思想传统,而是表现出一种综合性的特征。正如傅乐安的研究所指出的,阿奎那想要表明的就是:灵魂和肉体在人的认识过程中的共同活动的有机统一性。①

二、人的感觉欲望——情感

与柏拉图、奥古斯丁贬抑人的感觉欲望能力的思想倾向不同,阿奎那认为,"欲望能力"也是人灵魂的一种能力之一。正因为如此,他对欲望活动的过程做了比较详细的分析。他认为,欲望是由内到外的活动,欲望以外部事物为目的,把自己的力量施加在外物之上,改变或利用外物;外物的变化是欲望在心灵之外造成的结果。② 所有的欲望都是为了某物。如果说为了欲望的缘故而去欲望,这是不妥的,因为欲望本身就是朝向某物的运动。然而,灵魂的欲望活动的前提是要有欲望的能力。

阿奎那是这样分析欲望能力的。他认为,理智灵魂和身体的复合活动在灵魂的欲望层面表现为感觉欲望,即食欲、色欲。"感觉的欲望乃一种属相的能力,被称作感觉欲望。但是,它被区分成两种能力,它们都是感觉欲望的种相,这就是

① 傅乐安:《托马斯·阿奎那基督教哲学》,上海:上海人民出版社1990年版,第122页。
② 赵敦华:《基督教哲学1500年》,北京:人民出版社1994年版,第399页。

愤怒和情欲。"①尼斯的格列高利和大马士革的约翰都把愤怒和情欲说成是感觉欲望的两个部分。在此基础上,阿奎那把感觉欲望能力分成两种,一种是情欲,另一种是愤怒。他说:"感觉欲望是一种由感觉认识产生出来的倾向,就像自然欲望是一种由自然形式产生出来的倾向一样,那在感觉部分中也就必定存在有两种欲望能力:一种是灵魂藉以完全倾向于追求对感觉适合的东西,并逃离对它们有害的东西的欲望能力,这种能力被称作情欲;而另一种则是动物藉以抵制那些障碍合适的事物和施加伤害的事物的欲望能力,这种能力则被称作愤怒。所以,我们说:它的对象是一些难以克服的东西(arduum),因为它的意向就在于克服和超越障碍。"②

阿奎那又进一步区分了情欲能力与愤怒能力的不同之处。他认为,情欲能力既相关于合适的事物也相关于不合适的事物。但是,愤怒能力的目标则在于抵制不合适事物的攻击。愤怒被激发起来反对那些阻碍获得情欲所欲望的合适东西的事物的时候,愤怒似乎可以说是情欲的得胜者和捍卫者。愤怒欲望的情感是针对情欲情感的,愤怒欲望的所有情感都是从情欲欲望的情感中产生出来,并且终止于它们的。比如人悲伤之后才会产生愤怒。愤怒的情感来自情欲的情感,愤怒的情感如果独立于情欲的情感就不能存在,因为愤怒的情感的基本原则就是去保护我们所爱的。

---

① 【意】托马斯·阿奎那:《神学大全》第一集《论上帝》第 6 卷《论人》,段德智译,北京:商务印书馆 2013 年版,第 165 页。
② 【意】托马斯·阿奎那:《神学大全》第一集《论上帝》第 6 卷《论人》,段德智译,北京:商务印书馆 2013 年版,第 165 页。

在对感觉欲望能力分析的基础上，他又分析了情感的形式。他认为，感觉欲望构成了我们身体的最近的动力。身体的一定变化总是伴随着一种感觉欲望活动，而且这种变化会特别地影响作为动物运动第一原则的心脏的。所以，感觉欲望的活动，既然它们总是同身体的一定变化联系在一起的，也就被称作情感（passiones）。① 如爱以及欢乐和高兴，就其表示感觉欲望的活动而言，是情感。既然感觉欲望能力分为易怒的能力和情欲的能力，那么感觉欲望的活动也就分为情欲的情感和易怒的情感。由于我们本节讨论的是人的本性问题，主要涉及灵魂的能力问题，因此，关于情感活动的具体特征将在以后的章节再去论述，此处暂且不论。

通过上述的概述可知，阿奎那承认人的感觉欲望能力，并认为这是上帝赋予人的一种欲望能力。在"人是灵魂和身体的复合实体"的这一本质的定义下，阿奎那并不像他之前的柏拉图、奥古斯丁那样轻视人的感觉欲望，而只是强调人的感觉欲望必须接受理智的管理而已。一方面，他认为，灵魂相比较上帝、天使而言，是最低等级的理智实体；另一方面，他又认为，灵魂是人这一复合实体的形式，灵魂和身体是形式和质料的关系，而这种关系并不同于柏拉图所说的船员和水手的关系。阿奎那在处理灵魂和身体的关系时，肯定了身体的意义和地位，并不仅仅因为重视灵魂而轻视身体，而是重视灵魂和肉体的复合活动。因此，他对感觉欲望能力，以及对感觉欲望

---

① 【意】托马斯·阿奎那：《神学大全》第一集《论上帝》第1卷《论上帝的本质》，段德智译，北京：商务印书馆2013年版，第384页。

能力所表现出来的情感活动给予肯定，也就是理所当然的了。在这一问题上，他比柏拉图、奥古斯丁一味地贬斥感性、贬斥情感表现得更为中庸，因而也更为高明。

虽然，阿奎那在一定程度上肯定了人的感觉欲望，但是，他认为人的感觉欲望必须服从理性。他引用了大马士革的约翰的话说道："灵魂的顺从和服从理性的部分被划分为情欲和愤怒两个部分。"①因此，阿奎那也认为，感觉欲望的这两个能力是要服从于理性的。就理性来讲，感觉欲望服从理性。因为人是由于对某一事物的认知才有欲望的，人的认知能力是一种特殊的理性，这是属于个人的意向，但是这种特殊的理性也推动了普遍的理性，因此普遍的理性也在指导着感觉欲望。例如，你特别讨厌一个人，你愤怒得恨不得打死他，但是理性告诉你，你不能那样做，那样是不对的，至少是不妥当的。在普遍理性的指导下，人的愤怒就得到了限制。

阿奎那还用政治活动和王室的能力为喻，阐明理智对感觉欲望的统治的道理。统治者管理臣民，因臣民有其自己的自由，有属于他们自己的东西，他可以违抗统治者的命令，这就如同感觉欲望对于理性的命令一样，它也可以抵制理性的命令。比如，你愤怒得想要把那个人打死，这时候理性的命令告诉你不能把对方打死，但是你也可以违背理性的命令，最终把对方真的打死，结果造成你的犯罪行为，最终受到法律的制裁。所以，我们一方面说，感觉欲望受理性的支配和统治；但

---

① 【意】托马斯·阿奎那：《神学大全》第一集《论上帝》第 6 卷《论人》，段德智译，北京：商务印书馆 2013 年版，第 167 页。

是另外一方面,感觉欲望有其自己的自由,它也可以违抗和抵制理性命令对它的支配,从而让人犯错。

理智灵魂和身体的复合活动在灵魂的欲望层面表现为感觉欲望,感觉欲望表现为情感的活动,即易怒的情感和情欲的情感,但是它们都要服从理性。

三、人的理智欲望——意志

阿奎那认为,理智灵魂的独立性在灵魂活动的欲望层面表现为纯粹的灵魂活动,即理智欲望—意志(will)。他称意志为一种本质原则,即一种灵魂的能力,从而产生欲望的活动。不过,意志还有另外一层意思,它还可以指意志行为活动本身。因为本章内容主要是论述人的本性,所以我们主要是从本性、即灵魂能力的角度去阐释意志问题。

阿奎那在《神学大全》第一集问题 82 和问题 83 集中讨论了意志和自由意志问题。"意志"指的是"理智欲望"能力,而理智欲望是一种不同于感觉欲望的能力。不过,二者的对象都是相同的,那就是"善"。但他们所欲求的"善"在性质上又有所区别,感觉欲望的对象是个别的善,理智欲望的对象是普遍的善,是抽象的,非物质的。善的性质非常地广泛,以致阿奎那说,"善"和"存在"一样,是一个"类比的观念",当它被运用于上帝时,它的意义就是"最高的善"、"终极的善";当它被运用于被造物的时候,它的意义就是"共有的善"。① 从

---

① 赵敦华:《基督教哲学 1500 年》,北京:人民出版社 1994 年版,第 401 页。

意志本身来说,是相关于最高善上帝和共有善的。

然而,人的意志不同于上帝、天使的意志,也不同于动物的感觉欲望。因为上帝的意志就是它的理智,上帝的存在就是上帝的本质。天使是单纯的理智实体,天使的本质是它的形式,天使意志不受质料的限制。可是,人是灵魂和身体的复合实体,人有质料,所以人的意志在某种方式上是受质料限制的。毕竟,人的意志又不同于动物的感觉欲望,因为人的意志不完全受质料的限制,相反,它是一种完全的非物质的能力,而动物的感觉欲望则是完全受质料的限制的。正因为人的意志具有二重性,所以,阿奎那认为,爱可以以两种方式来理解,首先它可以被理解为感觉欲望的东西,伴随着灵魂的激动而出现的情感,这种爱只有人和动物具有;其次爱也可以被理解为一种单纯的意志活动,具有单纯的属性,而没有灵魂的情感和激动,这种爱就是意志之爱,上帝、天使和人都可以具有意志之爱,但动物就不具备意志之爱。人的意志也是非物质的能力,正因如此,他具有对善的普遍的倾向,因意志是灵魂纯粹的活动,不像感觉欲望是灵魂和肉体的复合的活动。从被动的角度来说,意志是一种无限的接纳能力,因为是为所认识的事物推动;从主动的角度来说,意志有一种无限的潜能去决定自身达到它的客体,它又是一个主动的推动者。因为我们对上帝有无限的接纳能力,所以才有上帝恩典实施的可能性;因为我们有与上帝结合的主动的潜能,所以才有自然爱上帝的可能性。人对上帝的爱就属于意志之爱。

阿奎那认为,意志必然地会欲望一些事物。正如目的的必然性一样,你饥饿了,肯定会有寻求食物的目的。意志也如此,有一定的本性目的。意志会必然地坚持最后的原则即幸福。而这最后的原则也就是第一的、首要的原则。欲求这最后的原则是因为其本性如此。"因为既然一件事物的本性在每一件事物中都是第一位的,并且每一项运动也都是由某种不动的事物产生出来的,则自然地和不变地适合于一件事物的东西便必定是别的属于它的东西的根或原则。"①可见意志之本性是整个人的善和完美的欲望的原则,意志是一种能力,通过这种能力,人去寻找自己的完满和幸福。

意志由于本性的必然性会自然地意愿人的善的完满,而不能意愿相反的东西。但是意志并不是在任何事物上都是必然地欲求。第一,因为一些事物与第一原则没有必然的联系,对于这些事物,理智并不是必然要认同,意志不一定必然的欲求这些事物,对他们的否定并不代表对第一原则的否定;第二,即使一些事物同第一原则有必然的联系,对这些事物的否定代表着对第一原则的否定。但是理智如果没有通过推证让人们意识到这些事物同第一原则有必然的联系,那也就不会必然地予以认同。就如同我们人如果意识不到上帝的本质,没有展现出与上帝联系的必然性,那么我们人的意志也不会必然忠于上帝和忠于属于上帝的事物。所以,从本性上来说,意志会必然地意欲某物;但是意志并不会必然地意欲它所意欲的任何事物。因此,我们对上帝的本性之爱虽然有一定的必然性,但这只是一种本性

① 【意】托马斯·阿奎那:《神学大全》第一集《论上帝》第 6 卷《论人》,段德智译,北京:商务印书馆 2013 年版,第 174 页。

的倾向,在实践中人不一定都能作出爱上帝的行为,相反,人还会选择背离上帝的行为。

继奥古斯丁之后,阿奎那进一步讨论了人的自由意志的问题。阿奎那也承认人是具有自由意志的。如果没有自由意志的问题,那么忠告、劝诫、命令、禁律、奖惩就成了徒劳无益的东西了。他说:"自由意志的固有活动在于选择。我们之所以具有自由意志,乃是因为我们能够在拒绝另一件事物的同时而接受一件事物,而这也就是去选择。"①有些事物的活动是不需要去选择的,如果一只羊由于看到了狼而把它判定为一件需要回避的事物,这是出于一种自然的判断而非自由的判断;因为它作出这样的判断,不是出于理性中的某种比较活动,而是出于自然本能。但是人不同于动物之处就在于人是经由判断而活动的,因为他是根据自己的认识能力来判断一些事物是应当避免的还是应当追求的,这就涉及选择问题,是来自理性中的比较活动,而不是来自自然的本能。所以说,选择就是经由自由判断来活动,并且保持着倾向于各种不同事物的能力。那么选择究竟是一种认知能力还是一种欲望能力呢? 在这一问题上,阿奎那遵从亚里士多德的说法,倾向于把"选择"定为一种理智欲望。既然"选择"主要是欲望能力的一种活动,那么自由意志也就是一种欲望能力。然而,人的自由意志源于人的理性。人凭借自己的认识能力来判断一些事物是可欲求的还是要避免的。这一判断能力使得人不像动

---

① 【意】托马斯·阿奎那:《神学大全》第一集《论上帝》第 6 卷《论人》,段德智译,北京:商务印书馆 2013 年版,第 195 页。

物那样出于自然本能来活动,人的这一判断能力是由于理性的比较而选择。

阿奎那进一步区分了自由意志和意志,将它们看成是两种不同的活动。从能力的角度看,意志和自由意志都属于同一种能力,如同理解和推理属于同一种能力,只是表现的方式不同而已。意志被说成是关于目的的,意志是为了它自身才去意欲这目的的,而自由意志关涉选择,是关于达到目的的手段,是为了获得某种别的事物才去欲望某件事物的,自由意志,即选择的对象本身是达到目的的工具。在阿奎那的思想体系中,意志和自由意志的关系对应于目的和手段的关系,他们的关系也好比理解和推理一样,理解活动是对某种东西的单纯接受,而推理是一步一步的,从一个事物到另外一个事物。理解和推理都属于同一认知能力,正如意志和自由意志都属于欲望能力。

四、人的知、情、意的统一

阿奎那认为,人的灵魂只有一个,感觉灵魂、理智灵魂和营养灵魂从数值方面看是一个灵魂。他在回答"除理智灵魂外,在人身上是否还存在有相互之间有本质差别的别的灵魂?"这一问题的时候,他强调,"理智灵魂实际上就包含着那些属于禽兽的感觉灵魂和植物的营养灵魂的所有东西。就像属于一个五边形的一个面并不是由于一个形状是四边形,由于另一个形状是五边形,因为一个四边形当它被包含在那个五边形之内的时候,它就是多余的了;同样,苏格拉底也不是由于一个灵魂是一个人,由于另一个灵魂是一个动物,而是由于同一个灵魂,他才既是动物又是人的。"①人的理智灵魂包含了感觉灵魂和营养灵魂,人的理智灵魂与身体一起执行感觉灵魂、营养灵魂的生命功能。

正因为理智灵魂与感觉灵魂和营养灵魂是一个灵魂,一起赋予生命活动以统一性,那么上帝所赋予人的理智、欲望、情感、意志才有可能是统一的,表现在人的活动中就是认知、情感、意志的统一。

第一,理智与感觉的统一。"理智灵魂必定不仅具有理解能力,而且也具有感觉能力。而感觉活动如果离开了有形工具是不可能实现出来的。所以,理智灵魂就不能不同一个胜任成为一个便利的感觉器官的形体结合在一起。"②理智灵魂必须和身体结合才可以发挥他的感觉功能,感觉的运作是以身体和灵魂的复合物为它们的主体的,体现了灵魂和身体的复合活动,同时也体现了灵魂的感觉能力和理智能力的统一。

第二,理智与欲望的统一。人的欲望随着认知产生出来。灵魂的欲望能力是以某种外在的事物为目的的,它首先存在于意向性之中,所欲望的事物除非它被认识便决然不能推动欲望,可见欲望能力是一种被动的能力,被所认识的事物推动,欲望总是随着认知产生出来的。欲望能力在其运作的样式方面无论是否通过身体器官都是部分地同理智认知能力一致,部分地同感觉认知能力一致;因为感觉能够接受所有感性事物的种

①　【意】托马斯·阿奎那:《神学大全》第一集《论上帝》第 6 卷《论人》,段德智译,北京:商务印书馆 2013 年版,第 48 页。
②　【意】托马斯·阿奎那:《神学大全》第一集《论上帝》第 6 卷《论人》,段德智译,北京:商务印书馆 2013 年版,第 56 页。

相,凭借感觉能力,动物就能够欲望它所认识的东西。理智能够接受所有可理解事物的种相,凭借理智能力,人就可以欲望他所认识的。所以人的理智能力和欲望能力是统一的。

第三,理智与意志的统一。在人自身,理智与意志也是统一的,因为意志和理智互相推动,互相渗透,互相包含。阿奎那认为,在一种意义上,理智推动意志,因为一个事物作为目的必然推动活动的主体,理智所理解的善的事物是意志的对象,推动着意志去实现目的。在另一种意义上,意志也推动理智,意志的对象是善,对善的这一普遍的目的的欲望推动理智进一步认识和理解。"意志作为一个活动主体推动着灵魂的所有的能力实现它们各自的活动。"①在关于理智和意志谁是更高级的能力的问题上,阿奎那是从两方面来分析这个问题的。从绝对性上来说,理智是高于意志的。因为理智的对象比意志的对象更单纯,更绝对。"因为理智的对象即是可欲望的善的观念本身;而可欲望的善正是意志的对象,而其观念即存在于理智之中。一件事物越是单纯,越是抽象,它自身也就越是高贵,越是高级。所以,理智的对象就高于意志的对象。既然一种能力的固有本性存在于它的达到其对象的秩序之中,那就可以得出结论说,理智本身就绝对地比意志高级些和高贵些。"②如关于有形事物的知识比对有形事物的爱要更好一些。但从相对性来说,意志有的时候也是高于理智的。

---

① 【意】托马斯·阿奎那:《神学大全》第一集《论上帝》第 6 卷《论人》,段德智译,北京:商务印书馆 2013 年版,第 181 页。

② 【意】托马斯·阿奎那:《神学大全》第一集《论上帝》第 6 卷《论人》,段德智译,北京:商务印书馆 2013 年版,第 168 页。

理智的对象是存在于理解者本身,意志的对象是存在于事物自身之中。上帝的善是至善,上帝比我们人的灵魂要高贵,具有上帝的知识也仅仅是在人的理解之中,人没有上帝高贵,所以爱上帝要比具有上帝的知识要高级。在这种情况下,意志是高于理智的。但是比灵魂级别低的事物,对他们的知识比爱他们显然是更高一些。所以说理智高于意志是绝对的,但是在关于上帝的问题上,爱上帝要比理解上帝好一些,因为上帝比人高贵。很显然,阿奎那在此就为对上帝的爱的至高无上性埋下了伏笔。

第四,情感和意志的统一,即感觉欲望和理智欲望的统一。阿奎那还进一步说道,虽然感觉事物和感觉经验是一切认知的基础,但感觉欲望在实施中却服从理性欲望即意志。动物的运动是伴随着感觉欲望产生出来的,"例如,一只羊,在惧怕狼的同时便逃跑了,因为它没有任何高级的对抗的欲望。相反,人却不会由于愤怒欲望和情欲欲望而当下便被推动,而是等待着属于高级欲望的意志的命令下达方行动的。因为在一定数量的运动能力之间存在有秩序的地方,只有第二个才是为第一个所推动的。所以,低级欲望并不足以产生运动,除非得到了高级欲望的认可。一如哲学家在《论灵魂》第 3 卷中所说:高级欲望推动低级欲望,就像高层天体推动低层天体一样,即是谓此。所以,愤怒和情欲也就因此而服从理性。"①

总之,阿奎那认为,在人的整个活动和人性行为的表达

① 【意】托马斯·阿奎那:《神学大全》第一集《论上帝》第 6 卷《论人》,段德智译,北京:商务印书馆 2013 年版,第 168 页。

中,知、情、意是相互渗透、密不可分,且有机统一的。阿奎那对人性的这一认识,是对古希腊到奥古斯丁以来人性论思想的综合与提升。在古希腊的时候,哲学家们仅仅重视理性认知,人性即理性。苏格拉底认为人没有作恶的本性,人固有的本性是善的,但这个善是潜在于人心中的,需要通过理性使人成为有责任心和自律性的道德主体,从而摆脱肉体的束缚。即使柏拉图认为情欲、意志和理性这三个部分构成了人性的基本内容,但是他认为情欲是劣性的,人是否能回到理念世界在于理性是否能控制住情欲。柏拉图的理性至上说,基本是一种带有很浓的禁欲主义倾向的人生哲学。古希腊哲学的集大成者亚里士多德,建立了相对成熟的人学思想。在亚里士多德看来,人优越于动物的地方在于人能够按照理性的原则行事,用理智来支配自己的欲望。人能够接近神也在于人具有理性这样神圣的东西。理性比任何其他的东西更加属于人的本性。理性在人的灵魂中占据主导地位,人应该通过理性过一种中庸的、有德性的、追求完满的善的生活。可以看出,他们都是把人定位在理性的控制之中,坚守理性至上的信念。人的本性问题往往被归结为理智如何控制欲望的问题。重视精神轻视肉体,重理性轻感性,甚至是排斥和压抑人的自然需要和自然情感,基本上可以看作是古希腊哲学家人性论思想的主要模式。但是随着基督教的传播,上帝观念的建立,人的问题和神的问题就交织在一起,人性的思考无不从神性的思考开始。教父思想的集大成者奥古斯丁肯定肉体的存在的价值,但是突出灵魂的决定性作用。奥古斯丁注重意志,认为灵魂得救只有皈依上帝、信仰上帝、热爱上帝、仰慕上帝和进行自我忏悔,不受物欲和享乐的诱惑,只有这样才能洗清原罪得到救赎。他虽然也提到了理性的作用,然而意志是绝对高于理性的,理性对意志仅仅是帮助的作用。阿奎那将古希腊的人性即理性的思想与奥古斯丁重视意志的思想进行改造与综合,根据自己对灵魂和身体关系的恰当处理,使得知、情、意三者统一起来。相对于柏拉图—亚里士多德主义而言,阿奎那更注重人的意志、情感;但是相对于奥古斯丁而言,阿奎那又更重视人的理性。因此,我将阿奎那的人性论思想看作是对前面二者的巧妙综合与提升。

第二节　肖像论

一、"人是上帝肖像"的静态面向——"是什么"

在《圣经·旧约》中,上帝说:"让我们照我们的肖像,按我们的模样造人。"(《创世纪》1:26)这是"人是上帝的肖像"的思想来源。"人是上帝的肖像",这一观点表明了人和上帝的特殊的关系:上帝是造物主,人是受造物。在上帝的一切受造物中,唯有人处于与上帝的这种特殊的关系中,人性当中一定具有上帝的肖像的属性。阿奎那在《神学大全》的第一集问题93"论人的产生的目标或结局"中集中论述了"人是上帝的肖像"这一问题。

首先,让我们先来分析一下肖像的含义。根据阿奎那的阐释,其一,肖像不等同于相似性。相似性不一定就是肖像。奥古斯丁在《83问题集》问题74中说道:"凡肖像存在的地方,紧接着也就存在有相似性。但是,凡存在有相似性的地方,却并不一定存在有肖像。"因此,很显然,相似性属于肖像这个概念,而肖像却把一些东西添加到了相似性的概念上了,换言之,它是从某种别的事物临摹过来的。因为"肖像之所以被称作肖像,乃是因为它是作为某件别的事物的模仿产生出来的。例如,一个鸡蛋无论多么同另一个鸡蛋相像和相等,也不能够被称作另一个鸡蛋的一个肖像。因为一如奥古斯丁所说:它并不是仿制另一个的"。① 虽然肖像不等同于相似性,但是肖像一定具有相似性。人是上帝的肖像,那么人一定在某种程度上相似于上帝。

其二,肖像不等同于等同性。因为按照奥古斯丁在同一处的说法:"存在有肖像的地方,未必存在有等同性。"我们在镜子中反映出来的一个人的肖像中所看到的情况就是如此。镜子中的你是你的肖像,但是无论如何镜子中的你和你都不是等同的。然而,这却属于完满肖像的本质,因为在完满的肖像中,是不缺乏在它为其摹本的事物中能够找到的任何东西的。在人身上显然也存在有上帝的一些类似物,一些作为从原型的上帝那里复制过来的东西。然而,这种类似并非一种等同性,因为这样的原型是无限地超出它的摹本的。所以,人身上存在有上帝的类似物;不过这种类似是不完全的,是不等同的。《圣经》说人是按照上帝的类似物(模样)造成的,即是谓此。② 虽然人是上帝的肖像,类似于上帝,但是人无法和上帝等同。

———————

① 【意】托马斯·阿奎那:《神学大全》第一集《论上帝》第6卷《论人》,段德智译,北京:商务印书馆2013年版,第362页。

② 【意】托马斯·阿奎那:《神学大全》第一集《论上帝》第6卷《论人》,段德智译,北京:商务印书馆2013年版,第362页。

　　阿奎那对"肖像"与相似性、等同性含义差异辨析之后，又进一步阐释了"人是上帝的肖像"这一观点的多重含义。

　　第一，人与上帝的种相类似。肖像需要种相方面的类似。"并不是每一种类似，甚至也不是由别的事物复制过来的东西，都足以构成一个肖像的。因为如果类似仅仅是属相上的，或者是借助于一些共同的偶性存在的，这都不足以使一件事物成为另一件事物的肖像。例如，一条小虫，虽然它可能由人产生出来，但是，却只是因为这种类似是属相上的而不能够被称作人的肖像。如果任何一件事物被造得像某件别的事物一样是白色的，我们也不能够说：它因此就是那件事物的肖像。因为白色乃一种为许多种相所共有的偶性。因此，肖像的概念需要种相方面的类似。"①那么人和上帝的种相一定类似，即他们在本性上的类似。上帝的基本属性是理智和意志，理智和意志是同一的。既然人是上帝的肖像，那么人也应该有理智和意志。大马士革的约翰在《论正统信仰》第 2 卷第 12 章中说过"人身上的上帝的肖像是作为具有自由意志和自身运动的理智存在属于他的"。正是因为这理智和意志的本性才得以区别于其他的受造物。奥古斯丁在《〈创世纪〉文字注》第 6 卷第 12 章中也说过："人的卓越之处在于：上帝是通过赋予他一个理智的心灵而按照他自己的肖像把他造出来的，而且也正是这一点才使他超出野地里的禽兽的。"②

---

　　① 【意】托马斯·阿奎那：《神学大全》第一集《论上帝》第 6 卷《论人》，段德智译，北京：商务印书馆 2013 年版，第 364 页。

　　② 【意】托马斯·阿奎那：《神学大全》第一集《论上帝》第 6 卷《论人》，段德智译，北京：商务印书馆 2013 年版，第 364 页。

上帝的肖像概念主要归属的东西是理智的本性。"一些事物之所以像上帝,首先并且最通常地乃是因为它们都存在。其次是因为它们活着。第三是因为它们认识或理解。这些中的最后一点,如奥古斯丁在《83问题集》问题51中所说:'在相似性方面如此接近上帝,以致在所有的受造物中,没有什么事物比他更接近上帝了。'所以,显然,严格说来,唯独理智的受造物才是按照上帝的肖像造出来的。"①可见,从根本上来讲,人是由于他的理智的本性而被说成是上帝的肖像的,人在他的理智本性方面最像上帝。就上帝本性的类似性而言,理性的受造物似乎是能够按照一定的模式达到该种相的表象的,因为他们不仅在存在和生命方面同上帝相像,而且在理智方面也同上帝相像。因此,人作为一种存在,会像第一存在上帝那样;作为有生命的,会像第一生命上帝那样;作为有智力的,会像至上智慧的上帝那样。

第二,上帝的肖像仅仅存在于人的心灵中。使徒在《以弗所书》第4章第23节中说过:"要将你的心志改换一新,并且穿上新人。"更新即在于"穿上新人",这是属于心灵的。《哥罗西书》第3章第10节中说:"穿上了新人。这新人在知识上渐渐更新,正如造他主的肖像。"作为穿上新人的更新即归因于上帝的肖像,成为上帝的肖像是仅仅属于心灵的。如前所述,理智或心灵才是理性受造物得以超出别的受造物的根本所在,人在理智本性方面同上帝相像,所以,上帝的肖像

---

① 【意】托马斯·阿奎那:《神学大全》第一集《论上帝》第6卷《论人》,段德智译,北京:商务印书馆2013年版,第365页。

也只有在理性受造物的理智或者心灵中才能够被找到。阿奎那认为，"人之被称作上帝的肖像，并不是因为人本质上即为一个肖像，而是因为上帝的肖像被铭刻在他的心灵之上了；正如一块硬币之为一个国王的肖像，乃是因为它具有该国王的肖像一样。"①所以人是上帝的肖像最根本在于心灵，而人的身体是借助于印迹来表象灵魂中的上帝的肖像的。

第三，上帝的肖像按照位格的三位一体存在于人的身上。人类似于上帝的本性而作为上帝的肖像，然而通过表象上帝的位格也可以成为上帝的肖像。所以说在受造物人之中的上帝的肖像既相关于神圣的本质，又相关于三位一体的位格。在上帝自身之中，三个位格只有一个本性。阿奎那认为，上帝位格的差异性仅仅是就起源而说的，更确切地说，是就起源的关系而说的。然而，起源的样式在所有的事物中却不是一样的，而是在每一件事物中都适应于那件事物的本性：有生命的事物由一种方式产生出来，无生命的事物由另一种方式产生出来，动物以一种方式产生出来，植物则以另一种方式产生出来。这样，上帝位格的差异就显然是适合于上帝的本性的。所以，通过类似于上帝的本性而接近于上帝的肖像，并不能够排除通过表象上帝的位格成为同一个肖像的可能性，而毋宁是一个是从另一个演绎出来的。②只是存在于我们自己身上的三位一体与上帝的三位一体之间存在很大的差别而已。正

---

① 【意】托马斯·阿奎那：《神学大全》第一集《论上帝》第 6 卷《论人》，段德智译，北京：商务印书馆 2013 年版，第 375 页。

② 【意】托马斯·阿奎那：《神学大全》第一集《论上帝》第 6 卷《论人》，段德智译，北京：商务印书馆 2013 年版，第 371 页。

如奥古斯丁在《论三位一体》第 15 卷第 20、23 章中所说,"我们是看到了,而不是相信存在于我们自己身上的三位一体;但是,我们是相信,而不是看到了上帝是三位一体。"我们人只能相信上帝是三位一体,同时,我们人只能看到我们自己身上的三位一体。

第四,"心灵、知识和爱"构成了三位一体的肖像。阿奎那赞同奥古斯丁在《论三位一体》第 9 卷第 4 章中所提及的三位一体即在于"心灵、知识和爱",以此论证上帝的肖像是在灵魂的活动中发现的。阿奎那认为,上帝的道是通过上帝对他自身的知识而产生出来的,而爱则是就他爱他自身而从上帝产生出来的。上帝位格的运行就是凭借理智的道的运行和凭借意志的爱的运行。上帝自身是上帝理智和意志的首要的对象,上帝也应该是我们人认知和爱的首要客体。人的存在之所以具有上帝的肖像,就是因为人具有心灵而超出了其他动物的存在。三位一体的肖像应该首先在心灵的活动中发现,如从我们所具有的知识,通过思想,形成内在的道,并且进而迸发出爱的活动中发现。奥古斯丁在第 14 卷第 12 章中说过:上帝的肖像之存在于心灵中,并不是因为它记得它自己,爱它自己,并且理解它自己,而是因为它也能够回忆、理解和爱造它的上帝。① 从这种意义上来说,上帝的肖像便是就灵魂回归上帝或者具有一种使它得以回归上帝的本性而言在心灵中发现的。

① 【意】托马斯·阿奎那:《神学大全》第一集《论上帝》第 6 卷《论人》,段德智译,北京:商务印书馆 2013 年版,第 382 页。

简而言之,我们可以在人的理智活动中发现道的运行,在人的意志活动中发现爱的运行。人通过认知和爱的活动体现了上帝三位一体的肖像。人身上的上帝的肖像来自用理智本性去认知上帝,理解关于上帝的知识的语词概念,以及由此产生的对上帝的意志本性之爱。阿奎那在此着重强调了三位一体的肖像主要体现在认知和爱的活动本身,而不仅仅是理解和意的能力。"三位一体的肖像也就可以说是从属地,并且仿佛是随之而来地被看作是存在于能力之中的。"①

阿奎那对"人是上帝的肖像"观点的论述是层层递进的。首先,人是上帝的肖像,那么人必然具有类似上帝的本性。理智和意志是上帝的基本的属性,那么人也有理智和意志的本性。其次,上帝的肖像仅仅存在于人的心灵中,而不是人的身体,人是上帝的肖像最根本在于心灵。再次,上帝的肖像是按照位格的三位一体存在于人的身上。上帝的位格的运作是按照道的运行和爱的运行,那么人也有道的运行和爱的运行,表现为人的认知活动和爱的活动。尤其是对上帝的认知和爱才是人是上帝肖像的本质体现。因此,阿奎那的肖像论是其爱的学说的本体论部分必不可少的内容之一。

二、"人是上帝肖像"的动态面向——"成什么"

以上所说的是"人是上帝肖像"的静态面向,即人是什么,上帝当初造人的时候,是按照他的形象所造的,人分有上

---

① 【意】托马斯·阿奎那:《神学大全》第一集《论上帝》第 6 卷《论人》,段德智译,北京:商务印书馆 2013 年版,第 379 页。

帝的属性,人的本性如此,是上帝所赋予的。但是,在亚当犯罪之后,人的本性堕落了,人不再是上帝的完整的肖像。因此,阿奎那根据人认知和爱上帝的不同层次和程度来界定上帝的肖像存在于人之中的方式,他认为,上帝的肖像是以三种方式存在于人身上的。首先,是就人具有理解和爱上帝的一种自然倾向而言的;这种倾向就存在于心灵的本性本身,这是所有的人所共有的。其次,是就人现实地或习惯地认识和爱上帝而言的,虽然人做得不够完满;而且,这种肖像正在于与恩典的一致(conformitatem gratiae)。第三,是就人完满地认识上帝和爱上帝而言的;而这种肖像则在于荣光的相似性(similitudinem gloriae)。所以,根据《诗篇》第 4 篇第 7 节中"上帝啊!求你仰起脸来,光照我们"这样一句话,有关评注区分了三重肖像:"创造"的、"再造"的和"类似"的。第一种肖像能够在所有的人身上找到,第二种肖像只有在正义的人身上找到,第三种肖像则只有在有福的人身上才能够找到。①

按照上述三重肖像的说法,我们或许可以将其解释为人爱上帝的三种方式:第一种方式就是人在本性上是爱上帝的,即使不使用理性的人、罪人也有爱上帝的本性,通过人的本性能力而爱上帝,上帝的肖像始终都在人的灵魂中存在;第二种方式是人由于罪的堕落,那么人对上帝爱的能力是有限的,必须通过上帝的恩典才可以完全地爱上帝,只有借助上帝的恩典,上帝的肖像才存在于我们之中;第三种是人在天国和上帝

---

① 【意】托马斯·阿奎那:《神学大全》第一集《论上帝》第 6 卷《论人》,段德智译,北京:商务印书馆 2013 年版,第 369 页。

真正的结合，达到永恒的至福，参与上帝的生命，这便是上帝完美的肖像。

在此问题就非常清楚了，阿奎那对上帝的肖像存在于人身上的三种方式的区分，为他后来给恩典存在的必要性预留了必要的理论空间。一方面，人是上帝的肖像表明了人有理智和意志的本性，并且在灵魂之中始终存在有认知和爱上帝的倾向，意即人是有自然本性的能力去爱上帝的，这是上帝肖像的静态表达；但另外一方面，人未必就能表现出爱上帝的活动，把自己的爱上帝的潜能变为爱上帝的现实，这就需要借助恩典，"上帝的值得称道的知识和爱是只能藉恩典存在于我们身上的。"①只有借助上帝的恩典，上帝的肖像才可以体现出来。阿奎那在对肖像和相似的区分中，也同样证明了这一问题。在某种意义上，相像或相似性是用来揭示肖像的表达方式和完满性的。肖像意指的是具有自由意志和自身运动的理智的存在，而相像就其在人身上是可能的而言则意指一种能力的相像，是就表象是否完满的状态而言判断一个肖像是否像它所表象的事物。人虽然是上帝的肖像，但是随着人本性的堕落，人不是完整的肖像，人只能想尽可能地通过自己的努力去爱上帝和相似上帝，从而让这一肖像完美。人越相似上帝，这一肖像就越完美。这显示了人努力与上帝结合，从下向上的一个动态的过程。

人要以相似上帝为目的，体现上帝完美的肖像。人与基

---

① 【意】托马斯·阿奎那：《神学大全》第一集《论上帝》第 6 卷《论人》，段德智译，北京：商务印书馆 2013 年版，第 384 页。

督相比较而言,耶稣基督是上帝最完美的肖像,人身上的肖像是不完满的,人就不能够被简单地称作肖像,而是应当被称作"趋向肖像",这样,趋向于完满性的运动就体现出来了。我们却不能够说:上帝圣子是"趋向肖像"的,因为他就是圣父的完满的肖像。① 耶稣基督是信徒应该效仿的榜样。阿奎那认为,相像和相似性可用来意指肖像的表达方式和完满性。在同样的意义上,相像也可以说是属于对美德的爱,因为如果没有对美德的爱也就没有美德了。② 那么,人相似上帝是需要德性之爱的。通过爱德,人之中上帝肖像的完美是一种上帝的相似。爱德表现为人对上帝的爱,通过爱基督、效仿基督以达到上帝。

阿奎那的"肖像理论"一方面告诉我们人是上帝的肖像,人在本性上类似于上帝,这是肖像的静态面向。另一方面告诉我们,人要以相似上帝为目的,尽可能多地获得与上帝的相似来体现肖像的完美,这需要通过上帝的恩典,突出与恩典一致的肖像,这是肖像的动态面向。正如威廉姆斯(A. N. Williams)所指出的那样:"肖像神学告诉我们的是首要的是我们将成为什么,并不是我们是什么。"③阿奎那的上帝肖像的概念不仅仅是人具有理解上帝和爱上帝的自然本性,更多地是它获得了超本性的意义,人超越了理智、意志的本性,通过上

---

① 【意】托马斯·阿奎那:《神学大全》第一集《论上帝》第 2 卷《论三位一体》,段德智译,北京:商务印书馆 2013 年版,第 121 页。

② 【意】托马斯·阿奎那:《神学大全》第一集《论上帝》第 6 卷《论人》,段德智译,北京:商务印书馆 2013 年版,第 387 页。

③ A. N. Williams, *The Ground of Union: Deification in Aquinas and Palamas*, New York: Oxford University Press, 1999, p.69.

帝的恩典之爱去爱上帝。又如加拉斯拉·波利坎（Jaroslaw Pelikan）主张的："托马斯肖像学说包含的不仅仅有理智，而且还有超越理智的爱。"①因为通过人与上帝的友谊之爱的神学德性，人与上帝有了亲密的关系，这一关系建立在上帝与我们分享他的至福基础之上。

第三节　上帝论或存在论

人既然是照着上帝的肖像造的，人分有了上帝的神圣的属性，那么这位上帝是什么样子呢？如果我们对肖像的本源都不清楚，那么也就无从对人有真正清楚地理解了。因此，为了更清晰地阐明人的本性，在《神学大全》的第一集阿奎那集中讨论了上帝的问题，论述了上帝的神圣本质、神圣属性、上帝的神圣位格以及上帝的创造等问题，这些内容不仅构成了阿奎那上帝论的思想，而且也是他爱的学说的本体论部分最核心的内容。由于本书专门阐述阿奎那爱的学说，上帝论仅是本书本体论部分的核心内容之一，所以只能就有关本书的内容作一简要的论述。

一、上帝本质与存在的同一

在《论存在者与本质》一书中，阿奎那提出了一条独具特色的认识论路线，他认为要从复合事物、经验的事物开始去认

---

① Jaroslav Pelikan, *Imago Dei*: *An Explication of Summa Theologiae*, Calrary University Press, 1978, p.39.

识单纯的事物和先验的事物,因为单纯实体不易辨认,可单纯实体又是复合实体的原因,对复合实体认识清楚了,就容易理解单纯实体了。由于人有灵魂和身体,人这一复合实体的本质就是它的质料和形式。他的存在和本质不是一回事。阿奎那说:"如果一件事物的存在本身不同于它的本质,这件事物的存在就必定或者是由某种外在的动因所引起,或者是由其本质的原则所引起。"①由这样的认识论逻辑,阿奎那最终推论出上帝是他自己的本质,上帝是他自身的存在这样的上帝观。他说:"一切其存在有别于它自己的本性的东西都是从他物获得其存在的。而且,既然凡通过他物而存在的东西都可以还原到那些通过自身而存在的东西,作为它的第一因,那就必定存在有某件事物,其本身为一纯粹的存在,构成所有事物存在的原因。因为凡不是纯粹存在的事物,其存在都是有一个原因的。所以,很显然,理智实体是形式兼存在,并且是从第一存在获得其存在的,而所谓的第一存在即是纯粹的存在。这也就是第一因,亦即上帝。"②

阿奎那从实体的角度对上帝的存在方式进行了考察。他认为,上帝不是一个形体,上帝作为一个不被推动的第一推动者,显然是有别于一个形体的,他是所有存在事物中最高贵的,这种存在不可能是有形体的;上帝也不是一个由质料和形式或是由现实和潜能构成的复合实体,上帝之中是没有质料

89

---

① 【意】托马斯·阿奎那:《神学大全》第一集《论上帝》第 1 卷《论上帝的本质》,段德智译,北京:商务印书馆 2013 年版,第 49 页。

② 托马斯·阿奎那:《论存在者与本质》,段德智译,《世界哲学》2007年第 1 期。

的。那么上帝是什么？阿奎那认为，上帝就是他的本质，上帝与其本质一致；上帝不仅是他自己的本质，而且上帝是他自己的存在。因为上帝是第一动力因，他的存在是自因的，无需一个外在因；上帝没有潜在，只是纯现实，上帝是全部的现实性，就其自身而言，他是不掺杂潜在性的纯活动，就其与现实事物而言，他是他们的缘由；上帝是第一存在，且是本质性的存在而非分有的存在，所以上帝的存在与其本质是相同的。由于上帝没有属相和种差的复合，没有主体和偶性的复合，因此，我们可以看到，上帝是绝对单纯的，是最单纯的实体。① 对于阿奎那而言，上帝的单纯性意味着上帝和受造物的不同，上帝的单纯性也体现了上帝的超越性这一根本的属性，因此，人和上帝建立关系必然会有一种超越人自身的东西存在。

阿奎那论证上帝存在的方式问题时是从复合实体开始的，但是从生成的角度看，上帝又是第一因，一切事物都是从上帝而来。上帝是最真实的存在者，上帝是所有存在者的源泉，上帝是所有存在者的目标。一切都是上帝创造的，从上帝而来。那么每一个存在者都分有他的存在。受造物是通过分有上帝的存在而存在，受造物根据对上帝分有程度的不同而不同。每一个分有的存在的完美都依靠他们分有上帝的程度。② 因为

---

① 参见翟志宏：《阿奎那自然神学思想研究》，北京：人民出版社 2007 年版，第 173—188 页。

② St.Thomas Aquinas, *Summa Theologica*, Literally Translated by Fathers of the English Dominican Province, New York：Benziger Brothers, Inc., 1947, Ⅰ—Ⅱ, Q.44, a.1（以下章节关于阿奎那《神学大全》第二集的内容，一律以缩写的方式引出。如"ST., Ⅰ—Ⅱ"，指《神学大全》第二集上部，"ST., Ⅱ—Ⅱ"，指《神学大全》第二集下部。）

上帝是以一个不受限制和完全的方式拥有完美,而分有上帝存在的事物是以一个受限制和部分的方式拥有同样的完美,并且分有的主体接受这一完美依靠更高的源泉。所以,所有分有的存在欲求他自己的完美,欲求相似上帝,因为只有上帝以最完美的方式存在。

正因为上帝的存在就是上帝的本质,上帝的存在和本质的同一,而人分有上帝的存在,所以人在本性上追求自己的成全和完美,人具有发自本性的求得自己成全的天然倾向。阿奎那自然法的基本诫命:追求成全与自足,这是人的天然倾向。人的本性最为自然的一种根本的倾向就是完善自我,也就是倾向与符合自我人性的一种善。人内在的首要倾向就是追求符合本性的善。① 明确地说,人本性上追求上帝至善,本性地要爱上帝以达到自我完满,是因为人分有上帝的存在,而上帝的存在和本质是同一的,上帝是最纯粹的存在。

二、上帝神圣的属性——理智和意志

阿奎那深知,一个有限的生命去言说一个超越的纯粹精神的上帝,是一件很困难的事情。因此,他只能借用"类比"的方式来表达。阿奎那借用"类比"的方法对上帝的属性进行了阐释,说明了在人身上存在的完善的属性以一个更卓越的方式存在于上帝之中。这些论述集中在《神学大全》第一集问题 16 至问题 26。他列举了上帝运行活动的多种形态,比如上帝的认识(knowledge)、生命(life)、意志(will)、爱

① ST., I—II, Q.94, a.2.

（love）、正义（justice）、仁慈（mercy）、天意（providence）、预定
（predestination）、能力（power）等。这些活动都是相关于上帝
的属性，我们可以对这些活动进行归类，先从上帝的内在运作
来看上帝的属性，根据上帝的内在运作方式可以把上帝的属
性分为两个基本方面：理智的属性和意志的属性；从上帝的外
在运作方式来看，体现着上帝的能力的属性。

　　第一，阿奎那认为，上帝的理智的属性相关于上帝的知
识、真理以及理念，这些都是在上帝理智属性的范畴内。上帝
是一理智存在，理智是其基本的属性，这是因为他的无限完善
性。上帝的理智活动即是他的本质，上帝的理智就是他的存
在和本质。上帝的理智和知识也是一致的，是他的纯实现。
上帝就是他的理智，他的知识。"上帝显然是藉他的理智而
产生事物的，因为他的存在即是他的理解活动。而他的知识，
就他的意志总是同它结合在一起的而言，也必定是事物的原
因。"①上帝以自身为认识的对象并能够完全地达到对自身的
认识，这主要是依据他自身的现实活动来实现的，即通过自身
的现实活动而达到对自身的认识。上帝不仅具有关于自身的
认识，而且还具有关于所有其他事物的知识。上帝不仅能够
认识受造物的本质，还能够认识他们的特殊本质，还能够认识
单个事物和具体的事物。最关键的是上帝只是通过一种单纯
的理智来认识普遍的事物和单个的事物。另外上帝还具有可
能事物的知识，包括不存在的事物、无限的事物和未来可能的

---

① 【意】托马斯·阿奎那：《神学大全》第一集《论上帝》第 1 卷《论上
帝的本质》，段德智译，北京：商务印书馆 2013 年版，第 260 页。

事物的知识,这表明了上帝具有无限的认识能力。

第二,阿奎那又认为,意志也是上帝的另外一个基本的属性。爱、正义、仁慈等都属于意志的范畴。他把意志理解为对善的欲求。"正如在上帝之中存在有理智那样,在上帝之中也存在有意志。因为意志是随着理智而出现的。正如上帝的理解行为是他自己的存在一样,他的意志也是如此。"① 既然有意志,必然有意欲的东西,那么神圣的意志的首要的对象正是他自身神圣的本质。上帝意志的首要和固有的对象是其自身的存在和自身的善。神圣意志不仅具有朝向自身特有的善的倾向,而且具有尽可能地广泛传布自身的善到其他事物的意愿,他是以某种类似的方式产生了所有事物的善性。所以,神圣的意志不仅意欲自身的善,而且意欲他物的善。其他事物是对上帝至善的分有。上帝的意志在指向神圣的存在和神圣的善方面,具有绝对的必然性。但上帝的意志在指向不同于他自身的事物方面,则不是绝对必然的,而是一种设定的必然性。上帝的意志也是产生事物的原因,如同他的理智。在意志和欲望的所有的倾向中,爱是首要的,爱也是对善的欲求,爱是意志的第一项现实的活动。上帝有意志,上帝必然会有爱。上帝意志的首要对象是他自身,那么上帝爱的首要对象应该也是他自身。其次,上帝也爱所有的善的事物,上帝的意志之爱是事物善的原因,上帝意欲他们具有某种善,把善给予他们,这是上帝爱的体现。上帝的仁慈和正义也是在上帝

93

① 【意】托马斯·阿奎那:《神学大全》第一集《论上帝》第 1 卷《论上帝的本质》,段德智译,北京:商务印书馆 2013 年版,第 347 页。

意志的范畴内,上帝给予事物以存在、给予宇宙秩序,就表明了他的正义;上帝给予事物完善性以消除灾难和欠缺,则体现了他的仁慈。①

第三,从上帝的外在运作方式来看,能力是其另外一种属性。上帝是一种无限的存在,是有理智和意志的生命,那么他必然具有无限的能力。上帝的能力主要体现在外部世界的创造。阿奎那认为神圣的能力就是一种主动的创造能力。

因为人是上帝的肖像,那么人分有上帝神圣的属性,意志和理智是上帝的基本属性,那么人也有其最基本的理智和意志的属性。上帝的爱表现为上帝的意志,上帝的爱是完全的自我给予,人也模仿上帝,以相似上帝为目的,学习上帝完全的自我给予的爱。

三、上帝之中"道的运行"与"爱的运行"

上帝是父,同时上帝是圣子,上帝还是圣灵。圣父、圣子、圣灵是上帝的三个位格,但是三个位格表示同一个上帝本质。"位格"表示的是所有本性中最为完满的东西,亦即一个具有理性本性的独立存在着的个体。② 圣父、圣子和圣灵这三个位格指向上帝临在和动态的活动模式,是对上帝的动态的理解,三个位格之间也仅是就关系而言相互区别的。

阿奎那认为,上帝之中是存在有运行的,当然这只是存留

---

① 参见翟志宏:《阿奎那自然神学思想研究》,北京:人民出版社 2007年版,第 247—256 页。

② 【意】托马斯·阿奎那:《神学大全》第一集《论上帝》第 2 卷《论三位一体》,段德智译,北京:商务印书馆 2013 年版,第 41 页。

托马斯·阿奎那 爱的学说研究

A Study on Thomas Aquinas' Doctrine of Love

94

于活动主体之中的活动,并非指向任何外在的事物。如上所述,理智和意志是上帝的基本的属性。那么,这种存在于理智本性中的活动,其实也就是理智主体和意志主体之中的活动。意志活动的对象和被理解言说的对象都存在于活动主体之中。上帝中的理智和意志是同一的,没有什么差别,但是意志和理智的本性却要求这些运行适合于它们每一个存在于一定的秩序中,意志的运行要按照合适的顺序发生,不蕴含在理智主体之中的东西它便不可能为意志主体所爱。当然这是就理智的运行而言的,所以理智和意志又是不同的。关于理智与意志之间的区别,阿奎那是这样说的:"理智是藉按照其自身的类似驻留在理智之中的所理解的对象成为现实的,而意志之成为现实所凭借的,则不是同存在于它之内的意欲对象的任何类似,而是它所具有的达到意欲对象的一定倾向。因此,理智的运行所凭借的是类似,从而被称作生育,因为每一个生育者所生育的都是它的类似物。但是,意志的运行所凭借的却不是类似,毋宁说是趋向一个对象的冲动或运动。"①

因着理智与意志的区别,在上帝之中相应地也有两种运动:"在上帝之中存在有两种运行,其中一个凭借理智,这就是道的运行,另一个凭借意志,这就是爱的运行。"②在上帝之中,道的运行被称为生育。因为上帝的运行是通过作为生命运作的可理解的活动,理智主体的概念正是所理解的事物的

① 【意】托马斯·阿奎那:《神学大全》第一集《论上帝》第 2 卷《论三位一体》,段德智译,北京:商务印书馆 2013 年版,第 13 页。
② 【意】托马斯·阿奎那:《神学大全》第一集《论上帝》第 2 卷《论三位一体》,段德智译,北京:商务印书馆 2013 年版,第 142 页。

类似物,在上帝之中,理解活动和他的存在是同一的,那么上帝也是凭借类似运行,所以道的运行是一种生育。"运行的道也就是作为独立存在于同一本性中的东西在运行,从而也就可以严格地称作生产(genitum)和圣子(filius)。"①"在上帝之中藉爱的方式运行的,并不是作为生育或作为子那样运行的,而毋宁是作为灵运行的。这个名称之表达一定的生命运动或冲力,是就一个人被描述成为爱所推动去实施一项活动而言的。"②所以说在上帝之中只存在有两种运行,这就是圣子和圣灵,即道的运行和爱的运行。在上帝之中,"爱"是圣灵的专有名称,正如"道"是圣子的专有的名称,都是能被本质地位格地使用。正如圣父是藉着"道"或圣子言说他自己和他的受造物,他也同样是藉着圣灵而爱他自己和每一个受造物的,上帝同受造物的关系也就既蕴含在"道"中,也蕴含在运行着的"爱"中。因为上帝的真理和善正是理解和爱所有受造物的原则。

上帝"道"的运行和"爱"的运行,是上帝运行的两个序列,虽然上帝的理智和意志在本质上是一个,但是他们的侧重点又不一样。就本书所涉及的爱的主题而言,爱是相关于上帝的意志的,相关于上帝爱的运行。上帝由于爱而创世,并不是为了什么,仅仅是为了爱而创造。另外,人堕落后,上帝差遣自己的独生子道成肉身来世间,是为了拯救罪恶的人们,这

---

① 【意】托马斯·阿奎那:《神学大全》第一集《论上帝》第2卷《论三位一体》,段德智译,北京:商务印书馆2013年版,第9页。

② 【意】托马斯·阿奎那:《神学大全》第一集《论上帝》第2卷《论三位一体》,段德智译,北京:商务印书馆2013年版,第14页。

更体现了上帝的大爱。圣子是道,不是任何种类的道,而是那给予爱的道。圣父是藉着"道"或圣子言说他自己和他的受造物,圣父和圣子是藉着圣灵或者藉着运行着的爱而相互爱并且爱人。由于上帝的恩典,上帝的位格以新的样式存在于理性受造物中,上帝的恩典是上帝给我们人类的赐品,这正是圣灵的爱的运行。正如《圣经》所说,"天主的爱,借着所赐与我们的圣灵,已倾注在我们心中了"。(《罗马书》5:5)所以,上帝是爱。

从人性论、肖像论、上帝论的内容可以看出,我们从人的本性开始,进入到人的超性所在,最后直达人的归宿和导源处上帝,我们从上帝而来,最终归向上帝。人的本性和超性都离不开上帝的本性。而肖像论是人性论和上帝论的中介和衔接点,肖像论是一分为二的,一方面,人是上帝的肖像,人分有上帝的存在,人具有上帝的属性,人的本性相似于上帝;另一方面,由于人本性的堕落,人的本性不再完满,但人是上帝的肖像,人具有超越本性接受上帝恩典的能力,并且只有上帝的恩典才能实现相似上帝这一最终的目的。

接下来,我们将先以人性论为基础阐述人的本性之爱。

第 三 章

人性论与本性之爱

  阿奎那在《神学大全》第二集上部"一般伦理学"问题 6 至问题 48 专门论述了人性及其行为问题。他认为,人性分为两个部分,一部分是专属于人的人性与行为,另外一部分是人和动物所共有的属性与行为——情感(passion)。而在人的情感中,首要的就是爱。在问题 26、27、28 的三个部分,阿奎那还具体地论述了爱、爱的起因以及爱的效果等问题。在阿奎那看来,虽然"感觉之爱"是人和动物共有的行为,但由于"人是有理性的动物",人的感觉之爱也不同于动物的感觉之爱,而有其独特的一面。除此之外,人还有来源于意志的更高形式的爱——理智之爱,这是动物所不具有的。不过,阿奎那又总结道:无论是哪种类型的爱都是源于自己本性的表达,而人的本性是其灵魂的能力及其活动的原则,那么"爱"是人的灵魂活动形式之一,也必然是出自本性。

  然而,我们如何看待阿奎那本性之爱的特征呢? 国际著名的中世纪哲学史家和哲学家吉尔松(Etienne Gilson)对此有论述。他认为:"当一个阿奎那派学者谈论人的本性之爱时,他所指的是人类之爱本身,没有恩宠的介入。"①既然已经清楚地阐释了阿奎那爱的学说的人性论基础,那么在本章,将着重以人的知、情、意为基础,进一步阐释相对于超本性之爱的本性之爱。

第一节 本性之爱

一、欲望与爱的三种类型

我们要理解阿奎那的本性之爱,必须首先了解他对欲望的看法。在阿奎那看来,爱是属于欲望的,因此,爱的种类从属于欲望的种类。根据阿奎那的分析,欲望分为自然欲望、感觉欲望和理智欲望,欲望的活动也可以分为自然欲望活动、感觉欲望活动和理智欲望活动。我们在第二章已经涉及这些内容。在自然欲望的活动中,欲望主体和所趋向事物的固有的属性,被称之为自然之爱(natural love),如一个重的物体趋向中心的固有的属性是因为它的重力,它可以被称为自然之爱。同样,感觉欲望或理智欲望趋向某种善,并在善中得到满足,这些分别被称为感觉之爱(sensitive love)和理智之爱(intellectual love)。感觉之爱存在于感觉欲望之中,理智之爱存在于理智欲望之中。② 比如,在植物中,根据植物本性的意图,被称作自然之爱;在动物中,根据动物本性的意图,被称作感觉之爱和动物的爱。但是在思想者中,在位格人中,根据理智

---

① 吉尔松:《中世纪哲学精神》,沈清松译,台湾:台湾商务印书馆2001年版,第265页。
② ST., Ⅰ—Ⅱ, Q.26, a.1.

的意图,被称作选择的爱、理智的爱。被所有有生命的事物所分享的自然之爱、动物所特有的感觉之爱和为理性受造物所特有的理智之爱,他们三个构成了爱的三大种类。

在此,需要稍加说明的是,"自然之爱"(natural love)一词的含义,英文中的"nature"一词既有自然的含义,也有本性的含义。这里所说的"natural love",我把它翻译为"自然之爱",主要是针对那些有认知能力的动物的感觉之爱和人独有的理智之爱来阐述的。在所有的爱中,这种爱更具有普遍性,因为"自然之爱不仅仅在植物的灵魂中,而且在所有灵魂的能力中。也存在于身体的所有部分之中,普遍地在所有的事物中"。① 正如自然欲望较之感觉欲望和理智欲望更具有普遍性一样,存在于所有的事物中,"自然之爱"也普遍地存在于所有事物之中。而我在本章节的标题将"natual love"翻译为"本性之爱",主要是针对超性之爱(supernatural love)这一层面来阐述的。"本性之爱"包括了自然之爱、感觉之爱和理智之爱。

如果我们按照有生命的植物、动物和人这样的等级来对受造物进行分类的话,那么无生命的存在物和植物都不具有知识,它们仅仅拥有自然之爱。动物具有感性知识,他们有感觉之爱,同时也有自然之爱。人是最高级的有理性的动物,所有的人不仅仅有人类所独有的理智之爱,同时也具有感觉之爱和自然之爱。人与动物、植物之间拥有爱的关系可以看作是一种数学的集合,植物之爱为最小的子集,动物之爱包含植

----

① ST., Ⅰ—Ⅱ, Q.26, a.1.

物之爱,但又有植物所没有的感觉之爱,而人则既同时具有植物、动物的爱,是所有物爱的合集。不过,当我们在区分事物特性的时候,往往是以他们所特有的特征来加以认定的。

阿奎那认为,我们所有有生命的事物,都需要趋向一种客体,从而能为自身提供健康和生长。"自然之爱"适合于所有有生命的事物。因为,所有有生命的事物首先都奠基于生命的需求。每一个有生命的事物都试图去维持自身的存在,维持它的种的延续。要而言之,都需要满足自然的需求和完成自然的目的。在这方面人和动物、植物是相同的。人需要吃饭,动物需要找猎物,植物需要土壤和空气,所有有生命的存在物在他们的欲望中都表达为一种必然发生的类似性,为了能满足类似的自然需求和完成类似的目的,即他们都需要健康、生长和繁衍,这些就是自然之爱的范畴。

相对于植物而言,动物的爱主要体现在感官的愉悦上。动物的爱以及动物对客体有感觉认知的关系,也仅仅限于可感觉的事物。由于它们有感觉的认知能力,有感官的参与,可以知道什么是自己喜欢的,能追求自己喜欢的和避开对自己有害的。动物进食不仅仅是为了吃饱,为了生命的保存和延续后代,其中也包含了食物能带给它们快感的因素。不过,动物关于他们自己善的倾向是一个固有的行为①。作为一个固有的行为,它比植物的爱更强烈,比自然之爱的客体的善更多,因为它们的自然之爱不仅仅是营养的,繁殖的,也是愉悦

①　St.Thomas Aquinas, *Truth*, Translated by Robert W.Mulligan, Indianapolis:Hackett Publishing Company,1994,Q.8,a.6.

的。在动物身上就体现着自然之爱和感觉之爱这两种爱的混合。"动物的爱同时有生命需求的力量和不知足的欲望力量。"①

与动物相比较,人的自然之爱就更加特殊和复杂了,因为人不仅仅有感觉认知,还有理智认知。人的爱,也是可感觉事物的爱,人的这一个可感觉的力量比动物更大。由于他能用他的思想和他的眼睛一起感觉。人的爱处于人的理智力量中,似乎是没有限制的。因为人的理智的客体是所有存在的事物,存在的或者是可能存在的。② 缺乏理智能力的事物,如植物的生长和消灭,就是依据由他们的本性提供给它们的形式,而自己推动自己的。而具有完满感觉能力的动物,虽然它们通过感觉能够得到作为它们运动原则的形式,但是,它们却不可能自行地为它们自身提出他们自身运作或运动的目的。因为这是作为本性嵌入它们身上的,而且他们是通过在感觉之中认识到的形式凭借自然本能被推向任何一种活动的。③但是理性的受造物,他们的行为被一个目的所决定。他们可以自由地行为或不行为,他们有能力给他们自己提供他们的决定和目的,并命令他们的意志达到它。④ 他们的爱不仅仅通过本性的意图,而且通过理智的意图。人可以爱任何他判

<hr />

① Bernard J. Diggs, *Love and Being*, New York: S. F. VANNI Publishers and Booksellers, 1947, p.13.

② Thomas Aquinas, *Truth*, Translated by Robert W. Mulligan, Indianapolis: Hackett Publishing Company, 1994, Q.1, a.1.

③ 【意】托马斯·阿奎那:《神学大全》第一集《论上帝》第 1 卷《论上帝的本质》,段德智译,北京:商务印书馆 2013 年版,第 339 页。

④ ST., Ⅰ—Ⅱ, Q.12, a.5.

断是善的事物,人的爱的客体就是善。人的伟大之处在于人能够理智地认知,超越其他所有生命的存在;但这也是人的痛苦的核心,因为人的认知不一定都是正确的,可能会出错。人的理智之爱是跟随理智的认知而来,由于人的认知不一定都正确,那么人也可能会爱那些表面的善而不是真正的善。而更要命的是,人也有动物的感觉欲望,感觉欲望也有可能不服从理性的指挥。因此,人就得通过理智之爱引导自己的行为趋向真正的善,使感觉之爱服从理智之爱,正如在第二章所阐述的,让感觉的欲望服从理性和理智欲望。

析而言之,爱可以分为三种,然而所有的爱都表现为一种"倾向性"。"凡属于本性的东西都必然被同样保存在诸如具有理智的主体中。但是,每一本性具有某种倾向,这是共同的;这种倾向就是本性的欲望或者爱。"①阿奎那认为,这种倾向在不同的本性中以不同的方式存在,如在理智的本性中,可发现一个出自其意志的本性的倾向;在感性的本性中,可发现一个就感性欲望而言的本性的倾向;在一个缺乏知识的本性中,只能发现就本性之趋向某物而言的本性的倾向。迪格斯(Bernard J.Diggs)在研究阿奎那关于爱的论述的时候,他曾这样讲:"无论阿奎那所说的哪种类型的爱,都有一个共同的特征,即'有爱,就有倾向,通过倾向,爱者被指定到某个客体。'"②他认为,无论这爱是多么自由,它都产生于事物中一

---

① 【意】托马斯·阿奎那:《神学大全》第一集《论上帝》第 4 卷《论天使》,段德智译,北京:商务印书馆 2013 年版,第 129 页。

② Bernard J.Diggs, *Love and Being*, New York: S. F. VANNI Publishers and Booksellers, 1947, p.15.

定的自然秩序。人虽然可以自由地选择特殊的事物,但是人被趋向普遍自然倾向的秩序所限定。自然倾向不仅仅是描述有生命的事物、动物和人的特征,而且是所有本性事物的特征。自然倾向就是使得人的身体向下的那个引力,是使得植物的根进到土壤里面的那个力量,是使得动物感官倾向于愉悦的那个驱动力,是让人天生就想认识真理的那个倾向。它就是那个广泛的、不同的所有事物运动的源泉。迪格斯如此揭示三种爱的自然倾向特征,是有非常深刻的寓意的。这为我们论证所有的事物都有倾向于上帝的这样一种自然倾向的观点做理论的铺垫,既然自然的作者即上帝,一切事物的本性都是上帝赋予的,所有的事物很自然地要回归上帝。

在西方思想史上,阿奎那之前的思想家都没有像他这样对爱进行细致的分类。无论是柏拉图还是亚里士多德、奥古斯丁,他们都没有像阿奎那这样,从本性的角度对爱进行如此具体的分类。而且这些思想家对爱的理解也和阿奎那不同,这在下一小节中将有所论述。现代西方的思想家路易思(C.S. Lewis)在《四种爱》一书中论述了亲情、友情、爱情和圣爱这四种爱,虽然这样的分法也很好,但是笔者认为阿奎那对爱的分类更合理、更普适、更系统一些。不过,阿奎那在本性之爱的层面对爱进行分类,显然是把人的本性作为参照系的。因为人灵魂的能力主要归为三大类,营养灵魂、感觉灵魂和理智灵魂,所以本性层面的爱就分为自然之爱、感觉之爱和理智之爱。

二、爱的定义

在下定义之前,先区分几个爱的单词。阿奎那将爱

（love）分为喜爱（dilection）、仁爱（charity）、友爱（friendship）①的不同形式。love 比上述几个特定含义的爱具有更加宽泛的意义，dilection、charity、friendship 都是 love，反之则不是。"dilection"除了爱之外，更多地包含一种选择在内，所以这是一种意志之爱，在意志中存在；"charity"是一种完美的爱，高贵的爱，指引人们到最高贵的善，其实就是人和上帝之间的爱，即《圣经》中所指的爱，是一种神学德性。"friendship"是哲学家亚里士多德所用的友爱的表达，这是一种习性。阿奎那所指的爱"love"含义非常宽泛，包含dilection、charity、friendship 等诸多含义。

阿奎那曾在两个地方对"爱"下了定义。在《神学大全》第一集论述"上帝的爱"的时候，他是这样对"爱"下定义的："爱是意志和每一种欲望能力的第一运动（primus enimotus）。爱自然地是意志和欲望的第一活动，而且由于这个理由，所有别的欲望运动便都预设了爱为它们的第一根源。"②后来在《神学大全》第二集上部问题 26 中对"爱"又下了一个定义，"爱是某种属于欲望的东西，因为善是爱和欲望的客体"，"爱是朝向被爱目的运动的原则"③，"由可欲望之物所引起的欲望中的第一个变化就是爱，是在该事物中的满足"④。根据上述两个定义，我们可以将阿奎那对爱的本质认识归结为两点：

---

① ST., Ⅰ—Ⅱ, Q.26, a.3.

② 【意】托马斯·阿奎那：《神学大全》第一集《论上帝》第 1 卷《论上帝的本质》，段德智译，北京：商务印书馆 2013 年版，第 383 页。

③ ST., Ⅰ—Ⅱ, Q.26, a.1.

④ ST., Ⅰ—Ⅱ, Q.26, a.2.

第一,爱是意志和所有欲望的第一动力。这一点突出了爱的首要性。第二,爱是主体欲望与可欲对象的结合体,而善就是爱的客体,如果没有善的客体,就不会有爱。这一点突出了爱是主体与客体之间的一种动态的关系。下面,我们将分析阿奎那爱的具体内容。

1. 善是爱的客体

阿奎那所说的"善"与伦理学上所说的"善"的意义有相当大的不同,乃是指一种"可欲的存在的性质"。① 善的本质在于它在一定程度上是值得意欲的(appetibile)。善的事物乃为所有的人所意欲的东西。根据"可欲的存在的性质",阿奎那认为,善可以分为两大类型,一是由感觉认知所提供的善是个别的善,二是由理智认知所提供的善是抽象的、普遍的善。根据阿奎那对欲望的分类,我们就可以知道,感觉欲望只能倾向于个别的善,而理智欲望则以普遍善为追求目的。他在《神学大全》第二集上部论述了个别的善,即人的外在之善和身体之善等有形的、具体的善的事物。外在善即如财富、荣誉、光荣、权力、名声等,身体善即美貌、健康、身体的快乐。普遍善即理智的认知对象和意志的可欲对象。有学者这样概括阿奎那的普遍善的内容:"凡被理智认作值得追求的目标都有'善'这种性质。'善'的性质非常地广泛,以致托马斯说,'善'和'存在'一样是一个'类比的观念';当它被运用于上帝的时候,它的意义就是'最高的

① 【意】托马斯·阿奎那:《神学大全》第一集《论上帝》第1卷《论上帝的本质》,段德智译,北京:商务印书馆2013年版,第72页。

善'、'终极的善'；当它被运用于被造物的时候，它的意义就是'共有的善'。"①细而言之，普遍善又可以分为终极善和共有善。人用不同的爱去爱不同的善，用感觉之爱去爱具体的外在之善和身体之善，用理智之爱去爱终极善上帝和受造物的共有的普遍善。

既然善是爱的客体，善本质地和特别地是意志和每一种欲望能力的对象，所有事物都朝向某种对他们来说是善的事物。植物会爱阳光，兔子爱吃草，人爱幸福，无论任何事物都会朝向被爱的客体，而之所以有爱，仅因为客体是善的。任何事物都朝向那个善的客体，主要是因为这些善的客体提供了善和完美。比如食物可以供给人的营养，能够给身体提供能量，仅仅是因为它是食物本身，它把自己的善给了身体。而食物提供给身体善是根据它的本性和他的存在。"一个事物作为善完美另外一个事物是根据其本性和他的存在。"②

爱者寻求善提供的完美，寻求与善的结合，就是因为善能使其完美。被爱的事物根据其本性和存在完美了爱者。但爱者也是根据其本性去爱的，植物根据他们的本性去朝向他们爱的客体，动物和人也是根据认知及欲望的本性去爱。由于善需要被认知后才会被爱，所以哲学家亚里士多德说："身体的视觉是感觉之爱的开端。"同理，对精神的善的沉思是精神

———————

① 赵敦华：《基督教哲学 1500 年》，北京：人民出版社 1994 年版，第401 页。

② Bernard J.Diggs, *Love and Being*, New York：S.F.VANNI Publishers and Booksellers, 1947, p.19.

之爱的开端。① 然而,并不要求对事物的全部的认知之后才可以去爱,如并不需要人对上帝完全的认知后才可以爱。爱毕竟属于欲望的能力。

2. 爱是意志或欲望的第一运动

善是爱的客体,我们对善都是有一定的目的性的。阿奎那也认为善是欲望的终点,目的就是欲望运动终止的事物。欲望就意味着运动,客体的善已经作用于我们,运动不是从我们自身开始,而是从被吸引的客体开始。如果我们欲望任何东西,仅仅是因为我们感受到了它的善,知道了它的善,我们朝向它,为了更完整地知道它。阿奎那认为,可欲望之物首先给欲望者某种与自身的适应性,这在于欲望者在那个事物之中的满足,由此导致趋向可欲望之物的运动。因为欲望运动是循环的,正如《论灵魂》一书中所说的,因为可欲望之物推动欲望,似乎把本身引荐给其意图,然后,欲望朝着可欲望之物的实现运动,以致运动终止于开始之处。② 这就是完整的欲望运动。而"爱是意志和每一种欲望能力的第一运动","爱自然地是意志和欲望的第一活动",欲望的运动包括爱(love)、欲求(desire)、愉悦(delight)等,爱是第一活动和第一运动。在此所讲的第一运动和第一活动指的是倾向、变化的意思,而不是欲望运动本身。因为"爱并不意指趋向欲望客体的欲望的运动,但它意指这种运动,即通过这种运动,欲望

---

① ST., Ⅰ—Ⅱ,Q.27,a.2.

② ST., Ⅰ—Ⅱ,Q.26,a.2.

被欲望的事物所改变,以致对欲望的事物满意",①"欲望运动的首要的原则就是爱,爱是朝向对善的占有的欲望运动的第一个倾向。"②显然,阿奎那在此处所强调的"爱是第一运动"是指第一个倾向。

爱既然是欲望运动的第一活动,是一种倾向,那么她就不同于欲求和愉悦。如果不把爱和欲求、愉悦的含义进行比较,很难真正地弄清楚爱的确切意涵。爱不同于欲求,因为"欲求是永远没有得到喜欢的事物",而爱有的时候是已经占有了某物;爱也不同于愉悦,愉悦是相关于被占有的善,爱更多地是相关我们意图去占有的善,即善还不一定都被我们占有。"愉悦相关的是现存的和业已具有的善,而欲求相关的则是尚未具有的善。爱相关的则是一般的善,不仅相关于业已具有的善,而且也相关于尚未具有的善。"所以爱绝对地优先于欲求和愉悦的。"爱产生了趋向于事物的运动欲求,之后静息在愉悦中。"③爱作为欲望的单独的一个行为,优先于欲望的任何其他的行为,爱表现在和暗含在其他的行为中,如果爱被改变了,其他的行为也被改变了。爱对于爱者来说,是关于善的意图的展现,其他的朝向目的的行为都由于爱被激起。在日常的生活中,正因为爱某物,我们才会付诸行动,不爱某物,就不会有行为。因为这些原因,阿奎那把爱界定为:"意志或欲望的第一运动","所有别的欲望运动便都预设了爱为

---

① ST., I—II, Q.26, a.2.

② ST., I—II, Q.36, a.2.

③ ST., I—II, Q.25, a.2.

它们的第一根源。"因此,爱也是"朝向一个目的运动的原则"。

根据以上所说,我们可以发现,爱并不等于占有。"在欲望中,被客体所产生的首要的效果被称为爱,仅仅是客体的吸引力的感觉,这一感觉增加了朝向客体的欲望运动,如欲求,最终达到在愉悦中停息。"①爱只是欲望运动和情感占有的一个必要的条件,但是它并不是欲望运动和情感占有本身。阿奎那并不认为爱暗含有对客体的占有。作为客体的吸引力的感觉,爱是一种倾向,但是它不是欲望的运动。吸引力的意义就是欲望和它的客体之间最基本的关系。爱就是欲望和欲望的客体之间的合适性的要素的回应。爱被指向一个善,但是并不等同于结合,即占有这个善的结果。换句话说,爱是欲求的前提,去爱一个客体而不欲求它是可能的,但是我们不能欲求一个客体而不爱它。

3. 爱是感情的结合

被认知的事物通过事物的形式存在于认知者中,但是对于爱的对象来说是不可能的,因为理智与客体和意志与客体的关系是不一样的。理智的对象是存在于理解者本身,但是意志的对象存在于事物自身之中。正如在第二章提到的,理智的对象比意志的对象更单纯,由此,在理智的行为中主体与认知的事物的结合比在意志的行为中主体与被爱事物的结合要完美一些。凭借爱,爱者仅仅是趋向于被爱的。在爱产生之后,爱者寻求被爱者的出现,随之造成爱者与被爱者的结

① ST., Ⅰ—Ⅱ, Q.26, a.2.

合,这是一种实际的结合,但这是爱的结果,而不是爱本身。然而有一种结合就是爱本身,这是一种感情的结合,伴随着对事物的认知。从形式上看,这种结合是由爱产生的。奥古斯丁说:"爱以一种维系生命所必须的结合原则,或者是追求两者即爱者和被爱者结合在一起的原则。"奥古斯丁把爱描述为结合的时候,其实说的是感情的结合,没有结合就没有爱,然而当爱追求结合的时候,这时候的结合指的是实际的结合。① 随着感情的结合,爱的加深,爱者就越发地追求与被爱者的实际的结合,但是善依然保留在客体中作为它自身的存在。感情结合的爱本身永远不是作为存在物两者真正的结合。既然爱本身不能让爱者与外在的善真正实际的结合,我们可以称之为意图性结合或感情的结合。所以说爱是感情的结合,这也印证了爱本身就是一种倾向。

这种感情的结合是在情感的主体和客体之间一种意图性结合的状态,这样的结合是欲望和欲望的客体之间相适和谐的条件,这样的结合并不需要被爱者的真实的质料的展现,它是一种建基于对客体的可视的结合,并不建基于事实上的存在。任何情感的状态,比如欲求和愉悦,都需要这一基本的意图性的结合作为可能性的条件。现实中实际的结合是建基于客体的出现,是要占有客体,这适合于愉悦。爱是情感结合的形式因,因为爱包含了如此的结合,爱就等同于感情的结合,爱的形式就是结合;然而爱是真正结合的动力因,因为它推动主体去欲求和寻求被爱客体的出现并占为己有。

---

① ST., I—II, Q.28, a.1.

即使爱是感情的结合，也不同于理智认知的事物和主体的结合。"如理智一样去享有与客体完美的结合，这并不是爱的特权，但是爱享有更大的特权。"①理智的活动把外在物带到自己本身，是通过事物的类似和形式的本性。但是爱并不需要形式的本性，它关乎事物，正如事物是事物本身，不是作为事物的本性被认知而接纳进理智，而是作为事物本身就是善的和可爱的。事物的真理存在于人的头脑中，但是事物的善是在事物本身之中。理智所寻求的是把事物的形式本性带到主体中，但是欲求所寻求的是把主体带到事物中，好像他们真实地存在一样。因此阿奎那说爱是一种更强的结合力量。

综合以上对爱的分析，我们可以发现爱仅仅是一种倾向，一个事物倾向于另外一个事物，仅由于被爱物是由吸引力的形式展现的。比如说，地面作为石头的善，是地面展现给石头且以引力的形式表现出来的，而不是石头出于寻求和争取的结果，并不暗含有任何朝向外在事物的欲求。因此，这种倾向，并不暗含着任何的缺乏和需求。爱作为一种倾向仅仅是目的的展现，仅仅相关于善本身。爱者受吸引被直接指定到善。在受造物中，这是一个意图性的善的呈现，并不一定是善的真实地展现并作为实际上的存在，但这并不否定爱的真实性。阿奎那强调爱是一种倾向，这是在偏袒意志的意义上说的，主要是阿奎那重视人的意志，因为对上帝的爱是一种意志之爱。

从阿奎那对爱所下的定义，可以看出阿奎那对西方爱的

① Bernard J.Diggs, *Love and Being*, New York：S.F.VANNI Publishers and Booksellers，1947，p.23.

学说的丰富与发展,也足以见得他的良苦用心。他所阐述的爱的定义不仅适用于万物之间的爱,而且适用于人的自然之爱、感觉之爱和意志之爱三种不同形式的爱,更重要的是还适用于上帝对人的爱。在阿奎那看来,不仅人可以归向上帝,而且上帝也爱世人,上帝也是有爱的。这一爱的思想与古希腊的爱的思想非常不同。柏拉图的神是不施爱的,所以在柏拉图的概念里,爱完全就是一种欲求。柏拉图的"爱善"主要是指爱善的理念,爱对他来说只是通往神性的桥梁,是为了灵魂能够回到理念世界。亚里士多德的"爱善"所讲的爱乃是一种产生于缺乏的欲求。在《尼各马科伦理学》中,亚里士多德说:"只有可爱的东西才为人所喜爱。这就是善良的东西、令人喜欢的东西和有用的东西。"①这表明,对于亚里士多德来讲,爱既是对善的追求,也是主体因缺乏而表现出的一种欲求。在亚里士多德的思想体系里还没有上帝的概念,只是有第一动力因而已。无论是柏拉图还是亚里士多德,他们都更多地把爱与欲求挂钩,但在阿奎那那里,因为有超性爱的存在,爱的内涵跟他们明显地不一样,欲求只是爱的一个方面,而且还不是爱的主要方面。

第二节　感觉之爱

一、情欲的情感与易怒的情感

在论述完专属于人的人性行为之后,接下来阿奎那就论

---

① 亚里士多德:《尼各马科伦理学》,苗力田译,见苗力田主编:《亚里士多德全集》(第八卷),北京:中国人民大学出版社 1994 年版,第 164 页。

述人和其他动物共有的行为"情感"。如前所述,阿奎那根据感觉欲望的活动总是同身体的一定变化联系在一起这一事实,因此,把这称之为情感(passiones)。阿奎那认为对意志的活动却不能称呼为情感。

在阿奎那看来,情感存在于欲望的部分而不是认知的部分,而且情感存在于感觉欲望之中而不是存在于称之为意志的理智欲望之中。感觉欲望能力又被划分为情欲的能力和易怒的能力,这个我们在第二章已经论述过。既然情感是感觉欲望的活动,根据感觉欲望的两种能力,那么情感也就可以分为情欲方面的情感和易怒方面的情感。由于灵魂具体的情感首要的就是爱,因此,我们可以把存在于感觉欲望中的感觉之爱,称之为情感之爱。一般情况下说到情感,都会认为是感觉欲望的活动。但是在比喻的意义上,宽泛的意义上来说,意志之爱也被认为是一种情感。但在本节,我们主要讨论的是感觉欲望层面的情感,即感觉之爱。

在阿奎那看来,一种情感就是对某物所产生的愉悦的或不愉悦的,有用的或没有用的,安全的或有伤害的一种回应,并且伴随着某种生理上的变化。他认为,有六种情欲的情感、五种易怒的情感。六种情欲的情感:爱与恨、欲求与厌恶、快乐和悲伤。五种易怒的情感:希望与失望、畏惧和勇敢,以及没有与之对应的情感愤怒。情欲的情感是关于感官欲望感觉到的客体对于自己是适合的还是不适合的一种回应。情欲的情感的对象被绝对地理解为可感知的善与恶;易怒情感的客体不仅仅是有关于感官欲望是否有兴趣的问题,更是由于这一客体被感觉到很难得到或很难避免糟糕而引起主体的一种回应。灵魂在获得这一类的善或避免这一类的恶的时候要经历困难和斗争,因而引起主体对客体的一种回应。

阿奎那认为,在欲望的运动中,善似乎是一种吸引力,恶似乎是一种排斥力。因此,首先,善导致爱者的欲望能力中产生某一种向善的偏好、倾向或天性,这属于爱的情感,与之相应的对立面就是对恶的憎恨。其次,如果善还没有获得,它就会在欲望中产生一种想获得被爱者的善的运动,这属于欲求的情感;与之相反的就是对恶的一种厌恶的情感;最后,善一旦获得,欲望在已获得的善中静息,这属于快乐的情感,与之相反的对立面,就是与恶有关的悲伤。①

在易怒的情感中,求善或避恶的偏好和倾向都被预设为是由情欲引起的,这绝对与善恶有关。就未获得的善而言,我们有希望和失望。就未出现的恶而言,我们有畏惧和勇敢。已经出现的恶,则会有愤怒的情感。我们可以用表格来展示人的情感,如下所示:

人的情感②

情欲	善	爱	感情的完满
		欲求	感情的靠近
		快乐	感情的占有
	恶	恨	感情的嫌恶
		厌恶	感情的撤退
		悲伤	感情的占有

---

① ST., I—II, Q.23, a.4.

② Robert E.Brennan, *Thomistic Psychology—A Philosophic Analysis of the Nature of Man*, New York: The Macmillan Company, 1954, p.158.

		希望	感情的靠近为了得到
易怒	困难的善	失望	感情的靠近未得到
		勇敢	感情的退却但可征服
	困难的恶	畏惧	感情的退却因为不可征服
		愤怒	感情的占有

　　在上表的 11 种情感中,我们可以清晰地看到人的丰富的情感表达。同时,阿奎那认为,情感是有明确的秩序的,并不是胡乱地被经历。情感的产生有其明确的秩序:"第一个产生爱和恨;第二个欲求和厌恶;第三个是希望和失望;第四个是畏惧和勇敢;第五个是愤怒;第六个和最后一个是快乐和悲伤,它在一切感情之后。"

　　不过,这种秩序是把秩序限定在结果之中了。在这样的秩序中,爱显然在情欲的情感中是居于首位的。因为,意志和每一种欲望能力的活动都趋向于作为它们固有对象的善和恶,既然善本质地和特别地是意志和每一种欲望能力的对象,而作为与善相对立的恶仅仅是从属地和间接地为它们的对象,那就可以得出结论说:意志和欲望之企盼善的活动就必定自然地优先于那些企盼恶的活动。凡自行存在的事物始终都是优先于那些通过另外事物而存在的事物的。① 所以,情欲的情感优先于易怒的情感,如爱优先于恨,快乐优先于悲伤。易怒的情感来自情欲的情感,易怒的情感如果独立于情欲的

---

　　① 【意】托马斯·阿奎那:《神学大全》第一集《论上帝》第 1 卷《论上帝的本质》,段德智译,北京:商务印书馆 2013 年版,第 383 页。

托马斯·阿奎那

爱的学说研究

情感就不能存在,易怒的情感的基本原则就是去保护我们所爱的。正如阿奎那所说,"爱是爱者做一切事情的原因。"我们也可以由此得出这样一判断:爱是任何一个人做一切事情的原因。我们所有的憎恨、厌恶、悲伤、希望、失望、畏惧、愤怒等都来源于爱。如果没有爱,就没有恨,因为我们恨那些威胁我们爱的东西。如果没有爱也就没有希望,因为我们的抱负经常集中于我们的所爱。我们所爱的事物不再因为他们自己的缘故而存在,而主要是因为他们带给我们的快乐。总之,没有情欲方面的情感,特别是爱,易怒方面的情感就没有方向。爱是每一种情感的根。每一种情感都意味着朝向某物的运动,或在某物中静息,这都表明欲望和欲望的客体之间有某种亲密的关系,而爱就是这种亲密的关系。爱在所有情感中是首要的,爱就变成了所有行为的原则,因为爱是我们所有情感的原则。正如奥古斯丁所说,一切情感都是由爱产生的,渴望被爱对象的爱是欲求,拥有和享受被爱对象的爱是快乐。①

117

二、感觉之爱的特征

我们不能否认的一个事实是,感觉之爱在我们日常生活中占有很重要的地位,她使我们与宇宙的自然的善发生联系。爱是灵魂的一种情感,这主要针对感觉之爱而言的。在感觉欲望中运动的爱,是人和动物共有的行为。我们应当注意的是,感觉之爱虽然是人和动物所共有的特征,但人毕竟是人,人的感觉之爱不同于动物的感觉之爱。

---

① ST., I — II ,Q.25,a.2.

要而言之，人的感觉之爱有如下五个方面的特征：

第一，感觉之爱是人的灵魂和肉体的复合活动。首先，它不仅仅是灵魂的情感和运作，它还是肉体的。在第二章我们已经指出，人的感觉欲望是灵魂和肉体的复合活动，并不像理智欲望那样是灵魂纯粹的活动。阿奎那曾经这样论述灵魂的活动状况："灵魂的一些运作，如理解活动和意志，是在无需身体器官的情况下实施的。因此，这些运作的能力是存在于作为它们主体的灵魂之中的。但是，灵魂的另外一些运作却是藉身体器官进行的，例如视力是藉眼睛实施的，而听力则是藉耳朵实施的。营养和感觉部分的所有别的运作也同样如此。所以，那些作为这些运作的原则的能力，是以复合物为它们的主体的，而不是单独地存在于灵魂之中的。"①感觉欲望的运作就是"灵魂藉身体器官进行"的运作。感觉之爱给感官带来愉悦，感觉之爱的结果包含了身体的变化。身体的变化是感官愉悦的本质，感觉之爱如果没有身体的变化，是难以想象的。这主要是因为灵魂的感觉能力是存在于作为它的复合物主体之中的。所以，"感觉之爱的本质是包含了作为形式元素的灵魂的倾向和作为质料元素的相关肉体的变化。"②相对于人而言，动物的感觉之爱虽然也是一个复合的行为，是一种情感，但不包含精神的行为。

第二，感觉之爱不只是通过自身，主要是通过另外一个事

---

① 【意】托马斯·阿奎那：《神学大全》第一集《论上帝》第 6 卷《论人》，段德智译，北京：商务印书馆 2013 年版，第 85 页。

② William Rossner，"*Toward an analysis of ' God is love' *"，The Thomist，October，1973.

托马斯·阿奎那 爱的学说研究 A Study on Thomas Aquinas' Doctrine of Love

物来指向目的。例如,动物被某物所吸引,主要是因为某物质对于动物来说,是适合他们的,能给他们带来愉悦。动物通过感觉认知,感觉到那些存在于事物中的吸引力诱惑了他们动物自身。外在事物的魅力是动物能感觉到的,作为情感第一瞬间的爱是被外在的事物所吸引的。动物被另外的某物强烈地吸引,是因为那个事物对于动物来说引起了感官愉悦,从而引起了爱。爱不仅仅是作为情感,而且是主要的行为,并且是整个宇宙中所有行为活力的源泉。从被动意义上说,爱是情感,是因为爱的活动使主体被投向另外一个事物;然而,从爱作为行动的原则的意义上说,爱又是主动的,通过它,其他事物被达到。一方面,爱作为首要的内在的运作被某种外在事物引起,如动物受善的吸引;但另一方面,正是因为爱才促使自己主动到达那个善或具有到达那个善的倾向。不过,阿奎那还是特别强调,感觉之爱归根结底是通过外在的某物并不是通过自己指向它的目的。

第三,感觉之爱具有自我享乐的特征。感觉之爱有其质料的参与,所以感觉之爱本质上是受限制的,那个善作为个体化的质料的东西对于个体化的动物是愉悦的。动物被一些外在的东西强烈地吸引,爱那些适合他们并且是善的事物。人虽然是一个高级的动物,但也具有动物的特征。感觉之爱所具有的质料性的本性使他不可避免地渴望抓住质料,为了个体的自我,从而形成一个以自我为中心的倾向与接受活动。因此,从本质上讲,这种感觉欲望的情感之爱是以满足动物自己需求为主,以自我享乐为特征。这种层面上所表现出的自爱倾向就是感觉之爱的主要倾向。爱是我们欲望运动的开始和结束。享乐主义者爱他所吃的食物,爱他所穿的衣服,爱他所积攒的钱,爱他所拥有的女人(或男人),爱他所生的孩子,等等。他们的生命都耗费在视觉和声觉上,味觉和嗅觉等感官。可触摸的质料的诱惑填充他们的欲望,一直到他们满足为止。感觉之爱的质料性特性不可避免地渴望满足个体的自我需求。自爱在这里得到了最充分的体现。

第四,感觉之爱意味着我们的缺乏。这与第二个特征密切相关。因为缺乏,所以我们需要满足自己的需求。当我们伤心的时候,我们需要情感的慰藉。我们对某物有欲望,就意味着我们认为这是好的东西,其实表明了我们自己的缺乏。因为缺乏,所以需要,欲望根植于需要。阿奎那说道:"情感和缺乏有关,因为它是按照处于潜能的方式属于一事物的。"①情感之爱是缺乏的信号,是对需求的承认。情感不仅标示着需求,也标示着接纳能力。这表明,任何有缺乏的事物想变得完整,都得通过另外一个主体完成。阿奎那用"潜能"一词,说明阿奎那承认了我们的缺乏是可以被克服的,但是他又补充到,这并不是通过我们自己的努力,而是通过向任何善的事物敞开。我们所经历的缺乏并不是被我们自己所补偿,而是某人或某物可以提供给我们,我们自己不能提供给我们自己。爱作为一种情感,意义就在于让我们明白,一是我们的完整来自接受一个善,作为人,我们又绝对地需求;二是我们的缺乏是不能通过我们的本性给予我们自己,我们达到完整必须通过经历一种外在于我们的善。

---

① ST., Ⅰ—Ⅱ, Q.22, a.2.

第五,感觉之爱服从理性。人和动物所共有的情感之爱仅仅属于感觉欲望,然而人是有理性的。正如在第二章所论述的,感觉欲望要服从理性和理智欲望。人的情感在某种程度上分有理性,针对人而言,感觉之爱处于理智欲望和感觉欲望之间,以感觉欲望为基础而产生。阿奎那认为,"灵魂的情感,就他们相悖于理性的秩序而言,使我们倾向犯罪;但是就它被理性所控制而言,他们就属于德性。"①正如逍遥派把感性欲望的所有活动都命名为情感,当他们受到理性检验的时候,他们就评价他们是善的,当他们未受理性检验的时候,他们就是恶的。斯多葛派把超出理性限制的活动称之为情感,并认为所有的情感都是恶的。所以,这两派对于情感的观点其实是一致的。② 阿奎那不像奥古斯丁和柏拉图那样地贬斥感性和贬斥情感,而是给予情感一定的地位,但阿奎那同时也强调,情感要服从理性。只有服从理性的情感才是道德上的善。道德的整全不在于逃避感情,而在于通过正确的爱来引导他们。这是阿奎那在对待情感问题上较前人更为高明之处。

第三节　理智之爱

一、理智之爱的特征

根据人的本性欲望的种类,阿奎那把爱划分为自然之爱、

---

① ST., I—II,Q.24,a.2.
② ST., I—II,Q.24,a.2.

感觉之爱和理智之爱,而人的欲望种类的划分又是以"人是肉身和灵魂的复合实体"这一本质为原则的。感觉之爱主要来自灵魂和肉体的复合活动,突出了肉体的地位和作用,这是人和动物所共有的。但是人之所以为人,就在于人有精神,人最高贵部分是其理智。我们界定"人"的时候,一定会先想到,人有思维、理性和意志。既然人是一个理性的存在者,那么人的爱肯定受理智的支配。这样,理智之爱就成了意志之爱。人的爱受理智支配,这是人的爱所独有的,也是人的爱与动物的爱的根本不同之处。

1. 对普遍善的爱

理智之爱不仅仅伴随着对客体的喜欢,而且还有对客体的真理的喜爱。理智之爱经常伴随着理智运作。理智引起爱去发生,不仅仅因为它领悟了一个善,而且还因为它判断这个善是合适的。人的爱跟随理智对客体的理性认知而发生,正如动物的爱跟随感官对客体的感性认知而发生。理智引导去爱所有的事情。正如哲学家亚里士多德所说:"对精神美和善的沉思是精神之爱的开端。知识是爱的原因,正如善也是,除非被认知,否则不可能被爱。"①在阿奎那看来,真理是沉思的目的,同时真理之善也有可欲的、可爱的和令人愉悦的一面。意志对某善的爱肯定产生于理智对善的知识。人有能力去认知事物中的善,有能力去知道关于善的真理。在认知事物中的善的时候,一个人能看到事物作为善的一面,他能看到那些善的秩序,并能看到一些是手段,一些是目的;而对于目的,他又

---

① ST., Ⅰ—Ⅱ, Q.27, a.2.

能知道一些是中间的目的，一些是终极的目的。所以，人的爱
通过理智运作，通过对目的的理性认知与对目的的理性享用，
通过理性的命令和对手段的理性使用而实现。对手段的使用
产生于选择，这预示着关于手段的理性判断。人的爱是人自己
选择的产物。但是动物就被剥夺了选择的自由，它们不能命令
它们自己到达目的，它们并不是通常像我们所说的那样被意图
所指引，而是通过其本性达至他们满意的事物。

　　然而，理智之爱又并不是每个人所共有的，它是一种理智
的运作。与自然之爱不同，它不是一个实体的运作，并不是伴
随着实体的行为或运动，而是实体自身实质性的性质。理智
之爱是一种发散性的行为，它从人的意志中产生，是一个超越
了感官活动的固有的意志的行为，并且不伴随着肉体的行为
或变化。而感觉之爱是必然伴随着肉体的变化而变化，有其
肉体的参与。意志的爱不是一种情感，它是纯精神的，相对于
生理行为而言，有的时候，它被称作形而上学的。[1] 但从广义
上看，它也可以被称之为情感。理性的爱肯定了被爱的客体
在爱者中的分量。

　　理智之爱的主体是意志，那么这种爱也就是意志的行为。
既然意志的客体是普遍善，那么理智之爱的客体也是普遍善。
理智之爱与其他的爱的性质不同，它仅仅把善当作善看待。
相比较于感觉之爱是对具体的善的爱，理智之爱是对抽象的、
普遍的善的爱，甚至是对终极的善的爱。每一个人通过他的

---

　　[1]　Bernard J. Diggs, *Love and Being*, New York：S. F. VANNI Publishers and Booksellers，1947，p.129.

意志被指定到普遍的善之中,而且还会被指定到他们所有善的善,即上帝绝对善之中。缺乏理性的事物没有能力适合于普遍的善。意志之爱作为一个人朝向真实的善并对善占有的原则,核心在于它是一个人努力与上帝结合达到绝对幸福的动力源。意志朝向上帝,这一秩序本身是一个人的尊严的基础,通过这一秩序,建立了人和造物主的关系。他们通过他们本性的意图,最终一定要归于上帝,即使他可以选择一定的中间目的,命令他自己到中间目的。正如迪格斯所说,理性的存在物就有这一优势,虽然他们一定要到达他们最终的目的,但是凭借自由的行为,他们可以不断地分享创造性的爱,这创造性的爱灌输秩序和意图到他们的本性中。① 人或许能遵循本性的意图,通过对其本性意图的遵守,他们为他们自己建立了主观性,使得他们本性的意图成为他们理智的意图,分享神圣的理智,参与上帝的理智。以这种方式,他们提供给他们自己目的,命令他们自己甚至到他们最终的目的,通过他们的目的指引他们自己,成为可选择的自由的人。

2. 为了尊严而爱

如上所述,人有理智的能力去选择爱的事物,人的理性可以仿效本性所爱,使本性的意图成为他们理智的意图,这正体现了人的尊严所在。尊严和自由是人的理性之爱的特征,使人和其他缺乏理性的存在区别开来。② 人有能力去命令自

---

① Bernard J. Diggs, *Love and Being*, New York: S. F. VANNI Publishers and Booksellers, 1947, p.128.

② Bernard J. Diggs, *Love and Being*, New York: S. F. VANNI Publishers and Booksellers, 1947, p.130.

托马斯·阿奎那 爱的学说研究

A Study on Thomas Aquinas' Doctrine of Love

己,而且还体现在行为中。人可以爱自己,也可以爱他人。所谓的爱自己——自爱,有三层含义:第一层,兽性自我的爱。如一个人像动物一样,去寻求客体带给他们的舒适、满足和愉悦。如果客体不能给他们带来愉悦,他们就不能看到客体的善,他们爱任何因欲求而被客体带来的安稳与舒适。以这种方式,他们爱所有的事物,因为他们只为满足自己,他们做的每一个行动,都被指引到他们自己的满足。他们完全是一种索取,让一切的人和事为自己服务,这在某种程度上可以称之为小人,以自私和索取为主。

第二层,人性自我的爱。人在这个世界,不可能孤立地存在,要与周围的人和事发生联系,因此,人必然地对外在的事物有所需求,只要这种需求控制在适度范围之内就是正当和合理的。比如在食欲和色欲方面,一个人会让自己吃得好、穿得好、看见美好的事物,并让自己适当地拥有它们。这是对事物的一种理性的情欲之爱,不是一种被动物所束缚的情欲之爱。在理性的情欲之爱中,人能认知某物的价值和效用,他能看到那事物作为善,希望为自己所用。这样的理智的爱是为了他自己,因为他认为那些事物对于自己来说是善的。这种人我们可以称之为"好人",主要以交换和互利为主。

第三层,神性自我的爱。如第二章所述,人是有神性的,人是上帝的肖像,人追求自己的成全和完美,获得与上帝的相似即是对自己最大的爱,这种自爱是最高级的,最完美的。人的尊严就是他能成为上帝的肖像。人成为上帝的肖像,一方面人能相似于上帝,尽可能让自己完美,成为一个有德性的人,高尚的人;另外一方面,人能像上帝一样爱人。模仿神圣最核心的就是去模仿神圣的自我给予。人作为理性存在者，何为人的尊严？标志在于他把他的存在和完美给他的朋友。"善本身是扩散的，因为它是善的。事物越好，善的扩散将至的圆周就越广。上帝，是善中最完美的，最普遍地扩散它的善，上帝就是所有其他的存在者扩散善的例子。"①上帝是爱，上帝爱世人，完全是一种自我给予，上帝创造万物并不为别的，只是因为爱。如果人对善的认识仅仅就因为它是善的，而不为着其他的目的而去爱善，这种爱就是人的最高级的爱，友谊之爱。② 友谊之爱也是完美的。因为他看待朋友如他自身中的善，并不是因为朋友提供了有用性和愉悦性，而仅仅是出于友谊本身。这一友谊之爱不会很容易地被改变，不会很容易地被解散。无论这个朋友的有用性和愉悦性随着环境的变化而发生了多么大的变化，他对朋友都是善的，并为朋友祝福。这样的友谊的主体不缺乏任何东西，它给予一切，是独特不变的和不易朽坏的。凭借这一友谊之爱，人成为上帝作为爱的肖像，因而人就有了真正的尊严。关于友谊之爱的具体内容，我们将在以下的讨论中加以论述。

二、爱与德性——自爱的表达

一般而言，德性就是让一个人高尚并使其实践活动完美的品质，是人之为人的内在规定。德性问题一直是古希

---

① St. Thomas Aquinas, *Summa Contra Gentiles*, Translated with an Introduction and Notes by James F. Anderson, London: University of Notre Dame Press, 1975, Ⅲ, 21.

② ST., Ⅰ—Ⅱ, Q.26, a.4.

腊伦理学的核心问题,在一定的意义上说,古希腊的伦理学就是关于美德的伦理学。在阿奎那的伦理学中,德性也是重中之重。

1. 德性与习性:道德自我的形成机制

由于人是灵魂和肉体的复合物,一方面,人容易沉溺于感官的诱惑而忘记了对神性的追求。从基督宗教伦理看,人本来是有原罪的,受这个罪的引力,人也很容易沉沦作恶;另一方面,人有神性的一面,也会行善,人本性上有行善的倾向。但要将这种善的倾向实现出来非常困难,需要战胜恶。我们被意指是善的,但是我们也可能堕落。所以,人有巨大的能力行善或行恶,人就是那种能走向两个极端的受造物,在道德生活中我们就徘徊在伟大和丑恶的可能性之间,在履行诺言和违背诺言之间。通过德性,我们实现我们的允诺,我们可以成就伟大、高尚;通过作恶,我们撕毁我们的允诺,我们在道德上表现恶劣,最终毁了自己。虽然我们要成为善的,但是没有什么能够保证我们一定会获得,没有什么决定我们一定会善,没有什么能保护我们免受破坏。因此,在道德生活中,唯一让我们成为善的保证就是德性,德性促使我们在善中重建自我,使我们从无序走向有序,从未成形的走向完整,这是对我们永久的道德挑战,这便是阿奎那的"道德现实主义"。

阿奎那认为,"德性意指一种能力的完美,一种使人易于行善的习性。"①并且"德性可以使它的拥有者善,且使它的拥

_127_

---

① ST., Ⅰ—Ⅱ, Q.55, a.1.

有者所做的事情善"。① 由此可见,德性可以分为两个方面的:一方面,德性作为善习,是心灵的一种完善或善质,是一种静态的品质;另一方面,德性促使人行善,通过其行为来体现内在的品质,是一种动态的过程,有其后天的培养和修习的因素在内。

灵魂通过自己的能力实现了目标,这是合适于它的合适的运作或行为,在这一行为过程中实现了自己能力的真实的完美。然而,对于灵魂去成功地实现自己的目标来说,需要通过"习性"合适的调节和限定它的能力。阿奎那这样说道:"习性被认为是一种中间状态,在灵魂能力的纯潜能和能力的实现之间。"②习性被认为是促使灵魂的能力准备去实现他的现实,实现他自身的完满,在这个意义上,"习性是完满"。③因为习性而完美了灵魂的能力。如阿奎那说:"如果一个形式有不同的行为,它需要习性去安排它到它合适的行为,灵魂就是这种状况。"④既然灵魂是人这一实体的形式,那么人相关于他们的完满的自我也是基于"潜能到现实的关联",令实体朝向自我的实现,人以一个确定的方式通过不断的重复可以形成"第二本性",即第二个道德的自我。因此为了道德自我的形成,习性是必需的,因为习性可以改变我们。在阿奎那

---

① St.Thomas Aquinas, *On Charity*, Translated from the Latin With an Introduction by Lottie H. Kendzierski,, Wisconsin:Marquette University Press, 1984,a.2.

② ST., I — II , Q.49,a.4.

③ ST., I — II , Q.49,a.4.

④ ST., I — II , Q.49,a.4.

看来,习性代表了主体的改变,习性发展了我们,也形成了我们,习性的效果就是一个改变的自我的改变。

习性所改变的自我也是通过运作的行为来体现的。人的德性从根本上来讲是运行的习性。称德性为"运行的习性"仅仅表达了这样的意思,即人作为理性主体,实现存在的完满、自我的完美必须通过他们特有的行为的完美。正是这些完美的行为决定了我们是谁。威德尔(Paul J. Wadell)认为:"我们要承认,通过习性使我们成为善,这是一个极其重要的道德见识,因为习性强调了仅仅行善才使我们善。"①我们需要习性去促使我们持之以恒、愉悦的行善。这表明对于我们来讲,不仅仅善不是本性的,而且如果没有行为的积累,如此的高尚是不可能的,发展德性意味着行为上要克服恶。

不过,阿奎那并没有过分地强调外在行为的善,而是非常辩证地处理了内在德性与外在习性的关系。威德尔认为:"阿奎那所意指的我们拥有任何的德性并不是仅仅在行为中去表现,而且还要在我们自身占有它。我们是高尚的,不仅仅是当时我们做了高尚的行为,而且我们以那个德性的品质为我们的特征。"②因此,德性要以善的行为来体现,但并不仅仅因为有了善行,你就是一个有德性的人,还要看你是否有内在的善的品质。因为,人们有时可以出于其他恶的,或者不善的动机去做一个或一些善的行为。

① Paul J. Wadell, *The primacy of love: An introduction to the Ethics of Thomas Aquinas*, New York: Paulist Press, 1992, p.115.

② Paul J. Wadell, *The primacy of love: An introduction to the Ethics of Thomas Aquinas*, New York: Paulist Press, 1992, p.113.

阿奎那通过德性与习性的概念论述了人的灵魂的品质，以及人对自己的行为进行修改和调整，并以一定的方式去实现或完美他们自己本性的问题，肯定德性与作为德性的习性对于自我形成和完美的必要性。从德性论的角度来说，一个有德性的人即是一个自爱之人。德性体现了人的自爱，使自己完美则是自爱的最高表达。

2. 德性与爱的关联

阿奎那把德性分为两大类，即本性之德和超本性之德。关于本性之德，阿奎那按照亚里士多德的分类将其分为理智德性(intellectual virtue)和伦理德性(moral virtue)。而理智德性又分为思辨理智之德和实践理智之德两类。在这里我们仅涉及与爱相关的伦理德性，其他德性暂且不论。

所谓伦理德性，指那些能够使人的情欲按照正直的理智而活动的习性。换句话说，即人性行为在理智的指导和意志的决定下使所做的事情符合道德规范的一种内在品质。作为道德行为的主体，人不仅在理智上而且还要在情欲上加以修养，使之趋向于善。所以伦理德性不单纯是个理智问题，而是涉及如何使用意志控制各种情欲这样一个更为复杂的道德实践问题。① 因此，"伦理德性是欲望部分的习性"。② 根据理智指导的欲望对象，以及这些欲望对象与理智的不同关系，伦理德性又可以分成不同的种类，最主要的有四种：智德(prudence)、义德(justice)、勇德(fortitude)、节德(temperance)。

---

① 傅乐安:《托马斯·阿奎那基督教哲学》,上海:上海人民出版社1990年版,第172页。
② ST., Ⅰ—Ⅱ,Q.58,a.2.

而且这四种德的作用是不一样的。

智德协助所有德性而且在其中运作，但作为一种伦理之德的智德，可以没有诸如智慧、科学等方面的内容，但不可以没有理解。因为理解，智德才使得我们具备做最佳选择的习惯。① 智德最为尊贵，而其主体理智又是最尊贵的，它比意志和其他感官欲望都要优越。义德可以使理性欲望或意志完美，使我们为了别人的善而行为；勇德调整易怒的欲望，使其完美，不让恐惧阻碍我们获得善；节德调整情欲的欲望，使其完美，让对性的欲求和吃喝的欲求适可而止。对于阿奎那来说，四主德在道德生活中是完整的，没有它们，人不能达到完整的圆满。这些德性被称为完满的德性，因为它使整个人通过调整他的欲求和他的行为趋向最高善。②

阿奎那对德性与爱的关系的论述持如下观点。

一方面，他认为爱是德性的基础，没有爱就没有德性。爱作为意志运动的原则，爱是所有德性的原因。爱在实践层面有一定的优先性，"除非主体爱那个善，并为了这个善而努力，否则不会发现品德高尚的运行在任何的运作中，因为爱是所有自愿情感能力的原则……因此爱善对于德性来说是必要的。"③没有对某一事物的爱就不可能有德性的行为。"节制就是为了被爱的事物而完整地保持自己不堕落状态的那种

① ST., Ⅰ—Ⅱ, Q.58, a.4.

② ST., Ⅰ—Ⅱ, Q.61, a.2.

③ St.Thomas Aquinas, *On Charity*, Translated from the Latin With an Introduction by Lottie H.Kendzierski, Wisconsin: Marquette University Press, 1984, a.2.

爱;勇气就是因为所爱的事物而高兴地承担所有事情的那种爱;正义就是服务于被爱的人而能准确裁决的那种爱;审慎就是聪明地区别何者有助于被爱的事物,何者阻碍到被爱的那种爱。"①所以,爱是德性的基础。人之爱的意义在于,它是所有德性的源泉,是整合与完善其他德性的力量。超本性之德"爱德"是诸德之根,以爱上帝来统领一切德性。在本性之德中,对最高善的爱也可以统领本性之德的活动,可以作为德性的源泉和凝聚力。爱虽然是所有德性的基础,但是爱不能消除或者代替所有的德性。爱只是贯穿所有形式的德性的原则或者中心主线,它具体表现在德性生活的各个方面。

另一方面,阿奎那又认为,德性使爱更加合理有序。根据阿奎那的观点,欲望一定要遵循正确理性的规则。② 伦理德性被理解为品质,直接属于正确的行为。"伦理德性完美的是理性通过命令灵魂的欲望部分到达理性的善。而理性的善是被理性所命令或调解。理性不仅仅规范感觉欲望的情感,而且还规范理智欲望的运作。"③那么德性规范欲求或情感,使情欲的欲望和易怒的欲望与理性一致;同时德性限定理性欲望即意志,虽然意志本身并不需要通过德性进一步的限定,因为它通过它的本性恰当地被指定到自我的善,然而它需要德性扩大其善的目标至公共善或神圣的善。④ 所以在感觉欲

---

① 姚新中:《儒教与基督教仁与爱的比较研究》,北京:中国社会科学出版社 2002 年版,第 211 页。

② ST., Ⅰ—Ⅱ,Q.64,a.1.

③ ST., Ⅰ—Ⅱ,Q.60,a.4.

④ ST., Ⅰ—Ⅱ,Q.56,a.6.

望层面,人不同于天使和上帝,人的善的运作是有情感的,需要身体的参与和帮助。情感是一种感觉欲望的运动,阿奎那给予情感一定的地位,而不像柏拉图和奥古斯丁那样对感觉欲望进行压抑和贬斥。在阿奎那看来,道德的整全生活不在于逃避情感欲望,而在于去驯导情欲的感觉欲望,从而形成人的德性。德性是克服无序的情感和产生调节性的情感,无序和未调节的情感导致罪。爱也是一种情感,德性可以让我们的爱更合理有序。德性越完美,越能产生情感,爱也越醇厚。在奥古斯丁那里,美德是两个极端之间的艺术与和谐状态,美德或许是与爱以及那些应当被爱而得到爱的东西相一致的。一个对于美德的合适而精确的定义就是"爱的秩序"。德性使感觉之爱更合理有序。在理性欲望层面,德性主要不是相关于情感,而是相关于运作。阿奎那把爱分为感觉之爱和理智之爱,德性不仅让感觉之爱更合理有序,还让理智之爱更超越。四德性中的义德就是相关于意志的,义德使我们不仅关注个体的善,更多地关注普遍善,在对待他人方面也实践德性。不仅仅爱自己,而且爱他人。总之,德性使情感之爱更加合理有序,使理智之爱变得更具有普遍性,而这一切又都来源于理智的引导,以及理智有结构的优先性品质。

　　总的来说,德性既是人性构成的重要因素,又是人性成熟和完善的重要标志。德性体现着人的知、情、意三者的统一,体现一个人的秉性、气质和能力。伦理原则和道德规范内化于个体的本性之中,成为一种真正稳定的属于个体自己的东西,使外在的规范变成了内心的原则,成为一种自然而然的行为习惯和行为方式。德性意味着人的自我修养和人生自我境界的提升,是实现人与自然、人与社会、人与自己相和谐的内在动力。它从人的生活实践的内在性、整体性、超越性出发,真正实现了人对自我的伦理关怀和人对自己真正的爱。我们在这里所说的"自爱"是基于内在的精神本性,因为阿奎那认为,"在人之中,有两种自然本性,一是精神本性,一是肉身本性,一个人爱他自己是基于他的精神本性而爱他自己。"①

上述所论还仅涉及的是阿奎那的本性之德。他的本性之德在理论上还是有一定的独立性。当然,作为一个天主教神学家,阿奎那的本性之德不可能不与超性之德相关联。从基督教神学的角度看,人的本性本身就是上帝赋予的,人分有上帝的存在,人通过德性的努力争取自己的存在的完美,这是本性的必然,但也体现着人对自我的本体之爱。

三、友谊之爱——爱人如己

谈及友谊之爱,我们不得不提到情欲之爱。因为友谊之爱和情欲之爱是爱的运动的两种趋向。通过比较两种不同的爱的运动趋向,可以更清楚地看出友谊之爱的特点。作为情欲之爱(love of concupiscence),是指那种趋向那个善,爱这个事物是为了别的原因,无论是为了自己还是为了别人的一种爱;而作为友谊之爱(love of friendship),是指那种趋向那个人或物,希望人或物善,因为事物本身而爱事物本身。② 在阿奎那对爱所做的区分中,最基本的就是友谊之爱和情欲之爱的

---

① ST.,Ⅱ—Ⅱ,Q.26,a.4.

② ST.,Ⅰ—Ⅱ,Q.26,a.4.

区分,在很大的一个程度上,这一区分决定了他对整个人的爱的分析。①

1. 友谊之爱和情欲之爱的差别

依据爱的重要程度而言,友谊之爱可以看作是主要的爱,情欲之爱可以看作是次要的爱。被友谊之爱所爱的事物是绝对地被爱,因为这一事物是因为他自身的特质而被爱的;但是情欲之爱所爱的事物并不是绝对地被爱,因为这一事物是因为别的事物或原因而被爱。正如存在本身绝对是具有存在的东西,而在别的事物中具有存在的东西有相对的存在,因为善和存在可以互换,自身具有善性的善是绝对的善,作为别的事物的善是相对的善。因此,那种为了使某物能够获得某种善而爱该物的爱是绝对的爱,那种使某物成为他物的善而爱该物的爱是相对的爱。②

我们在给爱下定义的时候曾说到"爱是一种情感的结合",上述两种爱也都属于情感的结合。爱总是需要一个对被爱者的认知,区分友谊之爱和情欲之爱的根据是我们对客体的认知形式。在友谊之爱中,我们将对方看作为另外一个自我,我们意愿朋友善正如意愿我们自己善;在情欲之爱中,我们认知每一个善直接是为我们自己,或者某些其他的原因,而不是被爱的对象。

阿奎那为了更清楚地阐释友谊之爱和情欲之爱的差别,还从爱的原因和爱的结果的角度,分析了友谊之爱和情欲之

①　Robert Hazo, *The Idea of Love*, New York: F.A.Praeger, 1967, p.228.
②　ST., I—II, Q.26, a.4.

爱的不同。

在阿奎那看来,用情欲之爱去爱其所需的东西,这样的人本身具有和他所爱的事物的相似性,就像潜能具有与其现实的相似性一样。当别人与那事物也具有潜在的相似性的时候,别人就会阻碍他获得他所爱的善,他就会恨别人。这就是为什么同行业的人会有嫉妒产生,因为他们都趋向于利润。情敌同爱一个人,他们之间会有仇恨,因为对方会阻碍他获得他与爱的人的愉悦,对方成为自己个人独有权利的障碍。而友谊之爱就不同了,两个人产生友谊之爱就证明他们具有同一个形式,他们在一种形式中以某种方式成为同一个事物,比如两个白人在白色中是同一事物。友谊之爱所爱之人是他的另外一个自己,他意愿朋友善正如意愿他自己善。所以,阿奎那说:"相似性是爱的原因,但是事物的相似性有两种,一种相似性源自各个事物实际具有相同的性质,另外一种相似性源自一事物潜在和凭借倾向具有的某种品质,这种品质是另外一事物所具有的。第一种相似性产生友谊之爱或良好的祝愿。第二种相似性产生情欲之爱或建立在有用和愉悦上的友谊。"①

从爱的结果方面看基本上有三种形式:相互存在对方之中、欣喜和狂热这三种形态。情欲之爱和友谊之爱在这三种形态中的表现也都不同。情欲之爱的爱者在被爱者之中,追求拥有这种外在于自身的善,通过渗透到对方的心中来追求一种对爱者的完全占有,主要追求自己的享用,绝对不会走出

---

① ST.，Ⅰ—Ⅱ，Q.27，a.3.

他自身之外，而且这种感情最终存留在他心中。情欲之爱的狂热会伴随着排斥和嫉妒，强烈欲求某物的人会去排除所有阻碍他获得或阻碍他安静地享用他所爱对象的因素。而友谊之爱所伴随的爱的结果与情欲之爱所伴随的爱的结果明显不同。在友谊之爱中，爱者住在被爱者之中，他关心什么对他的朋友是善的或恶的，就像关心什么对自己是善的或恶的一样，而且朋友的意愿就是他自己的意愿。这种感情绝对走出自身之外，因为他希望他的朋友好而且对他朋友行善，仅仅因为朋友自身的缘故而关心朋友和照顾朋友。当友谊之爱强烈的时候，人会强烈地反对一切与朋友的善相反的事物。在这方面，当一个人公然反对任何有碍于朋友的善的言语和行为的时候，他被说成是代表了他朋友的利益而狂热。①

亚里士多德将友谊视作一种德性，阿奎那在处理这个问题的时候比较微妙。一般而言，既然友谊之爱是善的，那么情欲之爱是否就是恶的呢？道德上的善恶取决于理性，即感觉欲望之情感是否遵循理性的判断。阿奎那在阐述友谊之爱和情欲之爱的时候，并不是从道德善恶和遵循理性判断这个角度来论述的。正如詹姆斯·基南（James F.Keenan）所讲，"当阿奎那描绘两种爱的时候，他并不是道德的描述。"②在友谊之爱和情欲之爱之间，并没有道德的区分，并不是作为道德的价值，而是作为一个本性的状态，是目的和手段的关系，所以我们不能说目的和手段有什么道德的意义。友谊之爱和情欲

---

① ST., Ⅰ—Ⅱ, Q.28, a.2、a.3、a.4.

② James F.Keenan, *Goodness and Rightness in Thomas Aquinas's Summa Theologiae*, Washington, D.C.: Georgetown University Press, 1992, p.122.

之爱相对于目的和被指向目的的手段。友谊之爱是意志指向目的,情欲之爱是意志指向到手段。① 情欲之爱总是对手段的爱,友谊之爱总是对目的的爱。正因为如此,这两种爱就关联到何者为主要的爱,何者为次要的爱这一问题。因情欲之爱所爱的任何事物,一定是因为对其他人或事的友谊之爱的缘故而变成被爱的事物。例如,一个人饿了,他对食物的爱就是欲望之爱,而他营养自己的欲望就是对自己的友谊之爱。他的朋友饿了,他为此获得食物的欲望也是情欲之爱,但是他去营养他朋友的欲望就是对朋友的友谊之爱。② 因此,友谊之爱和情欲之爱并不是对立的,相对于友谊之爱而言,情欲之爱仅仅是相对的爱,并且是以友谊之爱为根据的。情欲之爱总是有一个在先的友谊之爱作为它的基础。情欲之爱并不是对立于友谊之爱的,我们不能把情欲之爱和友谊之爱看做是自我主义与对邻人无私的爱。他们仅仅是两个描述的范畴,并不是说其中一个比另外一个更好或更道德。③ 在现实生活中,就好比一个男人对他的妻子好,如果他对妻子采取一种友谊之爱的态度,但同时他又排斥他的邻居,我们就不能说这个人是个善人。

不过,关于阿奎那友谊之爱与情欲之爱性质的区分,学者对其也有不同的解读方式。哈索(Robert Hazo)从爱的动机

① Michael S. Sherwin, *By Knowledge and by love: Charity and Knowledge in the Moral Theology of St. Thomas Aquinas*, Washington, D.C.: The Catholic University of America Press, 2005, p.92.

② Robert Hazo, *The Idea of Love*, New York: F.A.Praeger, 1967, p.228.

③ James F. Keenan, *Goodness and Rightness in Thomas Aquinas's Summa Theologiae*, Washington, D.C.: Georgetown University Press, 1992, p.123.

这一角度分析这两种爱,他认为阿奎那在一个更平凡的意义上使用了这一区分,它类似于我们所做的获取性欲求(acquis-itive desire)和仁爱性欲求(benevolent desire)的区分。[1] 情欲之爱一般是获取性欲求,友谊之爱是仁爱性欲求。情欲之爱意味着自我主义的爱,友谊之爱意味着对他人的爱。对自己的友谊之爱是不可能的,友谊之爱总是对别人的。严格地说,一个人不能对自己有友谊,因为友谊是一个关系,在这个关系中,一个人希望对方善,而不是自己获得善。[2] 如果我们寻求愉悦和效用,并不是为了朋友,而是为了我们自己从朋友处寻求愉悦和效用,就好比我们从食物和衣物中寻找愉悦一样。那么,这个朋友就成为获取性欲求或情欲之爱的客体。哈索把情欲之爱和友谊之爱的区分对应于获取性和仁爱性两种类型,有一定的道理。从他的区分角度来看,友谊之爱更多地体现了爱的给予而不是获取性特征。不过,他这种分析还是偏离了阿氏的思想本意,而带有较强的道德分析色彩,有贬低情欲之爱的倾向。

2. 友谊之爱的特性

第一,自爱是友谊之爱的形式及根源。出于我们的本性,我们会意愿我们的存在是善的。事实上,我们离我们自己最近。一个人与他自己的结合比与他人的结合来得更密切。相比其他人而言,我们与我们自己更是一个完整的自己,其实我们更爱我们自己。"当两个人彼此类似,因为他们似乎有同

---

① Robert Hazo, *The Idea of Love*, New York: F.A.Praeger, 1967, p.228.

② ST., II—II, Q.25, a.4.

样的特征,在某种意义上他们是一个,正如人在他们非特定的本性上是一个。因为这个原因,我们对某人的爱被指向于这个人,就好比我们与这个人是一个人,我们意愿这个人幸福好比我们自己幸福。"①我们感觉到友谊之爱,因为我们把他们和我们自己关联起来。阿奎那强调,一个人爱他自己的这种自爱是友谊的形式及根源。一个人对他自己的自爱是爱其他人的模型和原型,而模型和原型必然超过拷贝。② 亚里士多德也说过:"我们与他人友谊关系的根源建立在我们自己的关系基础上。"③亚里士多德和阿奎那两大哲人在认识自己中加注了对于自爱和爱自己的肯定,自爱是作为友谊之爱,即所有人与人之间相互关系的所有形式的基础,这一论断意义重大且影响深远。一个人不能爱自己、与自己和谐共处(一种身、心、灵平衡状态)的人,很难合情合理地对待他人,更不用说友爱他人了。④ 关于自爱,我们在以上的标题内容已经涉及。

第二,友谊之爱是单方爱的运动。亚里士多德根据友谊所依赖的原因区分了三种友谊:第一种是为了利益,第二种是为了快乐,第三种是为了朋友自身。前两种的友谊都是偶性的友谊,第三种才是德性的友谊。德性的友谊是友谊形式上最完美的,只存在于两个好人之间。阿奎那继承了亚氏的说法,其所说的"友谊之爱"类似于亚里士多德所说的德性的友

---

① ST., Ⅰ—Ⅱ, Q.27, a.3.

② ST., Ⅱ—Ⅱ, Q.26, a.4.

③ 亚里士多德:《尼各马科伦理学》,苗力田译,见苗力田主编:《亚里士多德全集》(第八卷),北京:中国人民大学出版社 1994 年版,第 195 页。

④ 潘小慧:《德行与伦理——多马斯的德行伦理学》,台北:哲学与文化月刊杂志社 2003 年版,第 260 页。

谊。而亚氏所说的偶性的友谊其实就是阿奎那所说的情欲之爱。"一个人确实是希望他的朋友得到某种好处，就此而言，友谊的兴致就被保存下来了。但当友谊建立在有用和愉悦上，一味追求自己的快乐和用处的时候，其结果就成了有用的或快乐的友谊，这就变成了情欲之爱，从而失去了友谊真正的性质。"①一个人用友谊之爱爱对方并不是为了自己获得善。在一个高贵的友谊中，一个人爱一个朋友，以双重的方式，一个人爱对方，希望对方善；一个人也爱这个善，并希望对方去拥有这个善。② 不过，严格地说来，友谊之爱毕竟不同于友谊，因为只有当双方都用友谊之爱去爱对方时，友谊才能真正得以建立，因为对于友谊来说，彼此相爱是必须的，是双方的关系，但是"友谊之爱"是单方的爱的运动。

第三，人对上帝的爱是至高完美的友谊之爱。真正的友谊之爱仅仅存在于精神层面的朋友中，至高完美的友谊之爱存在于人对上帝的爱中。如上所述，友谊之爱体现着一个人的尊严，在友谊之爱中，人能理性对待所看到的善和想象的善，这标志着人的与众不同与卓越。动物和植物都不能享受这样的爱。由此我们可以看到，阿奎那在神学视野里所论述的"友谊之爱"虽然与亚里士多德论述的"友谊"有一定内在联系，但二者在精神实质上是不同的。"友谊之爱"更多地表现为上帝对人神圣性的爱，上帝具有一种绝对的施予和为了善本身去爱的超越性，而不落入相对的互爱关系之中。

---

① ST., Ⅰ—Ⅱ, Q.26, a.4.
② ST., Ⅱ—Ⅱ, Q.25, a.2.

第四节　人对上帝的本性之爱

一、"人对上帝的本性之爱"是如何可能的

阿奎那认为，"人可以仅仅通过本性的力量爱上帝胜过爱自己，并且在万有之上。"然而，学术界有关阿奎那对"人对上帝的本性之爱"的阐述，存在着两种不同的意见。一种意见认为，阿奎那所说的"人对上帝的本性之爱"是不可能的，人爱上帝仅是因为圣神的恩宠；另一种意见认为，即使存在人对上帝的本性之爱，也只是一种本性的倾向，而不是一种行为。在我看来，这两种说法在各自的理论体系里都有道理，但并未完全理解阿奎那本人的意图。阿奎那之所以坚决主张人对上帝的本性之爱是可能的，主要是因为人分有了上帝的存在，从而人本性对上帝有一种自然倾向。因为上帝是公共善。

人具有追求善、达到自我成全与自足的本性。那么作为一个有限的存在者"人"在何种程度上出于本性去爱一个无限的存在者"上帝"呢？其可能性究竟有多大呢？阿奎那在《神学大全》中从部分与整体的关系论证了人对上帝的本性之爱。

在《神学大全》中，阿奎那对"人对上帝的本性之爱"有如下论述。

第一，《神学大全》第一集《论上帝》问题 60"论天使的爱"第 5 条"天使是否藉着本性的爱而爱上帝胜过他爱他自己？"中涉及人出于本性而爱上帝，阿奎那是这样推论的：

在自然事物中,像这样在本性上属于另一个事物的每一个事物,在原则上而且更强烈地倾向于它所从属的那个事物而不是它自己。这样的本性倾向,从那些因其本性而被推动的事物中,就可以得到证明。就一个从本性上讲被推动的事物而言,它具有一种这样被推动的天生的自然倾向。因为我们观察到,为了保卫整体,部分天生暴露它自己;比如,为了保证整个身体的安全,手被毫不犹豫地暴露出来,以致遭到突然的打击。而且,由于理性复制本性,我们发现在政治美德中也有同样的情况;因为为了保存整个共同体而把自己暴露于死亡的危险中是属于有美德的公民的;所以,如果个人是这样一个国家的自然成员,那么,这样的倾向对他来说就是合乎本性的。因此,上帝是普遍的善,而人、天使和所有的受造物都被包含在这种善之下,因为每一个受造物其存在都在本性方面属于上帝;由此便可得出这样一个结论:天使和人同样是从本性的爱出发而在爱自己之前就爱上帝的,而且是以更多的爱爱上帝的。否则,如果天使或人爱自己胜过爱上帝,那么,就将得出下面一个结论:本性的爱是邪恶的,它将不是为博爱所完满,而是为博爱所摧毁。①

在上述引文里,阿奎那通过手冒着危险去保护身体和公民牺牲自己去保护国家共同体这两个例子,论证人对上帝的本性之爱。手可以冒着危险去保护身体,因为手是身体的一

143

---

① 【意】托马斯·阿奎那:《神学大全》第一集《论上帝》第4卷《论天使》,段德智译,北京:商务印书馆2013年版,第140页。

部分,它依赖于整个身体。手之所以为手,是因为在身体当中,离开了身体,也无所谓手的存在。因此,手的善的实现要依赖于整体的善。手保护身体是自然的、出于本性的要求。公民冒着危险去保卫城邦,也因为公民是城邦整体的一部分。公民的善的实现要通过城邦团体的公共善。"很显然,所有包含在任何团体之下的,相对于团体来说,都是部分相对于整体;部分,通过其本性,属于整体,因此任何部分的善都要被规定到整体的善,依赖于公共善。"①不过,值得注意的是,阿奎那所举的两个例子中的"整体"的内涵是不同的。身体是手的整体,这是绝对意义上的整体,是真实的整体。而城邦是人的整体,只是相对意义上的整体,是逻辑的整体。因为城邦不是由人自然的构成。

另外,上述这两个例子所包含的本性的倾向的含义也是有差别的。手很自然地去保护身体,这是不需要经过深思熟虑的,是无意识的反应。但公民自然的保卫城邦的行为,虽然也可以说是出于本性,但与手的自然反应还是有细微差别的。人是有理性的,人保卫城邦是出于理性的考虑。因为理性仿效自然,对于一个高尚的公民而言,为了整个国家的保全而去冒险,这是合适的。这个人是这个城市的一部分,这一倾向对于他们来说,这是自然的,这是一种政治德行。阿奎那的意思很明确,一方面,理性与自然是相对的。所谓自然,就是不用考虑的,没有理性色彩。对物而言,是物的本性,万物依照其本性而活动便是自然法的表现,万物不能违背其本性而活动;

---

① ST., Ⅰ—Ⅱ,Q.58,a.5.

另一方面,"理性仿效自然"。人不是城邦自然的一部分,那么他对城邦的保护是出于理性的。人是一个理性的主体,理性可以仿效自然,仿效无理性的受造物的本性。所以,这一有理性的行为又可以变成是本性的。阿奎那在这里所说的"本性"主要指自然法概念意义上的本性,本性就是物的自然而固定的倾向,除非受到阻碍,它便依照一成不变的天然方式去活动。

另外,必须要说明的是,在阿奎那这里,上帝自身被描述为宇宙的善。上帝不仅是一个种相的善,而且还是绝对普遍的善。天使、人以及一切受造物都是分享者,受造物的善被规定到上帝的善。人不仅属于一个自然的整体,而且自己的善也属于宇宙的善,即上帝的善。因为每一个部分都天生爱整体胜过它爱自己,每一个个体都天生爱其所属的那个种相的善胜过它爱自己的特殊的善,所以人通过本性之爱,会很自然地去爱上帝过于爱他们自己。

第二,《神学大全》第二集《伦理学》上部《一般伦理学》问题109"论恩典的必要性"第3条"没有恩典,一个人会爱上帝在万有之上吗?"中,阿奎那这样说:

爱上帝在万有之上,对人和所有受造物来说是自然的,不仅仅对理性受造物,而且对非理性的,甚至对于无生命的。这根源于专属于每一个受造物的爱的方式。原因是:这是很自然的,对于每一个受造物,他欲求和爱某个东西,因为这是被自然所规定的:在《物理学》第二卷中,亚里士多德这样说道:"每个单独的事物运动正如是被自然所规定。"由此可以看到,部分的善是为了整体的善这是自明的。因而,每一个单独特殊的事物,通过他自然的欲望或爱,爱他自己的善是由于宇宙整体的公共善,这就是上帝。迪奥修斯在其《神圣名字》这本书中曾这样说:"上帝转换所有的事物到爱他本身。"因此,个人在完全自然的状态下,把他对自己的爱,同样对别的所有事物的爱都指向对上帝的爱,作为一个目的。所以,他爱上帝胜过自己,在万有之上。①

在这个部分,阿奎那很好地引用了亚里士多德和狄奥尼修斯的思想,使自己的论证变得更加清楚。亚里士多德的"物理学"阐释了单独的客体有一个自然的朝向整体的善的倾向,而迪奥修斯则将上帝界定为整个宇宙的善。托马斯·奥斯本(Thomas M.Osborne)认为阿奎那以如下的方式建立了论证。②

1.每一个单独的事物爱那些被自然设计好的。(假定)

2.部分的善是由于整体的善。(假定)

3.部分为了整体的善而被自然所设计。(2的推论)

4.每一个部分爱整体的善多于自己的善。(通过1、3)

5.每一个受造物都是宇宙的一部分。(暗含的假定)

6.每一个单独的事物通过自然的欲望爱他自己的善是由于整个宇宙之善。(通过4、5)

7.整个宇宙之善是上帝。(假定)

8.在他的完整的状态下,一个人很自然地爱上帝多于爱自己。(通过6、7)

---

① ST., Ⅰ—Ⅱ,Q.109,a.3.

② Thomas M.Osborne, *Love of self and Love of God in Thirteeth-Century Ethics*, Notre Dame: University of Notre Dame Press, 2005, p.79.

问题109 这个文本主要强调宇宙的真实定序和它的每一个部分都要朝向上帝，主要强调人自然爱上帝的目的因。通过部分和整体的原则，上帝是创造者和最终的目的，不依赖任何受造物，与宇宙是分开的，整个宇宙和它的部分都要被指定于他。人对上帝的爱来源于上帝是最终的目的。

　　第三，《神学大全》第二集《伦理学》下部《特殊伦理学》问题26"爱德的秩序"第3条"出于爱德，一个人是否应该爱上帝胜过爱自己？"中，阿奎那这样论述道：

　　　　我们承受上帝所赐之善，可分为两种：一种是本性之善，一种是恩典之善。上帝赐给我们本性之善的共同关系，是本性之爱的基础。因为这本性之爱，不仅使本性完整无损的人，爱上帝在万有之上胜于爱他自己，而且每一个受造物，以各自的方式，或用理智的爱，或用推理的爱，或用动物的爱，或至少用大自然的爱，例如石头以及其他没有知识的东西也都如此爱上帝。因为每一个部分，自然会爱全部共有之善，胜于爱自己的个别之善。这一点由其行动就证明了，因为每一部分，主要倾向于那能导致全体之善的共同行动。这也见于政治领域的美德，有时人们为了大众的福利，宁愿在自己的财产和人身方面蒙受损失。①

147

　　在这段文字里，阿奎那强调了本性之善和恩典之善的不同，也即本性之爱和超性之爱的基础不同。万物自然地爱上帝，其建立在本性之善的基础上。而本性之善是上帝赐给我们的。无论是有理性的受造物还是无理性、无生命的受造物，

他们之所以都会爱上帝,乃因为上帝是他们的共有之善。每一个部分都倾向于全体之善。

综合以上三个问题的内容可以看出:人对上帝的本性之爱是可能的。因为人作为部分是必然地爱整体的。阿奎那论证人对上帝的本性之爱时所用的原则就是部分对整体的自然倾向原则。人是部分,上帝是整体。部分的善很自然地倾向于整体的善。人很自然地去爱上帝,并且出于本性爱上帝胜过爱自己。

然而有的学者对这一问题进行了引申和拓展,由此引出自爱和爱上帝在本性层面的关系问题。对此,鲁瑟乐(P. Rousselot)用部分和整体的关系来阐释自爱与爱上帝的关系。在鲁瑟乐看来,本性之爱就是自爱和爱上帝、爱他人的统一。在这里,所有的爱不是以绝对关注自己的善为动机,而是希望别人善。一个人爱别人首要的原因不是为了自己,而是为了别人的缘故。这种本性之爱调和了自爱和爱他的矛盾,真正爱别人实际上就是爱自己,是真正的自爱。他认为,阿奎那是本性之爱的拥护者,坚持自爱与爱上帝的完美的和谐,而且阿奎那把亚里士多德的观点“自爱是所有爱的基础”和奥古斯丁的观点“所有的行动都要寻求与自己的幸福相结合”进行了综合,从而形成他自己的“本性之爱”的含义,即把爱自己、爱上帝和爱他人三者统一起来。在此基础之上,阿奎那确实超越了自我主义的那种狭隘的爱,因为他所说的爱他人不是为了有益于自己,而是真正希望他人善。那么他在爱他人的同时,必然会自发地、自然地彰显了自己的善,是真正的自爱。同时,他作为部分去爱上帝这个整体,其实也是真正自爱的表现,只有保全整体,才会有部分的自我完善。鲁瑟乐认为,阿奎那所揭示的自爱与爱他相统一的原则,其主要理论根据就是部分倾向于整体和所有事物朝向上帝的普遍的欲望的思想。

不过,这并没得到后来所有基督教哲学家的认同。吉尔松就不同意鲁瑟乐的这一论证思路。他认为,人在爱上帝中发现自己的善的真正原因,是因为他们是天主的肖像,爱自己也就是爱天主的一个类比,也可以说就是爱天主。对于一切本性存在,完善自己就是使自己更相似天主。应当说,吉尔松从肖像论的角度来阐释自爱与爱上帝的关系,也是一种非常有价值的论证思路。

更有甚者,有些学者并不认同自爱和爱上帝是统一的。《圣爱与欲爱》的作者尼各仁(Anders Nygren)可以说是这方面的代表人物。他认为,阿奎那所说的本性层面的爱完全是自我主义的爱的学说。在他看来,人对上帝的本性之爱是不可能的。他认为,在本性层面,所有的爱都是建立在获取性的爱的基础之上的,这种爱总是相关于获取性的意志。人之所以爱上帝,乃是因为上帝是我们的至善。

二、"人对上帝的本性之爱"的形上学基础分析

"人对上帝的本性之爱"不仅是一种天生的自然的倾向,而且也是一种形上本体的倾向。所谓"形上本体的倾向",就是指人天生追求本体的成全。①

---

① 刘素民:《托马斯·阿奎那自然法思想研究》,北京:人民出版社2007年版,第109页。

如果说，上述所引的问题 109 这个文本强调了人对上帝自然之爱的目的因。那么问题 60 这个文本则主要强调了人对上帝自然之爱的形式因。上帝本身是宇宙整体的善，被每一个受造物所分有。上帝本身是整体，是善的充足完满，是宇宙的善。上帝包含了每一个受造物有限的善，它是所有受造物的公共善。所有受造物的善是对这一至善的分有，受造物这一有限的善，相对于整体的上帝是一个部分。上帝是每一个受造物的公共善，受造物自己的善是上帝不完美的相似，是对公共善的分有。单词"部分"意指分有的善。

部分整体原则通过强调上帝善的整全性，人作为部分的、不完全性的存在物，要求对未被分有的首要的存在的爱。因为没有对未被分有的存在的爱，分有事物的爱是无法理解的，正如一个有限的存在者的存在如果没有无限的存在，那将是不可理解的。受造物自己的善更适宜于被看作是未被分有的完整的善的体现，而并不仅仅是它自己部分分有的善。

公共善，是部分与整体关系原则的核心。上帝是作为宇宙及其部分的公共善，他的善被所有的受造物所分有。他被看作是内在于宇宙和每一个受造物，并被每一个受造物所分有的存在。"公共善"这一个概念建立在人与上帝的超越关系基础之上的。上帝作为宇宙的公共善，上帝是他的创造物的首要的爱的客体。

"分有学说"解释了受造物和上帝的相似性。受造物同上帝的相像并不是由于就其为同一个属相或种相而言在形式方面的一致而予以肯定的，而只是就类似而言，或者说，只是就上帝是本质的存在，而其他事物则是藉分有而成为存在物而言才予以肯定的。① 因为，既然所有受造物的本质是在那"存在"内分有，那么，此存在就是存在者的终极实现。纯粹的完满只能有一个，而存在是第一成全，而且是"实现的实现"，因此，自在存在只有一个，这就是上帝，其本质即"存在"。

上帝的存在与本质的统一是阿奎那思想的基石。而在所有的受造者中，他们的存在与本质不是统一的，这一点是受造者作为分有的存在的原因所在。有限受造物的存在与本质的区别说明了他们在本体上（或曰在先验上）的不足。正因为这种本体上的不足，才使得他们在本体上就追求成全。这样就产生了对上帝的爱。

阿奎那认为，"所有的存在物，除上帝外，都不是它们自己的存在，而是藉分有而成为存在物的。从而，所有那些由于对存在的不同分有而多样化以至于完满性的程度也不同的事物，便必定是由独一的第一存在所产生的，这独一的第一存在是最完满地具有存在的。"②可见，事物根据其分有存在不同而有完美性之不同。不同的事物由于分有存在而产生不同的完美，这是由上帝之存在而来的，因为上帝是存在自身，所以，上帝是完美自身。上帝是自身的存在，受造物是分有的存在，这种本体的区别就意味着受造物本体上的类比。存在能本质地称谓上帝，却只能以分有的方式称谓受造物，因此上帝本质

---

① 【意】托马斯·阿奎那：《神学大全》第一集《论上帝》第 1 卷《论上帝的本质》，段德智译，北京：商务印书馆 2013 年版，第 70 页。

② 【意】托马斯·阿奎那：《神学大全》第一集《论上帝》第 3 卷《论创造》，段德智译，北京：商务印书馆 2013 年版，第 267 页。

上也是善，因为上帝是善自身，而受造物仅仅是分有善，因为他们只是类比地拥有善。受造物分有造物主的美善，并各依其分有程度上的差异而有层次性地产生着；不同受造物的不同等级的美善在类比上帝的美善之中得以存在。

总之，阿奎那认为，"所有受造的事物，就其为存在而言，同作为所有存在物的第一原则和普遍原则的上帝是相像的。"①上帝与受造物都具有存在，受造物是存在者，上帝是所有存在者之第一和普遍原理。上文曾指出，吉尔松并不同意鲁瑟乐对阿奎那"部分与整体关系"原则的阐述和论证。但是，对于阿奎那的"类比说"他却十分认同，并做了进一步的引申。他说："在一个基督徒的宇宙内，一切万有都是存有本身所创造，每一物都是一善，而且都是善本身的分受。在这一切关系的根源，有一种类比关系，统治受造物与造物者之间其他由此而衍生的关系。假如我们说天主是普遍的善，我们必然地只意指天主是至善，一切善的原因。假如我们说每一善都只是个别的善，我们必然地只意指他们都是赋予他们以存在的创造性之善的类比，而不是说有一个善本身是全体，这些个别的善则是分离的部分。在这一层意义之下，爱任何的善就是爱它与天主的善之类比性。正是这个类比性，使它成其为善。"②

通过以上简略的分析可以看出，阿奎那在论述人对上帝

---

① 【意】托马斯·阿奎那：《神学大全》第一集《论上帝》第 1 卷《论上帝的本质》，段德智译，北京：商务印书馆 2013 年版，第 70 页。

② 吉尔松：《中世纪哲学精神》，沈清松译，台湾：台湾商务印书馆 2001 年版，第 259 页。

的本性之爱的问题时,不仅揭示了人出于自然本性的经验基础,而且还揭示了超越这一经验基础的形上原因。这一形上原因就是人对上帝的形式分有,使得人具有一种先验的追求整全的"善的倾向",或曰追求"本体的成全"的倾向。

三、"人对上帝的本性之爱"的性质分析——一种倾向还是一种道德行为?

在自然的秩序里面,人对上帝的本性之爱是一个自由的道德行为还是仅仅限于一种本性的自然倾向呢?这一问题涉及"人对上帝的本性之爱"的道德性质的判定问题。在《神学大全》第二集上部中,阿奎那曾这样说,在完整的自然的状态下,对上帝的本性之爱是可能的,但是在堕落的本性里面,这是不可能的。既然这一行为是可能的,那么这一本性之爱和超性之爱的爱德之间又是什么关系呢?为了凸显这一问题的重要性,让我们先来看看现代的神学家们围绕此问题所产生的一系列的争论。

凯伦·牧录(Canon J.Mouroux)在他的《人的意义》一书中提到,本性之爱是必然的和根深蒂固的。因为包含在创造物的结构中,本性之爱被看做是所有创造物的行为的原则,但是它本身不是运动。享瑞·吕巴克(Henri De Lubac)在他的《超本性》一书中这样说道:本性的爱上帝,上帝是一个创造者,是所有存在的原则和源泉。爱德的上帝是超自然至福的目的。阿奎那考虑的仅仅是爱上帝的两个形式,一个是自然的倾向,一个是超自然外在的行为。前者不是外在的行为,虽然整个被理性弥散着。他还认为,对本性和超本性的区分不是源于阿奎那本人,而是后来的学者划分的。因此,吕巴克拒绝"有自然的、外在的爱上帝的行为"这一说法,因为这样一来就是对两者之间有一差别观点的接受。

对上述两位研究者的观点,另外一些研究者又进一步地提出了反驳。盖拉伯特(M.R.Gagnebet)认为牧录的整个结论只是限定于对阿奎那文本中的一个观点的分析,即爱是朝向被爱的运动的原则的分析。在盖拉伯特看来,如果仅仅认为爱是一个原则而不是一个行动,那么将会误解阿奎那的整个文本内容,甚至整个阿奎那爱的理论。对于吕巴克的观点,盖拉伯特说道,吕巴克的观点对第一集问题60第5条的依赖性很大,阿奎那在这部分内容里虽然没有明确地提到外在自由选择的行为,然而在问题的开端里提到了自由选择的问题,我们现在要考虑意志的行为就是爱。通过对上述两位研究者的批评,盖拉伯特提出了自己的看法。他认为,既然阿奎那能提出爱德的必要性问题,那么他就假定了本性爱上帝行为的存在。由此,可进一步地推知,他认为人本性爱上帝的行为是可能的。在这一认识基础上,盖拉伯特又进一步揭示了阿奎那是如何区分两种形式的爱的。第一种爱的形式是建立在创造者和受造物自然的相似性基础之上,第二种爱的形式是建立在恩典的超自然的相似性基础之上。本性之爱是被指引到上帝,上帝是本性的作者。超本性的爱上帝,上帝是恩典的作者。如此,阿奎那本人也坚持本性和超本性至福的差别。①

---

① 参阅 Gregory Stevens,"*The disinterested love of God*",The Thomist,July,1953。

从上述所引的各思想家的主要观点来看,牧录和吕巴克都认为,在没有恩典的情况下,人是不可能有任何本性的爱上帝的外在的道德行为,而仅仅具有一种本性的倾向。而盖拉伯特则认为,人对上帝的本性之爱是一种外在的道德行为。

其实,对上帝的本性之爱作为一种本能的自然倾向,是人内在的本性。这一点可以说是大家的共识。因为阿奎那曾经指出:"在每一个人的心里都有一种天然的爱,爱自己的生命和与之有关的事物;然而,这种爱必须按照合理的程序,这种爱不是目的,而是达到最终目的的方法。因此,人如果不按合理的程序爱自己,那么便是违反自己的人性,便是罪恶。但是,没有一个人能够完全丧失这种天然的爱,因为凡是属于本性的,则是不能丧失的……"①甚至罪人也倾向于爱上帝。在这个意义上,对上帝的本性之爱的倾向是必然的。

问题在于,人与其他存在者对上帝的本性之爱的不同究竟何在?这才是问题的关键所在。人与万物都有一种本性的爱上帝的倾向,这是作为万有分有的共同性。然而,人有不同于万物的特殊性,这是阿奎那反复强调的。他一方面说:"缺乏知识的事物天生努力获得对它自己来说是善的东西,比如火努力向上燃烧。"②在这些没有理性的存在者中,这一自然倾向示范了理智本性的意志中的自然倾向,如手可以为了身体自然地牺牲自己以追求自己的完满性。但另一方面,他又强调了人的理智本性,认定人可以仿效自然为了城邦而牺牲

---

① ST.,Ⅱ—Ⅱ,Q.126,a.1.

② 【意】托马斯·阿奎那:《神学大全》第一集《论上帝》第4卷《论天使》,段德智译,北京:商务印书馆2013年版,第134页。

自己。人的理性仿效了自然。因此对上帝爱的外在行为，我们整体上可以说人是根据正确的理性和自然的本性这两种特性。人是有理性的动物，那么人区别于动物的就是人有理智和意志。理智和意志是人的灵魂的两种能力。人的意志建立在自然欲望的基础上，但是他是他自己的主人。人可以进行自我的抉择干什么或不干什么。人都会从选择出发追求可能使他们受益的东西，都会用选择的爱来爱自己。而自由的自我决定依赖于对最终目的的本性倾向。通过对这一目的追求，以寻求适合于精神自身的存在方式，而通过理性和理性化的意志的作用，使得人的本性倾向就是一种真正的道德行为。所以，从人是否遵循自然法所规定的可以判断他是否是道德的。在阿奎那看来，所谓善的行为即做合于人类理性的行为，亦即合于自然法的行为。

阿奎那认为，人本性上爱上帝的这一行为是一个自由的道德行为，理由是人根据正确的理性去爱上帝。自然的行为和自由的行为是不矛盾的，因为人的理性是对自然的正确模仿。对上帝的爱的外在行为是可能的，但这仅仅对于理性的受造物而言。

在阿奎那看来，在本性的秩序里，意志会必然地意欲某物；但是意志并不会必然地意欲它所意欲的任何事物。自然法也规定意志的向善倾向，但人并不总是朝向上帝。正因为如此，如果上帝被爱了，然而又不是必然的，那么，人爱上帝的这一行为就应该是道德的。① 一方面，人本性的相似于上帝，

---

① ST., I —II, Q.30, a.3.

但通过对上帝的本性的知识,作为一个有限的受造物的我们,也能被指引到上帝作为最终的目的。而这就是人高于万物的地方,也是人对上帝的本性之爱的道德性的关键之处。

另外,需要强调的是,阿奎那所说的对上帝的本性之爱这一外在行为是在完整的本性状态下才有的。[①] 这一本性的完整状态意指实质上的肉体对灵魂的服从,感官对理性的服从,以及形式上的理性和意志对上帝的服从。[②] 如果本性状态受损,那就不会有本性的爱上帝的行为。这就从反面表明,在完整的本性的状态下,人对上帝爱的行为将是一个自由道德的行为,不需要恩典和超自然的帮助,直接被引向自然的创造者上帝。

总之,阿奎那认为,人对上帝的爱根植于本性的秩序,维持这种爱是一个特别的道德行为,但被映射在本性的秩序里。所以说,对上帝的本性之爱不仅仅是一本性的倾向,它也是一种道德行为。作为一个内在的本性的倾向,它是不变的,甚至罪人也有这一本性的倾向。但是作为一个自由的道德行为,它虽然是可能的,但仅仅针对完整的本性状态的人而言。堕落的人是不可能有这一行为的。

如果人类的本性没有被破坏或者没有堕落,人类实践爱上帝的命令在实质上是通过他们自己的本性的力量的。因为这是出于人的本性,而人在本性上是追求成全与自足的。人能自然地爱上帝是因为人遵循了"部分的善自然地倾向于整

---

① ST., Ⅰ—Ⅱ, Q.109, a.3.

② 参阅 Gregory Stevens, "*The disinterested love of God*", The Thomist, July, 1953。

体的善"的原则。上帝是人最终的目的,上帝也是至善本身。上帝的存在与本质统一,上帝是纯实现,受造物分有上帝的存在。上帝就是善本身,受造物作为部分,分有上帝的善,类比地拥有上帝的善。人对上帝的本性之爱不仅仅是一种本性的倾向,它更是一种道德的行为,人通过对上帝的理性认知来引导规范自己。而这一点与人通过上帝的恩典去爱上帝并不矛盾。因为,上帝其实内在于人。这便是阿奎那"人出于本性爱上帝"的基本思想。

第 四 章

肖像论与超性之爱

在阿奎那看来,上帝赋予人本性,使得人在本性上有爱的能力,从而使人可以凭借自己的本性能力爱上帝在万有之上。然而人由于罪的堕落,人的本性严重受损,使得人与上帝之间的差距越来越大,上帝的肖像在人性之中被非常严重的抹去,以至于近乎无,或者是变暗了和受到了玷污。然而,上帝并没有抛弃人类,差遣自己的独生子道成肉身来世间,拯救罪恶的人们,召唤人们要相信他,要相信他能够把人们从罪恶中解救出来。耶稣基督通过自己的死亡与复活把人类从罪恶的束缚中解脱出来,显明了上帝的大爱。上帝的大爱唤起了人们对他的爱。所以,人对上帝的爱来源于上帝的恩典,是上帝在基督中的启示。通过圣灵的运作,人们被圣灵推动去爱上帝。人分有了上帝的神圣本质,分享了上帝的爱,使人的本性获得了提升。因此,人在超性的基础上与上帝建立了友谊。正是这一友谊使得人回归上帝,人——这一上帝的肖像变得越来越完美。而阿奎那则把这一友谊定义为爱的德性。在阿奎那的德性论思想中,爱德是最优越的德性,并且是诸德的形式。

第一节　爱德之导源

一、恩典之光

"恩典"一词,《新约》中称之为"charis",拉丁文写作"gratia",英文"grace"是对拉丁文"gratia"的翻译。在《新约》中它被频繁地用来指上帝自由地给予,特别是通过基督和福音而给予的活动。"恩典"意指上帝在我们中的行为,导致我们与他的结合。一般地来说,阿奎那也持这样的观点。① 为了理解阿奎那的"爱德"思想,我们必须首先对他的恩典神学有一定的了解。任何解读阿奎那德性神学的人都必须要从思考他的恩典神学开始。

在阿奎那看来,恩典可以通过两种方式来理解。首先,可以理解为上帝的帮助。通过恩典,上帝推动我们去意愿和行动;其次,可以理解为上帝赐予我们的惯常的礼物。② 上帝的恩典是上帝爱的产物。"上帝的爱,藉着所赐予我们的圣灵,已倾注在我们心中了。"(《罗马书》5:5)圣灵就是圣父与圣子的爱,而在我们之内的受造的爱德即圣灵的分享,是圣灵倾注而来的。③

我们人类为何需要恩典呢? 对此问题,阿奎那是这样分析的:无论在亚当犯罪之前还是犯罪之后,人都需要上帝的恩

---

① Brian Davies, *The Thought of Thomas Aquinas*, Oxford: Clarendon Press, 1992, p.262.
② ST., Ⅰ—Ⅱ, Q.111, a.2.
③ ST., Ⅱ—Ⅱ, Q.24, a.2.

托马斯·阿奎那 爱的学说研究 A Study on Thomas Aquinas' Doctrine of Love

典。亚当在伊甸园中未堕落之前是人的本性的完美状态,是人在今生应有的生命状况。"亚当在一个完美本性的状态下,通过其本性的能力做善的事情,这对于他来说是自然的,不用附加任何的礼物。去爱上帝在万有之上对于人性和每一个本性来说是自然的。在完美本性的状态下,亚当爱自己和爱所有的事物,但把对上帝的爱作为最终的目的,他爱上帝胜过于自己和一切事物。"①如我们在上一章最后一节所说,对于人的意志而言,人对上帝的爱是出于本性的。人的意志在它不堕落且完整的本性下,很自然地爱上帝胜过一切,根据他们与上帝的关系,因为上帝是所有存在的原则,上帝是人最终的目的。然而,阿奎那进一步指出,即使是一个未被罪损害的、处于完整本性状态下的人,对上帝的本性之爱也是深受限制的。亚当在堕落之前也不能够得到最终的幸福。阿奎那认为,在伊甸园中的亚当也需要恩典。即使人的意志未被罪损害,他能爱上帝胜过一切,爱所有被指向上帝的事物,但是他不能以得永恒至福的方式在神圣本质的景象里爱上帝。②"理性和意志根据他们的本性并不能足够地指向作为超本性至福的客体上帝。"③所以说,即使人没有罪的堕落,也需要上帝的恩典把我们引向超本性的幸福。

阿奎那又进一步分析道:在亚当堕落之后,他的子孙继承了原罪,人的本性就变得不完整了,他们甚至缺乏亚当在伊甸园中所拥有的本性的德性,更加不能按照本性的样子成为他

① ST., Ⅰ—Ⅱ, Q.109, a.3.
② ST., Ⅰ—Ⅱ, Q.109, a.3.
③ ST., Ⅰ—Ⅱ, Q.62, a.1.

们所应该是的东西。即使一个人能获得真正的德性,但他不能总是根据获得的本性之德去行动,最终一个人会远离上帝而朝向无序的自我。① 而本性受损的人即使能做任何特殊的善的事情,以至于引导他们走向上帝,但是他们不能恒久地做善的行为,或者完整地进入上帝的有秩序的爱之中。② 他们能做一些善,但是他们不能做对于他们的本性是自然的、所有的善,而人的爱的限制则更大了。如果在完美的本性状态下,人需要恩典只有一个理由,即意愿超性的善;而在堕落本性的状态下,人需要恩典则有两个理由,首先需要医治受损的本性,之后去实现超本性之德的工作。③

阿奎那在肖像论的有关论述中指出,上帝按照自己的肖像造人,并且赋予人特有的完善和能力,但是人类还是选择了与上帝的意志相悖离的目标而犯罪。人的本性堕落之后,人离上帝则越来越远,变得不再是一个完美的上帝的肖像。上帝的肖像"被非常严重地抹去,差不多近乎没有,像被遮住似的",或者是"变暗了和受到了玷污"④,所以需要上帝的恩典的医治。如果缺乏恩典,人们就无法成为相似于上帝的人,无法成为上帝完美的肖像。"人要相似于上帝,就要通过圣化的恩典凭借灌输的神学德性、灌输的智德、灌输的伦理德性和圣灵的礼物,将这样的一个方式和所有的手段一起采用,通过

---

① ST., Ⅰ—Ⅱ, Q.109, a.2.

② ST., Ⅰ—Ⅱ, Q.109, a.2.

③ ST., Ⅰ—Ⅱ, Q.109, a.2.

④ 【意】托马斯·阿奎那:《神学大全》第一集《论上帝》第6卷《论人》,段德智译,北京:商务印书馆2013年版,第384页。

他们的相互连接和相互关联，一个神圣的代表在人之中被构成。"①没有恩典，人们就会缺乏相似上帝的手段。恩典总是伴随着完整的手段，并且是手段的基础。爱德既是一种神学德性，也是人们相似上帝的手段。

在阿奎那的德性学说中，作为神学德性的爱德以神圣化的恩典为基础，没有神圣化的恩典，这些神学德性就不可能存在。② 就像自然的理性之光是获得的德性之外的某种东西一样，作为神的本性分有的恩典之光也是被灌输的德性之外的某种东西。那些获得的德性是在与自然之光的联系中被提到的，而这些被灌输的德性则是由恩典之光所派生的，并且被命令朝向这光。阿奎那的说法与使徒所说一致。使徒说："从前你们是暗昧的，但如今在主里面是光明的，行事为人就当像光明的子女。"(《以弗所书》5：8)就像获得的德性能使一个人的行事和为人与理性的自然之光相一致一样，被灌入的德性也能够使人的行事和为人与恩典之光相一致。③ 因此，阿奎那认为，爱德以恩典之光为前提，爱德是对上帝神圣本性的分有，唯有上帝能使他发生。任何被造物要想产生恩典都是不可能的。正如《圣经·新约》所讲，"我们各人所领受的恩宠，却是按照基督赐恩典的尺度"。(《以弗所书》4：7)

① Leo M.Bond,"*A Comparison Between Human and Divine Friendship*", The Thomist,January,1941.
② ST., Ⅰ—Ⅱ,Q.110,a.3.
③ ST., Ⅰ—Ⅱ,Q.110,a.3.

二、基督救赎

如上所述,阿奎那承认恩典在救治堕落的本性中的重要性。① 但他也深深地意识到基督在救治和救赎的恩典中的重要位置。② 基督作为我们神圣化的作者,③主要是通过基督的生命、死亡和重生,以及上帝倾注他救赎的恩典在我们身上。④ 我们通过上帝的儿子接受这一恩典,恩典填满他的人性,并流向我们。⑤ 耶稣基督是上帝的儿子,圣子是三位一体中的一个位格。耶稣基督就其本质而言与上帝是一体的。因为上帝的位格表示的是一种根源的关系,这与上帝的本质其实是一回事情,只是在理解的方面有所不同。耶稣基督本质上就是上帝。圣子是作为道运行的,圣子在位格上又被称作肖像,圣子是圣父完美的肖像,而人则是不完美的肖像。

耶稣,这位上帝的儿子,他以神迹的方式成孕在童贞女马利亚的腹中,并自甘卑微地降生在马槽里。当耶稣基督道成肉身后就不仅有了神性,而且还有了人性。耶稣被称为人,耶稣自称为人,群众、撒玛利亚的妇人及他的门徒都称他为人;基督有人的肉身的属性,他是作为一个婴儿出生的,他的身体会生长并需要食物供给营养等;基督有人类的情感,他会愤怒、忧愁、悲伤和愉快等;他还有人类理智方面的属性,具有人

---

① ST., Ⅰ—Ⅱ, Q.109, a.2.
② ST., Ⅰ—Ⅱ, Q.112, a.1.
③ ST., Ⅰ—Ⅱ, Q.114, a.6.
④ ST., Ⅱ—Ⅱ, Q.2, a.7.
⑤ ST., Ⅰ—Ⅱ, Q.108, a.1.

类理性的知识和经验;另外,耶稣也有人的道德属性,对人谦卑。但是,耶稣身上的人性受神性的推动和支配。耶稣本身体现了人性和神性的完美结合。阿奎那说,"耶稣基督的人性是他的神性的一个工具,正如大马色人所说的,一个工具靠它自己的力量并不能产生首要的动因的活动,而是要借助于首要动因的力量。因此,耶稣基督的人性并不是靠他自己的力量产生恩典,而是借助于共存于它之中的神性来产生恩典,凭借这一点,耶稣基督的人性的行动才是拯救的行动。"①阿奎那在这里虽然肯定基督的人性作用,但仅将人性看做是神性的工具,以此来突出基督拯救行动的基础,因为人类正是通过看到人性的基督的生命、死亡和重生才真正地体会到上帝的爱和圣灵的充满,正是和真实的人性的基督接触才真正感受到上帝的恩典。

165

　　耶稣最后被钉十字架,他的死是为人类的罪而死。《圣经·新约》说:"世人都犯了罪","罪的工价乃是死"(《罗马书》6:23)。耶稣就是要以圣洁无罪之身,代替人类死,为我们偿付罪应当偿付的代价。耶稣自己宣称"他来要舍命,作多人的赎价"。(《马可福音》10:45)"我们藉这爱子耶稣的血得蒙救赎,过犯得以赦免,乃是照他丰富的恩典。"(《以弗所书》1:7)"惟有基督在我们还作罪人的时候为我们死,上帝的爱就在此向我们显明了。"(《罗马书》5:8)"基督来到这个世界,不仅仅是为了清除那种源初的传给后人的原罪,而且也

---

① ST.,Ⅲ,Q.2,a.5.

是为了清除此后加诸其上的所有其他的原罪。"①耶稣基督通过自己的死亡与复活把人类从罪恶的束缚中解脱出来。

耶稣基督是上帝和人之间和好的媒介。在阿奎那看来，基督是一个很好的媒介，基督以一个很完美的方式把人和上帝连接到一起。基督是人和上帝之间最完美的媒介，因为通过他的死，调解了人和上帝的关系。然而，阿奎那又说道，基督作为一个媒介仅仅是从他的人性来说的。因为基督作为神性的上帝本身的时候，并不是媒介。基督作为上帝本身，在所有的方面是与父等同的。但是在人性方面，他是高于所有的人的。因此作为人来说，他是一个媒介。②"上帝在基督里叫世人与自己和好。"(《哥林多后书》5∶19)正是基督的出现，使人和上帝的破裂关系得到恢复。耶稣基督的道成肉身显明了上帝的爱，上帝用他的宽恕引导那些罪人，与人们建立一种友谊的关系，以便使罪人们可以再次被称为上帝的朋友。在这种友谊的关系中，人类也回应上帝的爱。上帝对人的爱与人对上帝的爱在耶稣身上得到了统一，人和无限的永恒的天国之间的桥梁建立起来了。

我们自己不能达到恩典，只能通过基督。③ 只有信仰基督，人的原罪的罪恶才能被去除。上帝的爱被倾注在信仰基督的人的心中。阿奎那认为，是基督影响了在我们之中通过圣灵的行为而成圣的。④ 因为基督，因为圣灵的工作，人才成

---

① ST., Ⅲ, Q.1, a.4.

② ST., Ⅲ, Q.26, a.2.

③ ST., Ⅰ—Ⅱ, Q.108, a.2.

④ ST., Ⅰ—Ⅱ, Q.108, a.1.

为恩典的接受者。

通过上面的论述,我们可以看到,阿奎那把基督神学和救赎神学首先放在了恩典的运行的理解中,通过恩典的运行,我们对上帝神圣生命完全的参与,从而使我们成为上帝的子女。人是在恩典中造出来的。人类对于上帝的爱从根本上说是从上帝的恩典中派生的。上帝在基督中被启示,并通过圣灵把恩典广布于人类的心灵之中。基督徒被限定作为一个爱上帝的人,他的爱是神学的爱德,是对神圣本性的参与。通过爱德,基督徒分享了神圣"善"的三位一体的表达。因此,爱德是一种分享神圣位格的真实的爱。在爱德中,通过圣灵与最终目的相结合,并通过圣灵的倾注,一个人才分享神圣的爱,即神圣的本质。通过爱德,圣灵住在人之中。① 在圣灵中,通过基督,我们爱我们的父。通过爱德,基督徒能以爱回应父的爱,预示了受造物所有的行为最终都指向上帝,这是整个救赎秩序的基础。人对上帝的爱德之爱将保持着,甚至到天堂也将保持着。这表明:在地球上的爱德之爱是基督徒最完美的荣耀生命的预设。② 在阿奎那看来,上帝是至福。一旦人类的生活分享了上帝的生命,那么就会胜过所有本性的力量。通过分享上帝神圣的爱,人超越了他的本性能力去爱上帝。通过分享上帝神圣的爱,恢复所谓的"新人"的超自然的本性便具有了极大的可能性。这样,人作为上帝的肖像会更加完美。

167

---

① ST., Ⅱ - Ⅱ, Q.23, a.2.

② Gregory Stevens, *The life of Grace*, Engelwood Cliffs: Prentice-Hall, 1963, p.73.

三、本性的提升

如第三章所述,阿奎那认为人的自然本性有爱上帝的倾向,但是爱德则不是一种自然的德性。"上帝的爱,藉着所赐予我们的圣灵,已倾注在我们心中了。"(《罗马书》5:5)根据《圣经·新约》的观点看,爱德是圣灵倾注而来。我们的爱所依赖的并不是自然的德性,既非自然本性的条件,亦非自然德性的能力,而仅仅是圣灵的恩宠、圣灵的意志。圣灵根据他的意志决定他的赐予。既然爱德是圣灵的恩宠与倾注,那么她就超越了人的本性的范围,正如阿奎那所言:爱德自身超越了我们自然本性的能力。① 对于阿奎那来说,是居于人之中的上帝的工作提升了他们,使得他们超越人的本性,从而分享神圣的本性。恩典的礼物超出了被造物本性的一切能力,而蒙受恩典无非是分有神性,神性超出一切别的本性。对于相似上帝、享受永福的人类来说,我们需要的德性是神性的而不是人性的。

对于阿奎那这一基于恩典基础之上的神学伦理学特征,托马斯·米拉(Thomas F.O'Meara)有非常精彩的阐述。他说:"阿奎那关于德性的神学伦理学完全有必要从被称为恩典的神圣的表现开始,因为生命的德性,甚至是基督徒行为的动力的源泉,一定像所有的潜能和行为,有一个基础或一个本性。"②每一种德性,作为能力的完美,都扎根于本性。如果我

---

① ST., Ⅱ-Ⅱ,Q.24,a.3.

② Thomas F.O'Meara,"*Virtues in the Theology of Thomas Aquinas*",Theological Studies,Vol.58,1997.

们试图去理解德性，我们一定要开始于对本性的理解。神学德性也如此，但是对于神学德性来说，"本性"毫无疑问是恩典的本性，适合于基督徒的生命。

阿奎那如此强调恩典对于人本性提升的重要性，接下来我们要进一步追问：恩典是如何提升人的本性呢？恩典的本性是如何形成的呢？为回答这些问题，我们还得从恩典的本质说起。就像存在于理智的或理性的本性的种之中一样，灵魂是恩典的主体。① 灵魂的本性是流溢出其作为行为的原则和各种能力的根源，恩典则是流进到灵魂的被推动去行动的能力，好比德性之中的根源。恩典对于意志的本性能力，就像推动者对于被推动者一样，也相当于骑手对于马的说法。② 这也就是说，恩典是通过灵魂来发生作用和展开行动。也正因为如此，阿奎那将恩典看作是灵魂的品质而存在于灵魂的本质之中。灵魂的本性能力从灵魂中流出，灵魂正是通过其能力而行动。阿奎那这样说："恩典，正如它先于德性一样，它也有一个先于灵魂能力的主体，处于灵魂的本质之中。因为，正如通过信仰的德性，人在他的理智的能力中分有神的知识，以及通过爱的德性，人在他的意志的能力中分有神的爱一样，通过某种重生或再造，依照相同的方式，人在灵魂的本性中分有神的本性。"③因此，恩典是凭借其存在于灵魂的本质之中而提升人的本性，使人去分享神圣的本性。

恩典超越了我们的本性，但还是以我们原有的本性为基

---

① ST., Ⅰ—Ⅱ, Q.109, a.4.
② ST., Ⅰ—Ⅱ, Q.110, a.4.
③ ST., Ⅰ—Ⅱ, Q.109, a.4.

础,只是提升了我们的本性而已,并没有重新赋予一个新的本性。因此,阿奎那认为,灵魂或任何理性的受造物的本性,都有一定的对恩典接受的倾向。虽然至福景象高于人灵魂的本性,但是,这一景象还是根据灵魂的本性的。理性的受造物在秩序中被指向恩典是如此的亲密,类似于眼睛和光的关系。① 上帝在人的本性中设置了唯一的可以接受恩典礼物的能力。更具体地说,上帝的意志是为恩典而规定本性的,他把不同等级的本性规定给不同等级的恩典。更大的恩典和荣耀会由于一个人更强烈地转向上帝而被赐予他。② 可见,具有更大的本性能力的人将获得更多的恩典和荣耀。意志精神的能力就是唯一能促使理性的受造物与上帝亲密结合的能力。③ 在上帝的永恒的计划里,上帝为人已经规定了通过上帝的恩典的医治和提升的行为,让人去获得与上帝完整的结合。④ 爱德是爱上帝的行为,爱德超越了意志的本性能力去达到上帝,但它是在意志的潜能中通过恩典力量的帮助去达到上帝的。根据以上所述,我们可以清楚地看到,本性为接受恩典做好了准备,超性以本性为基础,本性为超性奠定了基础,超性让本性更完美。超性其实就是本性的提升,我们也可以称之为第二本性。无论本性还是超性,其实都是上帝所赋予的。这便是

---

① Cf. Michael S. Sherwin, *By Knowledge and by love: Charity and Knowledge in the Moral Theology of St. Thomas Aquinas*, Washington D.C.: The Catholic University of America Press, 2005, p.125.

② 【意】托马斯·阿奎那:《神学大全》第一集《论上帝》第 4 卷《论天使》,段德智译,北京:商务印书馆 2013 年版,第 166 页。

③ ST., Ⅰ—Ⅱ, Q.113, a.10.

④ ST., Ⅰ—Ⅱ, Q.114, a.2.

阿奎那有关恩典与本性，以及恩典如何提升本性以上升至超性的基本观点。

　　既然恩典通过人超本性的行为去提升整个存在者到一个新的生命境界，那么恩典本身就是一种提升人的本性和行为的能力和提升行为，而上帝的恩典在人的灵魂中活动则必须以人提升后的本性，即第二本性为基础。人通过第二本性而来的认知和欲望的习性获取恩典的生命。① 按照阿奎那的分析，从第二本性而来的习性有三种类型：第一类，完美灵魂的精神能力的三种神学德性，与上帝作为最终目的相关。信德完美了理智，望德和爱德完美人的意志。第二类，灌输的伦理德性，如灌输的智德、义德、勇德、节德。这些德性完美了我们精神的能力，它相关于那些朝向我们最终目的的手段。第三类，其他的灌输的认知和欲望的习性，它们完美了理智和意志，促使他们接受圣灵的引导行为。② 然而，所有这些由第二本性而来的习性都是圣灵的礼物，通过耶稣基督所启示。

　　按照上述分析，爱德也是从本性而来的灌输的习性当中的一种，只不过它是以其本性的意志能力为基础的，是在恩典的礼物中提升了的意志的本性之爱。通过我们意志的适当的行为，我们能去爱上帝，并以一种亲密和直接的方式与上帝结合。因此，爱德的行为并不是来自外在原理的运动，并不是某种习性加入人性中，以此方式成全意志。恰恰相反，爱德的行为来自一个内在的原理，爱德是人本性提升后的第二本性而

---

① ST., Ⅰ－Ⅱ, Q.110, a.3.

② ST., Ⅰ－Ⅱ, Q.68, a.1.

来的习性。

第二节　爱德的本质内容

一、人与上帝的友谊

根据第一节内容所述,爱德属于第二本性的习性,以恩典为前提,需要上帝的爱来完成。对于阿奎那而言,"爱德是人与上帝的一种友谊。"①也许有人会问,人和上帝之间会有友谊存在吗？按照阿奎那的说法,人与上帝可以有友谊。由于人是肉体和灵魂的复合实体,人的生命也是由两方面构成的。一方面,人有感觉的和肉体的本性。在这方面,我们与上帝之间并没有什么交往,无所谓友谊;然而另外一方面,人有心智,人有精神或神性生命。就这个面向而言,我们与上帝之间有友谊。② 所以阿奎那说:"爱德不仅仅指的是上帝的爱,而且还是人与上帝的友谊。"③

阿奎那为什么从"人与上帝的友谊"这个角度来界定爱德呢？"友谊"这个概念来源于哪里呢？对此问题,我认为可以从以下三个方面来分析。

第一,来源于哲学家亚里士多德的"友谊"概念。根据亚里士多德,并不是所有的爱都有友谊的性质,友谊有其自身特征。其一,含有善愿。只有那种含有善愿的爱,我们意愿一个人得福,只有这样的爱,才是友谊。如果我们不愿意我们所爱

---

① ST., Ⅰ—Ⅱ, Q.23, a.1.

② ST., Ⅱ—Ⅱ, Q.23, a.1.

③ ST., Ⅰ—Ⅱ, Q.65, a.5.

的东西得福,只愿意我们自己得到利益,如我们爱酒或爱一匹马等类的东西,这不是友谊之爱,而是一种欲望之爱,正如第三章所述。所以,我们意愿朋友善,是为了朋友自身善的缘故,而不是为了我们自己善。其二,相互性。仅仅善的意愿对友谊来说还是不够的,因为友谊需要共同的爱,我们对别人友善的意愿,然而对方没有意愿让我们善,那么这也不是友谊。友谊是相互的,单方向的爱不能称之为友谊。其三,分享共同的善。既然友谊是双方互相之间的行为,那友谊必定建立在一定的共同基础之上。上述三个方面的要求界定了友谊的特征。既然爱德是友谊,那么爱德也具有这三个特征。我们意愿上帝善,上帝也意愿我们善,而且上帝的善是我们善的原因。爱德不仅仅是上帝爱我们,也有我们爱上帝,是相互的。既然人与上帝之间有交往,因为他使我们分享他的福乐,在这交往的基础之上,必然建有某种友谊。爱德以同享天福的共同关系为基础,这种共同关系,与自然的天赋无关,而是根据恩赐。①

正是我们与上帝分享的这个善告诉我们,我们与上帝的友谊是什么,最终的目的是什么,友谊的根源就是对共享善的分享。威德尔在分析阿奎那以友谊来阐述爱德的相关论述中,认定亚里士多德的《尼各马可伦理学》给阿奎那阐述爱德提供了基础,而且他对阿奎那爱德的阐释,主要是根据亚里士多德"论友谊"这条思想线索。应当承认,亚里士多德的"善愿"和"交往"的范畴对阿奎那关于爱德的阐述的确起到了启

---

① ST., Ⅱ—Ⅱ, Q.23, a.1.

发的作用,而且阿奎那在《神学大全》中也的确运用了这些范畴来划分爱德的种和属。然而,仅仅根据亚里士多德的"友谊"概念,还不足以揭示阿奎那爱德观中"人与上帝的友谊"的思想,毕竟阿奎那是一个神学家,而在亚里士多德那里没有上帝的概念。

第二,来源于奥古斯丁对爱德的理解。奥古斯丁通过对"享用"(frui)与"使用"(uti)两个词汇进行辨析,区分了"绝对的爱"与"相对的爱"。他认为,"享用"是为其自身而爱,是绝对的爱,"使用"则是为其用途而爱,是相对的爱。"享用"与"使用"的关系,即是目的与手段的关系。在奥古斯丁看来,我们应该"享用"上帝,一切的爱都必须以上帝作为其终极目的,因为上帝是至高的善,是一切造物之主,也是幸福的根源。奥古斯丁对"爱德"下了如此的定义:"我称灵魂为了上帝本身而享用上帝的行动为爱德。"①相比较而言,阿奎那把"爱德"定义为人与上帝的友谊之爱,其基本精神与奥古斯丁基本相同。回顾第三章所述,阿奎那曾经把爱区分为友谊之爱和情欲之爱,友谊之爱和情欲之爱就是目的和手段、主要的和次要的关系。奥古斯丁的术语"享用"(frui)与"使用"(uti)和阿奎那的友谊之爱(friendship love)和情欲之爱(concupiscence love)的区分,何其相似。"享用"类似于友谊之爱,爱某善作为最终的目的;"使用"类似于情欲之爱,为了达到最终的善,爱某物是因为那物是有用的。人享用上帝或者人与上帝的友谊都是因为上帝的缘故而爱上帝。很显然,阿奎

---

① ST.,Ⅱ—Ⅱ,Q.23,a.2.

那在界定爱德作为人和上帝的友谊之爱时,在相当大的程度上也是建立在奥古斯丁对爱德的理解基础上。因为上帝的缘故而爱上帝,这一目的的纯粹性特别值得注意。"爱德使我们达到上帝因为上帝的缘故,使我们的心灵与上帝结合通过爱的情感"①,有爱德的那些人被指向上帝单纯的和仅仅是为了那个善,即上帝。"爱德达到上帝本身,停息在上帝中,除了上帝自身并不寻求任何东西,不用寻求任何利益。"②"爱德"就是对我们欲求的目的的爱,这种爱是完美的友谊之爱。通过友谊之爱,上帝被爱,因为上帝自身的缘故。通过爱德,人被放在了合适的朝向最后目的的部署中,使人与上帝结合作为最后的目标,上帝被实际的占有或渴望,这是爱德的本质功能。③

第三,来源于《圣经》的权威。一方面,既然人爱上帝是为了上帝自身的缘故,那么一定是发自内心的,这正是《新约》的主旨。"新约是完满的律法,因为它是爱的律法。"④他们指向上帝不是作为一个手段,而是一个目的。上帝并不是作为外在的事物,而是内在的东西,因为其所是而被爱。正如在第一章分析《新约》与《旧约》差别的时候所述,《旧约》主要强调律法问题,遵守诫命,《旧约》被称为恐惧的律法,若不遵守律法,人们就会受到惩罚;而那些拥有德性的人通过德性

---

① ST., Ⅰ—Ⅱ, Q.17, a.6.

② ST., Ⅱ—Ⅱ, Q.23, a.6.

③ P.De Litter, "*Hope and Charity in ST. Thomas*", The Thomist, April, 1950.

④ ST., Ⅰ—Ⅱ, Q.107, a.1.

之爱去做高尚的行为，并不是由于某种外在的惩罚或奖赏，而是由于爱。《新约》被称为爱的律法，人可以藉上帝的爱，即倾注到人内心精神的恩典处获得崇高。① 所以，人与上帝友谊的概念符合《新约》爱的主旨。另一方面，阿奎那彻底改变了奥古斯丁对"享用"（frui）一词的使用，用"友谊"的概念替代了"享用"（frui）一词。其主要原因在于阿奎那对《新约》的引用，"以后我不再称你们为仆人，因仆人不知道主人所做的事情，我乃称你们为朋友，因我从我父所听见的，已经都告诉你们了。"（《约翰福音》15:15）基督把这善和至福显明给了门徒，门徒分享了上帝的善和至福，基督和门徒的关系变为朋友，门徒作为基督的朋友也会像基督那样意愿别人最终的善和至福。称为爱德的那种友谊被基督意愿门徒的那种善所界定。基督对门徒的友谊之爱体现了爱德的实质性内容。

由上述三个方面的论述可以看出，阿奎那将"爱德"界定为"人与上帝的友谊"，其思想来源主要在这三个方面，这三个方面的内容缺一不可。亚里士多德的善愿和交往的范畴被用来建构了爱德的定义和形式，而界定爱德的善愿和交往的特定内容则来自奥古斯丁和《圣经》，且主要是《新约》的内容。亚里士多德关于"友谊"的论述对阿奎那将"爱德"界定为"友谊"非常具有启发意义，亚里士多德界定了"友谊"的一般性特征，为阿奎那的爱德观提供了思想范畴。而阿奎那"爱德"的特定内容的界定则主要展现在基督里，通过《约翰福音》第十五章十五节已有所说明。西方有些学者，如威德

_____

① ST., Ⅰ—Ⅱ, Q.107, a.1.

尔仅仅看到亚里士多德对阿奎那爱德形式的界定的影响，并且主要从此线索出发来揭示阿奎那爱德的思想，这是相当不够的，也是不全面的。这恰恰表明对于阿奎那爱德观的研究，即使在西方学术界也留下了相当大的理论空间，同时也给我们的研究带来了一定的挑战。

如同亚里士多德把友谊视为德性一样，阿奎那也把"人与上帝的友谊"视为一种德性。人性行为之所以为善，是因为它们按照其应有的规则和尺度。人的德性是人的一切善行的原则，人的德性在于跟随人性行为的规则，即理性和上帝。① 正如伦理德性的定义是"合乎正当的理性"，同样，到达上帝也构成德性之本性。如奥古斯丁所说，"爱德就是我们人的情感完美地朝向上帝，将我们与上帝结合，以此获至上帝。"既然爱德到达上帝，使我们与上帝结合，那么爱德是一种德性，符合上帝的规约。只是这种德性不同于一般的伦理德性，而是神学德性。② 爱德是一种超性之德，是在恩典中透过分享，被理解为生成变化的一种人的德性，是人的第二本性中的德性，而并不是人的第一本性的德性。另外，在阿奎那看来，爱德还是一种特殊的德性。因为爱的固有对象是善，如果有一种特殊性质的善，那么就有一种特殊的爱。然而上帝之善，由于它是幸福的对象，是一种特殊性质的善，为此，爱这种特殊之善的爱德之爱，也是一种特殊的爱。所以，爱德不仅仅是一种德性，更是一种特殊的德性。③

---

① ST., Ⅱ—Ⅱ, Q.23, a.6.
② ST., Ⅱ—Ⅱ, Q.23, a.6.
③ ST., Ⅱ—Ⅱ, Q.23, a.4.

二、爱德的行为体现

　　行为必然是主体的行为,故爱德的行为必然也有其主体。我们知道,阿奎那将"欲望"分成感觉欲望和理智欲望两种。在他的思想体系里,每一种欲望的对象都是善,但是他们又分属于不同的善。感觉欲望的对象是感官所感受到的善,而理智欲望或意志的对象是普遍善,是理智所认识的善。作为爱德的对象"上帝"不是感觉之善,而是只有理智才能认知的神圣善,所以爱德的主体是理智欲望即意志,并且只是意志而不是自由意志。自由意志在于它是选择的行为,选择导向目的之物,而意志的重点在于目的本身。爱德是以上帝为最后目的,所以爱德是在意志中而不是在自由意志中。理性不是爱德的规则,只是本性德性的规则,爱德是被上帝的智慧所规范,并超越人的理性的规则。爱德不是在理性里,它不像智德那样,以理性为其主体;也不像义德和节德那样,以理性为其规则;爱德仅仅是在意志里,只是与理性有着某种亲密的关系而已。① 爱德可以增长,对上帝的爱可以增加,通过深深地扎根在意志中,就好像植物要扎根在土壤里面。

　　考察了爱德的主体之后,阿奎那接着考察爱德的客体。所谓"爱德的客体",在阿奎那那里是指出于爱德而被爱的事物。《神学大全》关于爱德的客体的论述中,"出于爱德"(out of charity)这个短语共出现了 66 次;在《论爱德》同样的问题中,用了 49 次。"出于爱德"的爱是一个动机的描述。在《神

---

①　ST., Ⅱ—Ⅱ, Q.24, a.1.

学大全》中，"爱德的客体"乃是与动机的概念相联系的。[1]

奥古斯丁在《论基督圣道》中曾说，有四种事物应该被爱，一个是在我们之上的上帝，另一个是我们自己，第三个是邻人，第四个是我们的身体。阿奎那继承了奥古斯丁这些观点，把爱的客体主要分为四种，即上帝、邻人、我们自己以及我们的身体。

由于爱德是与最后目的的结合，所以我们爱的首要的客体是上帝，因为上帝的善是完美的。爱德之爱趋向于上帝正如趋向幸福的根源，爱德之友谊建立在这一关系上。阿奎那对爱德的首要客体——上帝充满着赞美之情，或称爱德的客体为神圣的善，在至福中被占有，"爱德认为它的客体是神圣的善。"[2]或称爱德是"对最高善的爱……以至于它是至福的客体，超越了受造本性的能力。"[3]"爱德有它某种特殊的善作为他的客体，即，神圣至福的善。"[4]"人以另外一个方式能爱上帝在万有之上，以至于上帝是至福的客体，作为一种心灵与上帝的理性的关系，通过某种精神的统一被建立，这种爱是爱

① James F.Keenan, *Goodness and Rightness in Thomas Aquinas's Summa Theologiae*, Washington D.C.：Georgetown University Press, 1992, p.134.

② St.Thomas Aquinas, *On Charity*, Translated from the Latin With an Introduction by Lottie H.Kendzierski, Wisconsin：Marquette University Press, 1984, a.2.

③ St.Thomas Aquinas, *On Charity*, Translated from the Latin With an Introduction by Lottie H.Kendzierski, Wisconsin：Marquette University Press, 1984, a.2.

④ St.Thomas Aquinas, *On Charity*, Translated from the Latin With an Introduction by Lottie H.Kendzierski, Wisconsin：Marquette University Press, 1984, a.7.

德的行为。"①总之，阿奎那爱德的首要客体"上帝"是作为人的最终目的或最高的善，与上帝的结合对爱德的生命而言是本质的。

阿奎那认为，爱德的客体不仅仅止于上帝，还需要扩展至邻人。正如我们看见光这个视觉的行为与在光的照射下我们看见颜色这个视觉的行为，种类相同。同理，我们爱邻人是因为邻人在上帝中。那么爱上帝的行为和爱邻人的行为，是种类相同的行为。爱德的习性，不仅及于爱上帝，而且也广及爱邻人。② 上帝是爱邻人的原因，因为上帝是整个所有爱的原因。一个人爱上帝作为原因，邻人作为接受者。邻人是出于其他目的而被爱的一个客体，与上帝的结合这一目的作为爱邻人的原则和条件。实际上，一个人在邻人中所爱的客体是在邻人中的上帝。如果一个人爱他的邻人，好像这个人是他的最后目的一样，这是应该谴责的；可是，如果他为了爱上帝而爱这个人，就不应予以谴责，因为这属于爱德的范围。所以一个人在爱邻人中所寻求的目的并不是为了自己的需求而谋求邻人的善，而是为了邻人自己的善，与在邻人中的上帝的结合。上帝作为被爱的客体，邻人被爱是由于上帝的缘故。

阿奎那又进一步问到，出于爱德是否应该爱自己？回答是肯定的。他从两个方面来看爱德，一方面，从友谊的一般概念来说，人的确不是自己的朋友，人和自己并没有什么友谊，

① 参阅 P. De Litter, S. J., "*Hope and Charity in ST. Thomas*", The Thomist, April, 1950。

② ST., Ⅱ—Ⅱ, Q.25, a.1.

但是又确有胜于朋友的东西。如狄奥尼修斯所说,爱是一种结合的力量。那么每一个人是与他自己成为一个单一的个体,这比与另一个人结合更强。正如统一性是结合的原则一样,一个人爱自己的那种爱,是友谊的形式和根源。我们对别人有友谊,是因为我们对待他们,如同对待我们自己一样。而对于此问题,亚里士多德也说过:同别人的友谊关系,起源于我们与自己的关系。另一方面,从爱德特有的本性方面看,爱德首要的是爱上帝,其次是属于上帝的事物,既然人自己属于上帝,那么人也应该出于爱德爱自己。① 由此,我们可以看出,对于阿奎那来说,爱德自然地包括了自爱。他虽然也承认,去谈论对自己的友爱有一点奇怪。但是阿奎那认为,与上帝做朋友就意味着爱属于上帝的和上帝所意愿的,这当然应该包括自我。

不过,对自己的爱是对自己理性本性的爱,使自己更完美。这一理性的对自我的爱是一种寻求完整的爱,这一自爱并不是爱他们自己相关于感觉的本性。如果是爱相关于感觉的本性,这样的自爱是会受到责罚的,因为这不是真正按照一个人理性的本性去爱自己,即为自己欲求属于理性完美的善的事物标准去爱自己。所以,阿奎那认为,"人以理性的本性爱自己的方式主要是通过爱德爱他自己"。② 而对自我的这种爱比对邻人的爱更重要,因为它是一种使心灵直接朝向上帝的爱。上帝对于每一个人来说,是完整的善,而且是爱的全

181

----

① ST.,Ⅱ—Ⅱ,Q.25,a.4.
② ST.,Ⅱ—Ⅱ,Q.25,a.4.

部原因,自己与上帝的结合是最近的,因为这一结合,一个人应该爱自己多于除了上帝之外的一切。一个人爱自己,因为通过爱德作为神圣本质的分享者是上帝的肖像。这个肖像先于邻人,并且引起了和邻人的本性的相似性。

　　阿奎那还认为,爱德不仅包括爱自己,甚至包括爱自己的身体。如何去爱自己的身体呢?阿奎那认为我们可以从两方面去观察我们的身体。第一,从身体的本性方面。我们身体的本性并不是如同摩尼教徒所说的由一个恶的根源所产生,而是被上帝所造。我们可以用它来侍奉上帝,"将肢体做义的器具献给神"(《罗马书》6:13)。虽然我们的身体,不能因着认识或爱上帝而享有上帝,可是我们藉着身体而完成工作,能够达到上帝的完美知识。灵魂上的喜乐,也给肉体洋溢着一种幸福,既然身体也以某种方式分享着福乐,那么我们也可以用爱德去爱它。第二,从罪的堕落和罪罚方面。我们不应该爱我们身体内罪恶的玷污和惩罚的堕落,反而应该用爱德的热愿,把这些东西清除。①

　　其实,在阿奎那的思想体系中,爱德的客体不仅仅是这四种,非理性的受造物、罪人、敌人、天使及魔鬼等也是爱德的客体,似乎包括了万事万物。爱德可以扩展至一切本性能享受永福的东西。虽然,爱德的客体有很多种,但是在形式上,只有一个对象,就是上帝,其他的都是上帝的创造物。因为上帝而爱那些他所创造的,我们要爱屋及乌。但只有上帝这一善是最后的目的,是爱德的合适的和首要的客体,因为爱上帝的

---

①　ST.，Ⅱ—Ⅱ，Q.25，a.5.

原因就是那神圣的善。力特(P.De Litter)说,"如果爱德寻求上帝作为人的最后的目的,那么,与上帝的结合和上帝的实现,就是爱德形式客体的本质特征。"①阿奎那在论述爱德的等级的时候说道:一个人努力瞄着与上帝的结合和享有上帝,这是属于完善者的,他们渴望解脱,而与基督同在一起。②

三、爱德的秩序

在阿奎那的宗教伦理思想中,爱德是人与上帝之间的友谊。而这种人与上帝之间的友谊——爱德又是有秩序的,并且,这种爱德的秩序是永恒的。他说:"如同哲学家在《形而上学》第五卷第十六章里所说的,'先'、'后'等词,是针对与某种根源的关系来说的。可是次序意味着一定的事物以某种方式在前或在后。为此,哪里有根源,哪里必然也有某种次序。爱德之爱,以趋向上帝为目的,作为幸福的根源,而爱德的友谊就是以这种幸福的共同关系为基础。所以,在那些以爱德去爱的事物之间,按照其与爱的第一根源'上帝'的关系,必然有着某种次序。"③

那么,这种爱的秩序是怎样的呢?

阿奎那认为,爱上帝在万有之上,但是也不能驻足于上帝,还要扩展至我们自己、邻人(包括父母、配偶、子女、家人及友人)、自己的身体、罪人、敌人等。这种爱的秩序可以简

---

① P.De Litter, "*Hope and Charity in ST.Thomas*", The Thomist, April, 1950.

② ST., Ⅱ—Ⅱ, Q.24, a.9.

③ ST., Ⅱ—Ⅱ, Q.26, a.1.

单地表述为如下的顺序：人首先要去爱上帝，其次爱自己，再其次爱邻人，再次爱自己的身体。而在所爱的邻人当中，其中又有一定的秩序。下面我们就简单地概述其爱德秩序观及其论证的理由。

首先，我们来看他是如何论述人应当首先爱上帝的理由。他是这样说的："每一种友谊，主要关涉到主体，在主体中我们发现善，友谊是根据善的关系。例如，政治的友谊，主要关涉到国家的统治者，国家的全部公共善依赖他。为此，人民首先应该对他表示忠诚与服从。可是，爱德的友谊是根据幸福的共同关系。而以其本质来说，是在于上帝，以它为其第一根源，由他那里延伸到其他所有能享永福者。为此，应该以爱德去爱的，首先及主要是上帝，因为爱他如同爱永福之源；而爱邻人，是因为他们与我们共同分享由上帝带来的永福。"①因此，爱上帝应当胜过爱自己。"我们承受上帝所赐之善，可分为本性之善和恩典之善两种。上帝赐给我们本性之善的共同关系，是本性之爱的基础。本性完整无损的人，会爱上帝在万有之上胜于爱他自己。为此，人更应该以爱德去爱那大家所共有之善的上帝，胜于爱他自己；因为永福是在上帝内，犹如凡能分享那永福者在所共有的根源里。"②

其次，我们看他是如何论述人应当更爱自己的问题及其真正的内涵。他说："在人方面，有两样东西——他的精神或灵性的本性，以及他的身体的本性。我们说一个人爱他自己，

---

① ST., Ⅱ—Ⅱ, Q.26, a.2.
② ST., Ⅱ—Ⅱ, Q.26, a.3.

是因为他关于他的精神或灵性的本性方面爱他自己。在上帝之后，人应该以爱德去爱他自己，胜过爱任何其他人。爱他自己，是指人与上帝结合在上帝的圣善中。他爱他的邻人，则是因为他与邻人在此善内的结合。此结合之所以为爱的理由，主要是根据与上帝的某种结合。为此，正如统一胜于结合，同样一个人自己分享上帝之善，比别人与自己一起来分享，是一个更强的爱的理由。所以，人应该以爱德去爱他自己，胜过爱邻人。"①阿奎那的这一说法，从中国的俗语中似乎亦可得到印证，即人只有自爱才能爱他人。这种自爱与自私、自利有所不同，不能画等号。人自爱是因为与某种共同价值发生着联系。在阿奎那的思想中，因为这种爱与上帝这一共同的善相联系着，而自私或自利恰恰与此共同的善相违背。正因为有自爱之心，才会懂得爱他人之理。相反，人的自私自利之心则会将人局限于狭隘的自我的范围之内而无法去爱他人，这是对自己最大的恶。

爱邻人应该胜于爱自己身体。他说："凡是更有理由，使人以爱德去爱的东西，就应该以爱德更爱它，完全分享永福的共同关系，即爱邻人的理由，比以满溢的方式分享永福，即爱自己身体的理由，是更大的爱的理由。所以以灵魂的得救来说，我们应该爱邻人，胜过爱自己的身体。"②阿奎那的这一论述与上文并不矛盾，因为，在他看来，人是一个由质料和形式组合而成的复合实体，即人是灵魂和身体的复合体。爱自己

---

① ST.，Ⅱ—Ⅱ，Q.26，a.4.

② ST.，Ⅱ—Ⅱ，Q.26，a.5.

胜于爱邻人是从人的灵魂方面说的,而爱邻人胜于爱自己的身体,是从人的身体方面说的。因此,爱邻人胜过爱自己的身体、爱自己胜过爱邻人这两种表述不矛盾。

阿奎那所说的"邻人"的范围很广。英语中的单词"neighbor"来自古典英语单词"neah"和单词"gebur"。"neah"意思是亲近,"gebur"意思是居住者。一个邻人就是一个亲近的居住者。所以,他说的"邻人"包括父母、配偶、子女、家人及友人。在爱邻人中,阿奎那认为,要首先爱与我们更为亲近的亲人,爱与我们有血缘关系的亲人。他说:"我们必须以爱德更爱那些与我们更为亲近的人;一方面因为我们对他们的爱更为热烈,另一方面因为有更多的理由去爱他们。……为此,我们必须说,在亲戚之间的友谊,是依据他们由于自然的出生而来的联系;在一国之公民间的友谊,则是依据他们公民之间的共同关系;在那些并肩作战者之间的友谊,则依据战地伙伴的关系。在有关本性的事情上,我们应该更爱我们的亲戚;……不过,如果我们把彼此联系进行比较的话,那么由自然的出生而来的联系,显然先于其他所有的联系,也比他们更为稳定;因为它是根据一些与本体直接有关的东西;至于其他的联系,则是后加的,而且可能撤销。为此,血统的友谊更为稳定,而其他的友谊,在有关每一种友谊所特有的那方面,也许较为坚固。"①

从阿奎那的上述论证理由可以看出,在神圣之爱——爱上帝与世俗之爱——爱有血缘亲情关系的人之间并不矛盾。

① ST., Ⅱ—Ⅱ, Q.26, a.8.

只要我们以爱上帝为要源,在现实世界,我们是可以更爱那些与我们有血缘关系的亲人。由此,我认为阿奎那其实通过"神圣之爱"来为世俗的血缘之爱寻找一种神性根据。这对于中国传统儒家重视血缘亲情的思想提供了一种值得重视的西方思想资源。

在肯定了血缘亲情之爱优先于对友人之爱的秩序后,阿奎那还详细地讨论了亲情之爱的秩序。他主要涉及了"代际之爱""妻爱与血缘亲情之爱""父爱与母爱"等问题。这一有关"亲情之爱"秩序的思想在一定意义上对今天的中国人如何妥当地处理亲人之间的关系来说,仍然具有启发意义。从爱的根源看,人应当更爱自己的父母,这有点感恩的意味。但如果从世俗情感的亲近度来说,人总是与自己的子女更亲近,因而自然地更爱自己的子女。只是当两种爱的感情发生矛盾之时,人应当如何处理,阿奎那并没有给出回答。而中国传统儒家的"孝道"则认为,人应当以爱父母为优先。另外从肉体结合的层面看,人更应该爱自己的妻子。如果从爱的根源看,人则应当更爱自己的父母。关于"父亲与母亲之间哪个更应被爱"这个问题,阿奎那的答案是应该更爱父亲。父亲之为根源,比母亲更为崇高;父亲是一个主动的根源,而母亲则是一个被动的和质料的根源。因此,严格地来说,父亲应更受人爱。阿奎那的这一观点,与中国秦汉以后儒家崇尚父权的思想有某种暗合,只是论证的方式不一样。这似乎也可以看出,一般意义上的中世纪社会里,女性的地位普遍地低于男性,中西概莫能外。

由阿奎那的爱德秩序,使我们很自然地联想到儒家的

"仁爱"思想。孔子的学生有子曰："其为人也孝弟,而好犯上者,鲜矣;不好犯上,而好作乱者,未之有也。君子务本,本立而道生。孝弟也者,其为仁之本与!"(《论语·学而》)这里的"本"作为始基、始端、出发点的意思。儒家"仁爱"的秩序是从孝悌开始的。

　　虽然在有关爱的根源的问题上,阿奎那的爱德观与儒家仁爱观有着本质的不同,但在讨论世俗世界"爱的秩序"问题时,阿奎那的思想与儒家"仁爱"秩序思想却有着某些相通之处。如阿奎那认为,在以爱上帝为出发点的基础上,爱一个与我们更近的人,特别是我们的亲人是合理的。而儒家认为,爱的根源在于父母,然后是兄弟。从肯定世俗世界里血缘亲情的优先性这一思想角度,基督教哲学的伦理思想恰恰可以与儒家哲学相互印证。两者都强调,那些距离根源性之爱越近的人,应该得到更强烈的"爱"。因此,撇开儒家与基督教思想的根本差异不论,在有关爱的秩序的逻辑起点上,两者之间具有相通性。儒家的"仁爱"思想主要强调"为仁由己"和人皆有"四端"之心的内在根据,而基督教则通过对上帝的爱来为人间的血缘亲情之爱找到根据,但并不否定世俗的人间亲情之爱。在基督教与儒家思想比较研究的文章中,有些学者比较强调基督教博爱思想的普遍性,批评儒家"仁爱"思想因为重视血缘亲情而缺乏普世性,有些人引证《新约》中的材料,证明基督教是反对人间的血缘亲情的。其实不然,从圣经《旧约》到中世纪基督教哲学,其中都有丰富的有关重视人间血缘亲情之爱的论述。

　　所不同的是,在有关爱的根源性认识上,儒家与基督教哲学不同,儒家直接以世俗的仁爱为起点,而基督教以对上帝的"圣爱"为起点。更进一步地讲,儒家"仁爱"的对象缺乏一个超越的上帝,虽然也涉及万物,如孟子讲"仁民而爱物",但其主要对象是人。至于在道德实践层面的秩序则是由亲及疏,所以原则上是孝爱父母、亲爱子女、友爱兄弟以至于其他族人、朋友等。而以阿奎那为代表的基督宗教哲学,则把上帝作为爱德最本质的对象。人首先是爱上帝,并由于爱上帝才爱近人。在爱近人当中,首先去爱更亲近的人,特别是有血缘关系的人。血缘之爱服从于对上帝的爱,只有在爱上帝的前提下人才能去爱自己的父母兄弟,或者说,以对上帝的爱来保证人间的血缘之爱。由人与上帝的关系扩展至人与人关系,即由人神伦理扩展到人际伦理。儒家"仁爱"的对象是人,而不是阿奎那所说的以上帝作为爱的本质的对象。儒家的"仁爱"虽然不局限于人伦之爱,但没有触及人神之爱。换句话说,儒家"仁爱"的秩序观中缺乏一种外在的超越性的维度,但并不一定因此而低于基督教哲学。

从这一简单地比较中可以看出,以基督教为背景的西方伦理学思想,与以儒家文化为背景的中国文化,在一些根本性的问题上有着绝对的差异。一方面,通过比较,我们不能简单地否定儒家的"仁爱"秩序以及这种"仁爱"秩序在道德实践层面所表现出的对血缘亲情的维护的立场。只不过在现代公民社会里,如何在坚持、遵守一种共同的善的前提下来化转儒家的"仁爱"思想中的孝悌优先的秩序观,可能是儒家思想在现代社会创造性转化的一种可能与尝试;另外一方面,认识这一差异对于当前的中西文化交流仍然具有积极的启迪意义。

第三节　爱德在诸德性中的地位

一、爱德与信德的关系

信、望、爱是三种神学德性。信、望、爱之所以被称作神学的德性，首先是因为他们的对象就是上帝，因而他们能够引导我们正确无误地朝向上帝，其次是因为只有上帝才能使我们具有这些德性，最后则是因为只有神性的启示才能使我们认知这些德性。① 对于阿奎那来说，恩典是三种德性的核心，只能通过恩典到达上帝，相对于本性而言，我们成为神圣本性的分享者。

信、望、爱虽然都属于神学德性，但彼此之间还是有很大的差别。阿奎那说到，"信德、望德和爱德，都是以上帝为对象，使我们归附上帝。不过，归附的方式彼此有所不同。爱德使人为了上帝而归附上帝，用热爱之情将人的心灵与上帝结合。信德使人归附上帝，有如我们认识真理之源，因为我们相信上帝告诉我们的都是真的。至于望德，则使人归附上帝，有如我们完满美善或福乐的根源；这是因为藉着望德，我们信赖上帝的神佑，以得到真福。"②

在归附方式上，爱德和信德、望德有一定的差别。那么爱德和信德、望德的关联如何呢？我们先来看看爱德和信德的关联。

---

① ST., Ⅰ—Ⅱ, Q.62, a.1.
② ST., Ⅱ—Ⅱ, Q.17, a.6.

爱德和信德谁更优先呢？我们知道，爱德的主体是其意志，而信德的客体在于其理智，他们都是以本性之意志和理智为其基础的。在第二章的时候，我们提到了理智和意志的关系，在此，我们论述爱德和信德关系的时候也是以理智和意志的关系为基础。

在阿奎那对信德的分析中，阿奎那承认了信德的优先性，正如理智相对于意志来说，也有一定的优先性。"信德由于它的本性在所有的德性中是最先的。因为既然目的是行为的原则，神学德性一定先于所有的德性。最后的目的一定必要地在理智中，先于它在意志中，因为意志并不推动其自身朝向任何事物，除非它被理智所理解。既然作为最后的目的通过望德和爱德在意志中呈现，通过信德在理智中呈现，那么所有德性中最先的一定是信德。"①爱德就是对上帝真理的知识，阿奎那在《神学大全》第二集上部提到"知识是爱的原因"，那么"我们认知上帝的越完美，我们爱他就越完美"。② 爱德的行为依靠优先于它的知识。③ 正如米歇尔·沙文引用斯维斯·皮克尔斯(Servais Pinckaers)话所解释的，"在信德中，我们接受了我们原初的基督的神秘的知识，之后爱德的关系在我们和上帝之间通过圣灵的行为被绑定。精神生命的整个发展从这信德这一根基开始。"④通过以上所述，我们可以看出，

191

① ST.，Ⅱ—Ⅱ，Q.4，a.7.

② ST.，Ⅰ—Ⅱ，Q.67，a.6.

③ ST.，Ⅱ—Ⅱ，Q.24，a.7.

④ Michael S.Sherwin，*By Knowledge and by love*：*Charity and Knowledge in the Moral Theology of St.Thomas Aquinas*，Washington，D.C.：The Catholic University of America Press，2005，p.162.

爱德的行为是从信德之根开始，信德保留了结构上的优先，并成为爱德的客体。

虽然爱德的行为预设了上帝的知识，但是爱德却超越了上帝的知识去直接到达不可见的上帝，这被表达在信仰的提议中。① 正如圣保罗所说，"基督的爱超越了所有的知识"。一方面，信德仅仅展示了爱德的客体，因为信德的知识是有限的，而爱德的行为直接达到上帝本身；另外一方面，虽然信德展示了爱德自身的客体，使爱德的行为成为可能，但是信德并不衡量和规范爱德的行为，信德的知识并不能衡量爱德行为的数量。即使智德规范属于伦理德性的欲望的运动，然而信德并不规范倾向于上帝属于神学德性的欲望的运动。信德仅仅展现客体。② 因为爱德的恰当的客体是上帝，所以爱德并不被任何规则所衡量。一个人应该多么地爱上帝是没有限制的，因为上帝是无限的善。虽然信德只是展示爱德客体，信德在爱德行为的成形中有一定的有限性，但是我们也不应该抹杀这个事实，即爱德的行为如果没有信德的知识是不可能的。

阿奎那在承认信德优先性和有限性的同时，又强调了爱德的优越性以及爱德所具有的更大的高贵性。他说："理智运作凭借被理解的事物在理解的主体中被完成；因此理智运作的优劣是按照理智的标准来评判的。而意志以及每一个欲望能力的完成在于欲望朝向目标的事物的倾向。欲望运作的优劣是按照运作的客体。那些在灵魂之下的东西在灵魂内比

---

① ST., Ⅱ—Ⅱ, Q.24, a.7

② ST., Ⅰ—Ⅱ, Q.66, a.6.

在它们自己内更为高尚；那些在灵魂之上的东西在它们自己内比在灵魂内更为高尚。为此，对于那些在我们之下的东西，认识它们比爱它们更为高尚，理智德性高于伦理德性。至于那些在我们之上的东西，尤其是上帝，爱比认识它们更为可贵，所以爱德比信德更优越。"①

不仅仅爱德比信德优越，更重要的是爱德是信德的形式。在论述信德与爱德的关系时，其中有一个问题是，爱德是不是信德的形式？阿奎那针对人们的异议，一一进行了反驳，论证了爱德是信德的形式。他是这样推论的，因为"每一样东西藉其形式而行事。信德是藉着爱德而行事的。爱德之爱是信德的形式。意愿的行为的种类，是由其目的即意志的对象而定的。在自然的事物中，给事物种的是它的形式。任何意愿的行为的形式是这个行为所指向的目的，因为是这个目的，使事物有了种；也因为一个行为的方式，必须与其目的相对应。信德的行为被指向意志的客体，即以善为其目的。而这作为信德目的之善，亦即上帝神圣之善，也是爱德的客体。所以，爱德被称为信德的形式，是因为就信德的行为是藉由爱德来完成和形成而言来说的。"②信德本身就表明了意志的行为推动理智去同意它所信的内容。爱德有其优先性去推动信德到其目的。爱德给信德以活力，使它成为一个德性并通过指引信德到它的目的，使信德成为一种德性。③ 爱德比信德有优越性，非常类似于意志在实践理性中推动理智去判断，从而有

① ST., Ⅱ—Ⅱ, Q.23, a.6.
② ST., Ⅱ—Ⅱ, Q.4, a.3.
③ ST., Ⅱ—Ⅱ, Q.4, a.5.

优越性一样。

综上所述,爱德与信德的关系是立体的,不是单向度的、平面化、绝对的。信德在揭示客体方面有一定的优先性,而爱德在达到信德的目的,即与上帝爱的结合的运动中推动理智去赞同方面,有一定的优先性。① 一方面,信德比爱德有认知的优先性,通过信德展现给爱德它的客体;另一个方面,爱德比信德有欲望的优先性,通过爱德去实践信德的行为。

二、爱德与望德的关系

望德是对一种未来的、难以达到的以及可能的善的希望。一个人在有望德的时候,就是希望能够得到永福,无论是为他自己还是为别人。而爱德则是与上帝的一种情感的结合,是已经到达上帝的一种状态,虽然此世是不完善的。爱德和望德的关系比较微妙,阿奎那以本性之爱中作为情感的希望、欲求、爱的关系为基础来论述爱德和望德之间的关系。

希望不同于爱,爱是指爱者与被爱的结合,而希望是指一个运动或一个欲望的伸展的力量朝向一个难以达到的善。"希望预设了欲求,正如所有易怒的情感预设了情欲能力的情感"②,当回答"希望是否是爱的原因"这个问题的时候,阿奎那认为,希望和爱互为原因,只是表现在不同的方面而已。一方面,"正如希望相关那个善,我们希望去获得,希望被爱引起,因为我们不会希望除非我们欲求和爱。"但是另一方

---

① ST., Ⅱ—Ⅱ, Q.4, a.2.

② ST., Ⅰ—Ⅱ, Q.40, a.1.

面,"希望相关于那个人,通过这个人,某物对我们来说成为可能,这时候,爱被希望所引起,而不是相反。"很显然,有两种爱,一种爱是被希望所引起,一种爱引起了希望。此处希望与爱的关系,又使我们回想到阿奎那对友谊之爱和情欲之爱(欲求之爱)的区分。希望引起友谊之爱,我们希望那个人善,正如我们自己善一样,我们朝向他,正如朝向我们自己的善,我们是用友谊之爱爱对方。我们并不要求对方给我们回报,我们并不图对方好处,仅仅是希望他善如我们善一样;而欲求之爱则引起希望,对某善的爱和欲求是希望的起因。正因为我们对美酒的欲求之爱,引起我们希望去获得它,希望预设了一个不完美的爱或欲求,但是它本身并不是爱或欲求。对事物的欲求之爱是希望的起因,对人的友谊之爱则被希望所引起。

那么在注入神圣的恩典后,爱德和望德的关系如何呢?爱德是否先于望德呢? 阿奎那认为,一种爱是完美的,一种爱是不完美的。"当某人爱一个事物并不是如此地希望那个事物自身善,而是希望事物的善为它自己",这时候的爱是不完美的,是欲求之爱;"当一个人的善被爱在于其自身,这是友谊之爱,一个人被爱因为自己的缘故",这时候的爱是完美的。① 如果按照事物产生的顺序,不完美的先于完美的。阿奎那通过揭示望德相对于爱德而言是不完美的这一特性,来奠定望德先于爱德的秩序。在阿奎那看来,爱德是完美的爱,

---

① See P. De Litter, "*Hope and Charity in ST. Thomas*", The Thomist, April, 1950.

爱德是对上帝的一种完美的爱，上帝因为自身而被爱。不完美的爱与望德相关，但是它并不等同于望德。望德是为了自我利益趋向获得某物的运动。望德属于不完美的对上帝的爱，望德从对上帝不完美的欲求之爱中产生。在《神学大全》中，阿奎那也是这样说的，"爱有的是完善的，是为了事物自身而爱那个事物；有的是不完善的，是为了自己能获得事物的善而爱事物。对上帝第一种爱是完善的爱，属于爱德；望德属于第二种爱，因为他希望获得对某物的占有。"①这些正好对应了作为情感的希望是由欲求之爱所引起。望德扎根于欲求之爱，并从中产生。望德之所以不完美主要是因为望德与欲求之爱相关。

从以上所述可知，在德性的秩序中，不完美的优先于完美的。望德相比较于爱德，望德是不完美的，因为它起源于欲求之爱，但望德本身并不是爱，所以望德先于爱德。望德并为爱德做准备，"望德导致爱德，希望从上帝处获得某种善的那个人被导致因为上帝自身而爱上帝。"②总之，按照产生和质料的秩序，不完善者先于完善者。按照这种秩序，望德先于爱德。一个人由于怕被上帝惩罚，而停止犯罪，并开始去爱天主，同样望德也导向爱德，这是因为一个人，由于希望得到上帝的赏报，而努力去爱天主，并遵守他的诫命。③

阿奎那认为有两种秩序，一种是产生的秩序，另一种是完

———————————

① ST., Ⅱ—Ⅱ, Q.17, a.8.

② See P. De Litter, "Hope and Charity in ST. Thomas", The Thomist, April, 1950.

③ ST., Ⅱ—Ⅱ, Q.17, a.8.

美和形式的秩序。产生的秩序可以说是人的经验秩序,而形式的秩序则可以说是超经验的、形而上的秩序。按照产生的秩序,不完美的优先于完美的,那么望德优先于爱德。但是按照完美的和形式的秩序,那完善的自然先于不完善的。阿奎那认为"爱德比望德更为完善。因为上帝同样的善是爱德和望德的对象,爱德表示与那个善结合,而望德却表示与那个善还有着距离。爱德并不是像望德那样,把那个善看作一个难以得到的东西,因为已与之结合,没有这种难以达到的特性。由此可见,爱德比望德更为完善。"①既然完善的先于不完善的,那么爱德先于望德。"由于圣化的恩典,在我们之中被产生一个因为上帝自身而爱上帝的行为,结果就是我们通过恩典从上帝那里获得希望。当一个人爱另外一个人时候,他知道他也被对方爱,他一定从对方处获得了希望。凭借恩典,一个人通过爱德之爱作为一个爱上帝的爱者,他也被信德所引导即他是被上帝所爱的,'不是我们爱上帝,乃是上帝先爱我们,差遣他的儿子为我们的罪做了挽回祭,这就是爱了。'(《约翰一书》4:10)这表明,从恩典的礼物中,我们从上帝处得到了希望。人的望德被加强是通过爱德的。"爱德不仅仅是我们对上帝的爱,更重要的是上帝对我们的恩典之爱,正是上帝的恩典之爱才让我们从上帝处得到希望。

阿奎那在对很多问题进行分析的时候,他的思维是立体的。如果从线性的、平面的角度看他的答案,似乎是前后矛盾的。其实不然,阿奎那是从不同的层面和不同的角度来阐释

① ST., Ⅱ—Ⅱ, Q.23, a.6.

同一个问题,在神与人、神圣与世俗、超验与经验、人与物、人与人等多重关系中阐释问题,这是他的思维特点。在人的本性、爱德等问题的分析中,他坚决维护上帝的绝对至上性与恩典的绝对性,在此前提下他肯定人的内在能动性和一些世俗世界的秩序与活动次序。这既可以看到他处理问题的缜密和周全,但也反映出了阿奎那思想中的"中庸之道"。

三、爱德与其他诸德的关系

1. 爱德是最优越的德性

在信、望、爱三者中,爱是最大的。正如《圣经·新约》所说,"如今常存的有信,有望,有爱,这三样,其中最大的就是爱。"(《哥林多前书》13:6)阿奎那以理论的方式再次论证了爱德是最优越的德性(most excellent)。阿奎那的论证思路是根据人性行为的规则来展开的。人性行为之为善,是由于它遵守应有的规则。所以,人的德性,既然是善的行为的原则,必然在于达到人性行为的规则。可是,人性行为有两种规则,即人的理性和上帝,上帝是首要的规则,人的理性也必须接受这个规则的规范。那些达到这首要规则的神学德性,由于它们以上帝为对象,所以比伦理德性和智德更为优越。在神学德性中,首要的位置属于最能达到上帝的。① 阿奎那还说道,"凭藉自己本身者比经由他物者更优越。信德和望德达到上帝是因为我们从他那里获取真理知识或者获取美善。至于爱德则直接达到上帝,在上帝中停息,不是为了我们自己能从他

---

① ST., Ⅱ—Ⅱ, Q.17, a.8.

那里得到什么东西。爱德比信德或望德更为优越,因而也比所有其他一切德行更为优越;爱德比智德优越,智德仅达到理性本身;爱德也比其他伦理德性优越,因为伦理德性则用理性来规范人的情感欲望。"①所以说,爱德比信德和望德优越,因为爱德直达上帝;爱德也比其他的德性优越,因为爱德超越了其他德性的原则即理性。

爱德不仅仅在诸德中是最优越的,而且爱德有其重要的地位,因为没有爱德就不可能有真正的德性。《圣经·新约》上说,"我若有先知讲道之能,也明白各样的奥秘,各样的知识,而且有全备的信,叫我能够移山,却没有爱,我就算不得什么。我若将所有的周济穷人,又舍己身叫人焚烧,却没有爱,仍然与我无益。"(《哥林多前书》13:2—3)德性是为了行善,善主要是一个目的,导向目的的东西如果与目的没有关系,就不能说是善的。正如目的有两种,最终目的和近的目的。那么善也有两种,最终的普遍善和最近的特殊善。人的首要的和最终的善就是享见上帝,人是由爱德指向这个善。人的次要的善可分为两种,一种是真正的善,可以被指向那首要的善,即最后目的;另一种是外表的非真正的善,引人远离最后目的。可见绝对真正的德性,是那些指向人的首要目的的德性。所以,没有爱德,就不能有真正的德性。②

既然没有爱德,就没有真正的德性,那么如果一个人不爱上帝,就算他的行为是高尚的,也不能说他是有德性的人吗?

199

---

①　ST.,Ⅱ—Ⅱ,Q.17,a.8.

②　ST.,Ⅱ—Ⅱ,Q.23,a.7.

阿奎那认为,那些行为高尚者而不爱上帝的人,虽有德性,但不完美。因为,"如果把德性视为指向特殊目的的东西,那么没有爱德,也能有别的德性,因为这个德性是导向特殊的善。如果这特殊之善不是一种真正的善,而是一种外表的善,那导往这样的善的德性就不是真正的德性,而是一种假冒的德性。如果这特殊的善为真正的善,例如维护国家等,那么它是一个真正的德性。除非它与那最后而完美之善有关,否则它只是一个不完美的德性。因此,没有爱德,就不可能有真正完美的德性。"①作为一名天主教神学家,阿奎那虽然也承认其他种类的真正德性,并确立了本性之德的地位,然而,他必须要以上帝为中心,将对上帝的爱作为诸德之首要德性,即使人间有真正的德性,如果这种德性不是建立在爱德的基础上,那么这种德性,包括本性之德,也是不完善、不完美的。

2. 爱德是诸德的形式

阿奎那主张:"爱德是诸德的形式、动力,且为诸德之根。"②在伦理上,一个行为的形式主要由其目的决定。伦理行为的原则是意志,而意志的对象或形式就是目的。一个行为的形式常随着主动者的形式。因此,在伦理上,凡是使一个行为指向目的者,必然也把这个行为的形式给它。显然爱德把所有其他一切德性的行为都导向最后目的,因而爱德把形式给了所有其他一切德性的行为。爱德之被称为诸德的形

---

① ST., Ⅱ—Ⅱ, Q.23, a.7.

② St.Thomas Aquinas, *On Charity*, Translated from the Latin With an Introduction by Lottie H.Kendzierski, Wisconsin: Marquette University Press, 1984, a.3.

式,正是在这个意义上说的。① 对于阿奎那而言,关键的原则在于行为的形式着眼于目的,而阿奎那将意志作为理智欲望去理解也正是遵循这一原则。在论述智德是其他德性的形式的时候,阿奎那将理性的秩序放置在其他德性之上而实现。他这样说:"正如理性是一个高于情欲的能力,智德是理性的完美,是节德的形式,节德是情欲能力的德性。"②阿奎那通过类比的逻辑揭示了爱德是诸德的形式。由于实践范畴内意志比理性高,所以,从美德和意愿性的角度看,爱德是智德和节德的形式。③ 在阿奎那的思想中,爱德是诸德的形式主要表现为三种方式:第一,作为诸德的目的;第二,作为诸德运动的原则,即动力因;第三,完美诸德。

"爱德之被称为其他德性的目的,因为爱德把所有其他一切的德性,都导向它自己的目的。"④每一个德性都需要爱德作为它的形式,因为仅仅那一特殊爱的行为能让所有的行为达到上帝。而阿奎那的研究者吉尔曼(Gerard Gilleman)则进一步地发展了阿奎那的思想,他认为:"爱德真正地和本质地给这些行为自身超本性的道德的完满,通过命令他们的具体的道德的形式达到爱德自己的目的。"⑤并且"一个行为,如果它不指向目的,最后未能到最终的目的,那它是没有意义

---

① ST., Ⅱ—Ⅱ,Q.23,a.8.

② ST., Ⅲ,Q.27,a.2.

③ ST., Ⅲ,Q.27,a.2.

④ ST., Ⅱ—Ⅱ,Q.23,a.8.

⑤ Gerard Gilleman, *The Primacy of Charity in Moral Theology*, Westminster:The Newman Press,1959,p.35.

的。在基督徒中,这一行为在爱德的影响下将达到最终的目的"。① 虽然阿奎那将爱德看做是作为命令德性的行为,使诸德达到他们的最终的目的,但是他也承认,爱德自身在被指向这一目的的过程中需要通过在理智中的认知的德性,"命令属于理性,作为命令的能力;对于欲望能力,相关于被命令的能力。以这种方式,命令在爱德中。"②

阿奎那将爱德看做是诸德的形式,但是他拒绝将爱德看做是一个形式的原因或典范的原因。相反,他认为爱德主要是德性的动力因。"爱德之被称为其他德性的形式,并不是因为它是它们的典范形式(exemplar form)或本质形式,而是由于它是它们的动力因,这是因为爱德把形式给予其他的德性。"③爱德被称为德性的形式,通过推动他们达到目的,产生他们最终的道德的种,本性的事物通过其形式达到种。我们称爱德为德性的形式,仅仅要表达这样的意思,即爱德是这些德性的动力因,因为它与目的相关。阿奎那认为,在人性行为的起源中,形式因属于理智,动力因属于意志。理智界定行为的形式特征,而意志引起形式特征在行为中存在。行为被形成是根据一个人所爱的东西,因为如第三章所述,爱是意志和欲望的首要的运动和倾向,爱是行为的原则。例如,一个人首要的是爱上帝,那么这个人的行为总是根据上帝而被形成,每一个人的行为总是服务于一个人所爱的。一个人爱上帝,那

① Gerard Gilleman, *The Primacy of Charity in Moral Theology*, Westminster: The Newman Press, 1959, pp.30−31.
② ST., II—II, Q.26, a.1.
③ ST., II—II, Q.23, a.8.

么它必然由于上帝的缘故而爱邻人,这样他就会有正义之德等。所以爱德形成了那些爱上帝的人的行为,也就形成了爱上帝之人的德性。爱德在意志中,作为朝向上帝的运动的原则,实践爱上帝的行为。

爱德推动或命令所有德性的行为达到它的目的,这也说明了爱德对施动者的影响。但是有的人会认为爱德与施动者的行为是分离的,施动者好像是跟随爱德一样。如果是这样的话,那就意味着爱德对其他德性的影响是外在的行为。然而实际上并不是这样的,因为爱德是施动者的表达,施动者和行为是内在连接的,即爱德内在于诸行为之中。对于此问题,阿奎那通过隐喻的概念非常好地表述了这一内在的关系。他将爱德称为"诸德之母"。作为母亲,给予孩子生命。阿奎那的隐喻表明,每一种德性从爱德之爱中孕育,每一种德性由爱德之爱而产生。这就意味着爱德是每一种德性的必要的条件,每一种德性从我们与上帝爱的关系的表达中被形成。这一类比的好处在于它保持了爱德和其他德性的内部的关联。

阿奎那还通过"分有"(participation)的概念揭示爱德和其他德性的内在关系。"分有"这一概念告诉我们,一种德性被完美并不是通过独立于爱德的行为,而是通过分有爱德的爱。吉尔曼认为:"当我们说爱德给所有被命令的行为自身适合的形式时,我们意指它使得诸德分有它自己确定的完美,即接触上帝;也包括正义之人的人性行为的超本性的完美。"①很明显,

① Gerard Gilleman, *The Primacy of Charity in Moral Theology*, Westminster: The Newman Press, 1959, p.34.

形式在它作为德性的特征中完美了每一种德性。一个低等的能力是没有德性的完美的，除非他分享一个更高能力的完美。

总之，每一种德性需要爱德并不意味着每一种德性是爱德。在阿奎那看来，爱德虽然是诸德的形式，但并不意味着爱德会威胁到每一种德性的质料合适的种，因为每一种德性自有其合适的客体和它自己合适的行为。"爱德被人比作其他德性的根和基础，只是因为所有其他一切的德性都要由它来支持和滋养，并不是因为爱德具有好像根和基础那种质料原因的特性。"①总之，阿奎那比较妥善地解决了作为诸德形式的爱德与诸德内在的微妙关系，爱德既是诸德的形式，同时又不替代诸德。

第四节　上帝论或存在论与超性之爱和本性之爱的统一

一、"恩典成全自然"

阿奎那爱的学说既基于人的本性，又具有超性的内容。有的人或许会提出这样的质疑：爱既是本性的，又是超性的，那岂不是矛盾？对此，我们只能说，这两种论述是从不同的角度展开的。其实，本性和超本性并不是完全对立的。准确地理解本性和超本性的关系，必须理解阿奎那对恩典与自然关系的论述。下面我将从四个方面概述阿奎那对恩典与自然关系的论述。

---

① ST., Ⅱ—Ⅱ, Q.23, a.8.

第一，相分的关系。恩典与自然不同，超本性与本性不同，那么超本性之爱与本性之爱也就不同。本性和自然是一回事情，一物的本性就是其自然的状态。本性之爱（natural love）和超本性之爱（supernatural love）也可以翻译为自然之爱和超自然之爱。阿奎那在《亚里士多德形上学注》中说"本性或自然"，一方面是指物在一出生的时候就固定下来的本有状态；另一方面则是指包含在自然之物内变动的根源，并且，这根源存在于每一个事物中。本性是自然之物变动的源泉，它或是以潜能的方式或是以完全实现的方式，存在于事物之内。① 对于人来说，人的本性即是人性。从另外一个意义来说，人的本性即人灵魂的能力。人的本性之爱，即是人出自灵魂的能力的爱。人灵魂的能力主要分为知、情、意三个方面。爱相关于情感和意志，因为爱是一种情感，来自感觉欲望，而且是诸情感中的首要的情感，因为爱才有了恨、欲求、悲伤等。然而还有一种更高级的爱，那就是意志之爱、精神之爱。对上帝的爱既出自人的本性，也是意志之爱的最高表达。对于本性一般是按两种方式去考察，一种方式是亚当犯罪之前，这是一种纯自然的状态，这时候人的本性是完整的，人有很强的本性能力以至于人能很自然地爱上帝。另外一种方式是亚当在犯罪之后，人的本性堕落了，人本性的能力堕落了，虽然这时人还没有完全被罪所侵蚀，但是人已经不能按照原有的本性去爱上帝，这时候就需要上帝的恩典，去医治人的本

---

① 托马斯·阿奎那：《亚里士多德形上学注》，孙振清译，台北：明文书局1991年版，第539页。

性。这就好比一个病人，本来是健全的，但是由于病情的影响，让他失去了应有的健康能力，需要医生的医治。上帝的爱直接唤起了我们对他的爱，建立了我们与上帝之间的友谊，成为人的一种神学德性。因此，本性之爱与超性之爱之间明显的不同，就在于本性之爱没有上帝恩宠的参与，是完全凭借人的本性的能力。而超本性之爱借助上帝的恩宠和恩典，没有上帝的恩典，就不可能有超性之爱。

第二，成全的关系。恩典成全自然。超本性之爱对本性之爱进行提升。就像医生对病人进行诊治，并没有破坏病人原有的结构，而只是医治好病人的病。那么上帝的恩典也并不破坏人的本性能力，而只是医治堕落的本性的不足，去完美本性。阿奎那这样说，"恩典并不破坏自然，而是成全自然。"①超本性之爱，即爱德之爱是出于人的第二本性，是对堕落本性的医治和提升。上帝派自己的独生子来到人间做我们的赎罪祭，彰显了上帝的大爱，上帝的爱唤起了我们对他的爱，这使得我们原有对上帝的本性之爱得以完善。上帝恩典展现的效果就是去提升映射在我们理智和意志的精神能力本性中上帝的形象。像木头因火才开始燃烧一样，人的意志只有被浸入在上帝三位一体的生命中，才开始更完全地爱上帝。② 阿奎那的研究者威廉姆·赫尔（William Hill）描述了这一本性的提升："受造物凭借它的存在分有存在和善，存在和善被发现在作为其源泉的上帝中，完美性保持受造物自己的，

---

① ST., Ⅰ—Ⅱ, Q.51, a.4.
② ST., Ⅰ—Ⅱ, Q.62, a.1.

合适于自己的存在的水平,即使受造物的善来源于上帝。相对于本性的存在和善,通过恩典的新存在意味着进入上帝的新存在作为适合于他的,进入未受造的圣父、圣子、圣灵的神圣生命。"①

在阿奎那看来,恩典使得我们进入上帝三位一体的神圣生命,让我们对上帝的超性之爱更完全,使人的本性之爱更彻底,从而使人从自己本性的目的到达最终的超本性的目的。由于上帝超自然的特性,人除了后天养成良好的习惯而实现德性外,还需要上帝直接赋予的先天禀性,以便有效地结合于上帝而完善自己的本性。反之,如果无视或抹杀这种天赋的禀性,就会像狭隘的世俗的伦理学家那样,局限于现世,无法使超自然结合于自然而完善自己的本性。如果不把握人生超自然的这种倾向,也就无法达到人生的最终目的。上帝赋予人的超本性的德性,乃是上帝的恩赐。这恩赐绝不会取消人的本性,而只是有利于人的本性。它能够充实和完善人的本性。② 这就意味着恩典提升本性,超越了本性而最终保持了本性自己的完整性。因此,超性之爱使本性之爱更完善。阿奎那将神学德性看做是一种倾向,该倾向提升了理智和意志的本性原则。这些德性的行为提升了理智和意志,以使他们达至合适的行为。爱德的德性提升了意志的本性之爱。在恩典的礼物中,本性之爱被提升,通过我们意志的合适的行为,

207

① William Hill, *The Three-Personed God*, Washington, D.C.: The Catholic University of America Press, 1982, p.276.
② 傅乐安:《托马斯·阿奎那基督教哲学》,上海:上海人民出版社1990年版,第171页。

我们能去爱上帝,并以一种亲密和直接的方式与上帝结合。

第三,恩典以自然为基础。自然层面的一切是达到超越层面的条件和手段。超本性是以本性为基础的。超自然之爱也必然以本性之爱为基础。假如人的本性没有爱上帝的能力或倾向,那么即使有上帝的恩典,人也无从去爱上帝。人拥有对超越他们自己本性的东西顺服的潜能,这一顺服的潜能是一个人被动地对更高本性接纳的能力,正如月亮的运动引起了海去涨潮和流动。① 海自己不能涨潮,但是海有涨潮、流动的潜能。人也有对神圣恩典开放和接纳这一顺服的潜能,人能以一种亲密的方式成为上帝的朋友,分享上帝的生命。然而这一对超越者开放顺服的潜能,并没有否定人的本质的本性能力,而是以其为基础。正如卡尔·拉纳(Karl Rahner)所表明的那样,关于恩典与自然的关系,因为它属于人,它不应该被理解为在两者之间不用内部的渗透,作为两个水平标准的关系来看待。② 因此,恩典和自然之间是相互渗透的,高等的本性以低等的本性为基础,并推动低等的本性,并不相反于低等的本性。在阿奎那看来,本性是一个存在的行为或运动的内部的起源原则,这一原则又可以区分为主动原则和被动原则。对于阿奎那的这两个原则,我们可以理解为,一个事物凭借本性有两个动力,一个是被他自己的行为所决定,另外一个归功于更高本性的影响。受造物内部的能力通过主动原则工作,更高能力通过受造物的被动原则工作,两个原则都在受

---

① ST.,Ⅰ—Ⅱ,Q.2,a.3.

② Karl Rahner, *Nature and Grace*, Translated by Dinah Wharton, New York: Sheed and Ward, 1964, p.117.

托马斯·阿奎那

A Study on Thomas Aquinas' Doctrine of Love

爱的学说研究

造物的实现中工作着。因此,阿奎那又说:"一个本性附属于另外一个,我们发现两个事物同时都朝向低等本性的完美,其中的一个是根据本性的合适的运动,另外一个是根据更高本性的运动。"①低等的本性、主动的原则是原有的本性,更高的本性、被动的原则乃是提升后的第二本性。

简而言之,一个事物在运作,是两种本性共同作用的结果,但是表现出来的是同一个行为。一个基督徒对上帝的爱,是超性之爱和本性之爱共同作用的结果,超性之爱必然包含着本性之爱。超越了本性,是指要借助上帝恩典的外力,并不是说不需要本性,而是要以本性为基础。

第四,上帝使恩典与自然统一。在阿奎那看来,上帝不仅是恩典的作者,还是自然的作者。人的本性是上帝赋予的,在人被造的时候,上帝就已经制定好了人变动的根源,存在于我们每一个人之中,出生的时候就固定下来了。上帝创造了我们,我们分有上帝的存在,上帝是纯粹的存在,我们间接地分有了上帝神圣的本质,因为已经转变为通过人自己本性的能力去行为。然而,人是上帝的肖像,人有超性的潜质,能有接纳恩典的能力,人可以超越人意志的本性去和上帝成为朋友,直接亲密地分享神圣的存在,作为一个在上帝的内部的三位一体的生命的分享。而这一切,都依赖上帝的恩典和上帝无私给予的大爱。

阿奎那还进一步地分析,上帝创世就不为别的,就是为了爱而创世,上帝派自己的儿子来到人间救赎人类,也是因为

---

① ST.,Ⅱ—Ⅱ,Q.2,a.3.

爱,所以本性之爱和超性之爱的能力都是来自上帝的爱。现实中的万物,都是在上帝的整体计划、目的、知识和控制之下。"因此,神是第一因,是推动自然与自愿的原因。正如他推动自然的原因,并没有妨碍他们的动作仍属自然,他推动自愿的原因,也没有剥夺他们行为的自愿性。相反的,它是他们里面这些事情的起因,因为他按照每件事物的本性进行操作。在自然界和历史中,神通常是透过'自然'这个次要的媒介来做工;在救赎上,神则是透过'超自然'这个次要媒介来做工。"①因此,救恩的恩典必须进入自然并且提升自然,而不是破坏自然。然而,为使人类得到救恩,神需要采取一个特别的恩典作为,超越人的本性,但不是与本性矛盾。一切都是上帝的预定。上帝把自然和超自然统一起来,理所当然,上帝也把本性之爱和超本性之爱统一起来。

二、形而上学视野里爱的两种方式

我们以"恩典成全自然"为核心,围绕着本性和超本性,梳理了阿奎那有关本性之爱和超本性之爱二者之间的关联与统一的思想。接下来,我们在形而上学的视野下,看阿奎那是如何论述本性之爱和超本性之爱这两种爱的方式。因为,我们如果不能够揭示出阿奎那关注本性和超本性背后的形而上学基础,就还不足以看出阿奎那爱的学说的深刻性。

阿奎那在论述很多问题的时候,都谈到了本性的和超本

---

① 奥尔森:《基督教神学思想史》,吴瑞诚、徐成德译,北京:北京大学出版社 2003 年版,第 372 页。

性的关系。阿奎那反复强调，人获得最终的善或目的需要两个方面能力的作用，一方面人是通过本性的能力获得最终的善或目的；另一方面，人获得超越本性的能力，需要神圣恩典的注入。通过本性能力所获得的善被认为是人的本性的目的。通过上帝的恩典所获得的善被认为是人的超本性的目的。爱和善是相关的，因为爱的客体就是善。根据本性与超本性，阿奎那区分了两种爱：本性之爱与超性之爱，以此意指上帝之善的不同的方式。而我们所承受的上帝所赐之善，也可分为两种：一种是本性之善，一种是恩宠之善。上帝赐给我们本性之善，是本性之爱的基础。① 同理，恩宠之善，是超性之爱的基础。上帝既是本性之善，又是恩典之善。

211

　　因此，要准确理解阿奎那的爱的学说，就必须从两条脉络出发，一条是本性之善、本性之目的、本性之爱的脉络；另一条是超性之善、超性之目的、超性之爱的脉络。那么阿奎那在自己的神哲学思想中，为何要对这些问题作出两个层面的区分呢？

　　上帝的本质和存在是同一的，这是阿奎那的核心思想。上帝是存在本身，是自身独立存在的。上帝自身之中就必定包含着存在的整个完满性。一切事物都因分有上帝的存在而存在。所有受造的完满性也就都包括在存在的这种完满性之中。事物之所以是完美的，正是就它们藉某种模式具有存在而言的。如果某个热的事物并不具备热的整个完满性，这是由于那件事物并没有分有它的充分的完满性的缘故。但是，

---

　　① ST., Ⅱ—Ⅱ, Q.26, a.3.

如果这热是自身独立存在的,它就不会缺乏热的任何卓越的东西。① 而善所意指的是值得意欲的完满性,属于终极完满性的东西。只有那些具有终极完满性的事物才可以说是绝对善的。受造事物的善因分有本质即为存在的第一存在的这一绝对的善而是善的。因为它总是以某种相像的方式分有了它,尽管它离它很远,并且是有缺陷的。"每一件事物都是由于上帝的善才被称作善的,这上帝的善即为所有的善的第一原型的、动力的和终极的原则。"②但是这一受造的事物仅在一个限定的意义下是善的,不是绝对。因为它们都是对神圣善疏远的和不足的分有。还有一种是完全亲密的分有神圣的善,仅仅通过恩典。没有什么事物能超出它的种之外活动,因为原因必定总是比结果更有力。而恩典的礼物超出了被造物本性的一切能力,因为蒙受恩典无非是分有神性,神性是超出一切别的本性的。阿奎那之所以主张所有的事物都是善的,主要是因为所有的物都依靠神圣善。从思想史的角度看,阿奎那的这一思想在思维形式上继承了柏拉图的分有善自身的理念。

然而,受造物分有的善在一个绝对的意义下又不是善的,因为他们仅仅是对神圣善疏远的分有,除非他们完全地和亲密地分有神圣的善,他们才是绝对的善。受造的存在将保持着不完整以及缺乏他们自己完全的完美和完全的善的状态,

---

① 【意】托马斯·阿奎那:《神学大全》第一集《论上帝》第 1 卷《论上帝的本质》,段德智译,北京:商务印书馆 2013 年版,第 66 页。
② 【意】托马斯·阿奎那:《神学大全》第一集《论上帝》第 1 卷《论上帝的本质》,段德智译,北京:商务印书馆 2013 年版,第 95 页。

直到他们完全地分有神圣的善。受造的事物在潜能上相关于善,因为已经在现实中的事物能将潜在的事物变为现实。换句话说,受造的存在获得善的最终实现相关于那些完全的善。人是一个"欲望的存在",这个存在以朝向能完美或完整他的运动的事物为特征,阿奎那将"欲望"界定为"一定的倾向朝向被欲求的事物"。既然所有的受造物都欲求他们自己的完美,一个欲望是仅仅一个倾向朝向能完美他的善。①

"既然每一件事物都是由于它的形式而是其所是的,而且既然这形式预设了某些事物,某些事物也必然地由这形式产生出来,则为了使一件事物成为完满的和善的,它就必须具有形式以及所有那些先于和后于这形式的东西。……这形式本身却是通过种相表示出来的,因为每一件事物都是由于它的形式而归入它的种相的。"②这一实体形式内在于人,被认为是人的本性。每一个本性都欲求它自己的存在和自己的完美。所有的事物最终都通过完全完美的事物欲求他们自己的完美,完全完美的事物即上帝。受造的存在仅仅凭借上帝的关系而存在,因上帝是本质的存在,是最完美的。所有的事物倾向于上帝作为他们最终的目的。阿奎那认为,"整个宇宙,连同其每个部分,都是安排达到作为其目的上帝的,这是就它可以说是类似并且彰显上帝的善,从而荣耀上帝而言的。然而,理性受造物,则以一种特殊的和更高的方式以上帝为他们的目的,因为他们能够通过他们自己的运作,通过认识和爱上

① ST., Ⅰ—Ⅱ,Q.8,a.1.

② 【意】托马斯·阿奎那:《神学大全》第一集《论上帝》第1卷《论上帝的本质》,段德智译,北京:商务印书馆2013年版,第82、83页。

帝,达到上帝。因此,上帝的善显然就是所有有形事物的目的。"①阿奎那的这一思想明显地是继承了亚里士多德目的论的思想,善被根据目的来理解。因为对于亚里士多德来说,每一个存在者都是根据本质的本性和实体的形式而存在的。这一本质通过以存在者所属的种为其特征的行为被确定,这一特征的行为的原则就是存在者的本性。存在者的善在于事物本性的完成或实现。②

尽管一切受造物以上帝为最终目的,但受造物的善有其自己的自治性。阿奎那在《反异教大全》中这样说:"然而所有的事物模仿神圣的善以他们自己的方式。"③因此,即使在受造的存在中最终的原则和善的最终目的是神圣的善,但是被造的存在仍然拥有他们自己的善。被造存在的善具有与上帝的善同样的关系,然而这个关系以它自己的方式保持了个体受造存在的真实性和完整性。阿奎那认为,"每件事物之被称作善也是由于同适合于它的上帝的善的类似,这在形式上即是它自己的善,而它正是由于这种善而被称作善的。所有的事物都是这样,在其中既有一种善,也有许多种善。""一切事物据说是善的通过内在固有的神圣的善的相似性,形式上是他自己的善,通过那,他被称为

① 【意】托马斯·阿奎那:《神学大全》第一集《论上帝》第 5 卷《论六天工作》,段德智译,北京:商务印书馆 2013 年版,第 223 页。

② Andrew J. Dell'Olio, *Foundations of Moral Selfhood：Aquinas on divine goodness and the connection of the Virtues*, New York：Peter Lang, 2003, p.41.

③ St.Thomas Aquinas, *Summa Contra Gentiles*, Translated with an Introduction and Notes by James F.Anderson, London：University of Notre Dame Press, 1975, Ⅲ, 20.

是善的。"①但是他也主张,这一固有的善内在于每一个受造的存在,作为它自己形式的善。虽然受造存在的本质起源于上帝,上帝是所有本质的源泉和典范,但是每一个存在的受造的本质"形式上"属于受造物本身,它的特殊的种或善的分享是决定它本质的,即他自己的"形式"或本质。"每一个受造物都是有它他自己的特定观念的,而受造物也正是据此一定程度上分有上帝本质的类似的。合适的种,根据那以某种方式分有神圣本质的相似性。"②分有并没有减少受造物自己存在的价值以及它的自治性或完整性。他们是以真实的实体拥有独立的本性。

在阿奎那看来,我们是以双重的方式分有神圣的善,一个是疏远地、间接地分有神圣的善,使得我们拥有了自己独立的本性,本性追求最完美的事物即上帝,且以上帝为其最终的目的,这体现了人→上帝的宇宙论模式。另一个是通过上帝的恩典亲密地、直接地分有神圣的善,这体现了上帝→人的本体论模式。阿奎那的分有理论统一了本性和超本性。本性之爱通过间接地、疏远地分有上帝神圣的善,从而保持自己本性的独立和自治。然而人的本质并不是自我封闭的,而是自我超越的。作为一个精神性的存在者倾向于更亲密地分有神圣。对于阿奎那而言,人的自我完美和人的善的获得需要上帝的恩典,为了完全地分有神圣的善,我们需要神学德性。超性之

①　【意】托马斯·阿奎那:《神学大全》第一集《论上帝》第 1 卷《论上帝的本质》,段德智译,北京:商务印书馆 2013 年版,第 95 页。

②　【意】托马斯·阿奎那:《神学大全》第一集《论上帝》第 1 卷《论上帝的本质》,段德智译,北京:商务印书馆 2013 年版,第 292 页。

爱是通过直接地、亲密地分有上帝神圣的善。这是两个完全不同的方式，但是缺一不可。如果我们只强调间接分有神圣的善，偏向于本性的独立性，那么就过于自然主义，过于强调亚里士多德思想对阿奎那的影响，这是对阿奎那思想的误读；如果只强调直接分有神圣的善，偏向于上帝的恩典，那么就过于强调柏拉图的分有说对其的影响，也就没有把阿奎那思想的真正的特征抓住。关于对上帝的神圣善的分有，阿奎那一方面强调受造物间接分有神圣善的本性的相对独立性，另外一方面强调完全直接分有神圣的善，这体现了阿奎那对亚里士多德和柏拉图主义因素的综合。段德智教授这样说："中世纪基督宗教哲学进程便可以理解为从单向的'上帝→人模式'和'本体论模式'向双向的'人→上帝/上帝→人模式'和'宇宙论—本体论模式'的演进和整合过程。"[1]而阿奎那本性之爱和超性之爱的形而上学特征正好体现了这一演进和整合的过程。

三、伦理学视野里爱的两个层面

阿奎那的伦理学是阿奎那思想的重要部分，他的形而上学思想等无不是为其伦理学做铺垫。《神学大全》第二集上、下部集中讨论的都是伦理问题。就像阿奎那的形而上学本质上是有神论的一样，阿奎那的伦理学归根结底还是一种神学伦理学，属于特殊伦理学的范畴。因为阿奎那是天主教神学

---

① 段德智：《阿奎那自然神学思想研究》序，载翟志宏：《阿奎那自然神学思想研究》，北京：人民出版社 2007 年版，第 7 页。

家,他认为上帝是存在的,万物都是由上帝创造的,并且《神学大全》的核心原则就是,一切来自上帝并最终回归于上帝。那么人与上帝的关系是其一切关系的核心所在。人与上帝的关系就是人与神的伦理,人与神的伦理又延伸出人与人的伦理。

超本性之爱是在上帝的恩典之下产生的,表现为一种神学德性,爱德完全是由上帝的恩典而来,来自他力而非自力。爱德直接以上帝为对象,上帝是其首要的客体,上帝是其本质的对象。爱德首先表现为爱上帝,然后由于爱上帝而爱邻人、非理性的受造物、自我、身体、罪人、敌人等。所有这些爱的对象也都是因为爱上帝的缘故,是因为爱上帝而爱他们。虽然爱德有诸多的对象,但在形式上只有一个对象,即上帝。所以,超本性之爱建立了人与上帝之间的关系,虽然延伸至人和人之间的关系,但是上帝和人之间的伦理更为根本,对上帝的爱是道德生活神性化的基础。宗教伦理框架中的人际伦理之根本特征在于它是以神人伦理为前提和基础的,即它是以宗教信仰为前提和基础的。《马太福音》虽然以"爱主"和"爱人"这两条诫命为律法和先知的"一切道理的总纲",但是仍然突出地强调"爱主"乃第一诫命。① 因此,我们可以这样说,超本性之爱虽然主要是讲人神伦理,但它包括了人与人的伦理,而且,人际伦理是从属于人神伦理。超本性之爱围绕人的救赎而展开,因此从本质上说,阿奎那的伦理学是神学伦理学,属于特殊伦理学的范畴。

---

① 段德智:《宗教概论》,北京:人民出版社 2005 年版,第 407 页。

　　然而,阿奎那还是讲到了本性之爱。虽然从某种程度上来说,本性是对上帝神圣性的间接的分有,本性是上帝赋予的,但是本性有其自己相对的独立性和自治性。仅仅从本性之爱的相对独立性来看,阿奎那的伦理学又属于一般伦理学的范畴。因为阿奎那将行为分成"人的行为"与"人性行为",人的行为是指自然的、无意识的、本能的活动,诸如新陈代谢、生长发育等;而人性行为则是适合于人之为人的行为,是由理智认识到一个目的,然后由意志去趋向的自由行为,这是一种伦理行为,属于伦理范围。阿奎那认为,伦理行为和人性行为是一样的。① 本性之爱是出于人的本性能力,显然是人性行为,所以也是伦理行为。

　　爱是意志和所有欲望运动的原则。阿奎那把本性之爱分为自然之爱、感觉之爱和理智之爱。感觉之爱相关于食欲和色欲,感觉之爱也要服从理性和理智欲望,意志之爱本身就是一种理性欲望。爱本身属于欲望、情感,作为本性之爱的爱要服从理性的指挥。爱是发于人自身的"本性",其第一个对象就是自己的生命,对自己的爱要符合一定的"合理的程序"。阿奎那说,"在每一个人心中都有一种天然的爱,爱自己的生命和与之有关的事物;然而这种爱必须按照合理的程序,这种爱不是目的,而是达到最终目的的方法。如果人不按照合理的程序爱自己,那么便是违反自己的人性,便是罪恶。"②阿奎那肯定了人的这种自爱,并认为这种自爱只要按照合理的程

---

①　ST., Ⅰ—Ⅱ,Q.1,a.3.

②　ST., Ⅱ—Ⅱ,Q.126,a.1.

序就不是自私的。这表明,即使在基督宗教伦理学里,合程序的自爱也是被肯定的,这与我们生活中一味地强调人要大公无私似乎相当地不同。其次,我们要爱他人,对他人有友谊之爱,我们爱他人不是为了图他的好处,而是祝愿他,意愿他善,因为我们爱人如己,朋友就是另外一个自己。亚里士多德认为人的友谊是一种德性。阿奎那虽然没有明确地把友谊之爱定位为德性,但是认为友谊之爱是人的境界修养的体现。他从人的"自然本性"出发,以合于自然法的"对己之爱"作为符合伦理的根本,其实在一定程度上为现代个人主义肯定每个人的自我价值提供了某种伦理学上的证明。他的"本性之爱"主要以人性的成全与自足为基点,围绕人与人之间的关系,从一般伦理学的角度加以展开,为世俗的道德生活提供了必要的伦理说明。透过他的一般伦理学内容,我们似乎可以看到现代个人主义伦理学思想的某些因素。

固然,特殊伦理学和一般伦理学共存是阿奎那伦理学的基本特色,然而从本质上说,他的伦理学还是宗教伦理学。有研究者认为,阿奎那试图把以实现现世幸福或以自然完美性为旨归的亚里士多德"美德伦理学"与追求超越价值形态或完成人生救赎的基督教"信仰伦理学"统一起来。[1] 这种说法从某个层面揭示了阿奎那伦理学的调和论倾向,但我们不能忘记,毕竟阿奎那伦理学的根源在于上帝论,即使他继承了亚里士多德伦理学的某些思想,但他的伦理学在本质上还是启

---

① 刘素民:《托马斯·阿奎那自然法思想研究》,北京:人民出版社2007年版,第413页。

示的神学伦理学。在阿奎那的眼中，超性之爱才是根本，只有超性之爱才能使人通过神圣的恩典回归上帝，实现人最终的目的。本性之爱所属的一般伦理学若不与超性之爱所属的神学伦理学相联系，那是没有价值的，而且，本性之爱因此就会失去坚定不移和永恒不变的基石。

第 五 章

阿奎那爱的学说的理论
特征与现当代意义

"爱的学说"只是阿奎那神哲学思想中很小的一部分,即使在其伦理学说中,也仅是其中的一部分。然而,基督教的"博爱"思想却是基督教伦理的基石,没有上帝对人类的博爱,便没有基督教的普世伦理。上帝的博爱与世俗世界人们相互之间的爱,如何在人的思想中被圆融无碍地理解,一直是基督宗教哲学要致力解决的核心学术问题之一。因此,从这一角度看,阿奎那"爱的学说"又从根本上映射出他的神哲学思想的基本特征。在前四章论述的基础上,这一章主要从整体上来论述阿奎那爱的学说的理论特征,比如它的理性特征、个体性特征和整全性特征,以及这些特征与他的整个思想脉络走向如何保持内在的统一性。另外,对著名的新托马斯主义代表人物马利坦和吉尔松以及新教神学思想家蒂利希、尼各仁等著名学者的有关爱的思想进行概略性分析,尝试着揭示阿奎那爱的学说在后来的影响及其所具有的现当代启示意义。

第一节 阿奎那爱的学说的理论特征

一、理性特征

阿奎那认为,爱是意志和所有欲望的首要运动。对于一个有生命的人来说,主要有感觉之爱和理智之爱这两种形式的爱。感觉之爱是一种情感,感觉之爱要服从理性。就人和动物所共有的情感之爱,即非理性欲望的活动来说,这种形式的爱并不具有道德的意义,只有当它被理性所命令或隶属于理性,情感才有道德的善。由于人的情感能被理性命令,我们人的情感就不同于动物的情感,当我们的情感被理性所修正之后,我们才是完美的。无序的情感先行于理性的判断,并模糊理性的判断。任何爱是否是道德的善相关于它的客体是否是真正的善,是否适合于理性的判断。

理智之爱即意志之爱,属于理性欲望。理智之爱的理性色彩是非常明显的,意志之爱必然受到其理智因素的助推,正如我们在第三章所述,人的自爱所体现的自我德性的修养以及人对他人的友谊之爱无不与智德相关,更体现为人遵循理性的规则。甚至人对上帝的本性之爱也根源于理性对自然的仿效。因为,在阿奎那看来,意志和理智是相互关联的,所以属于意志的意志之爱和理智也是相互关联的。在阿奎那的整个生涯中,阿奎那都认为意志是一种理性欲望,意志总是跟随着某种理智的认知。在选择的行为中,意志倾向于理性判断是善的事物,意志推动灵魂的能力——包括理性——作为他们行为的主动原因,意志在理性判断的形成中有一定的地位,理性的判断指定意志自己选择的行为。① 阿奎那认为,"人能意愿或不意愿,行为或不行为。再者,他或她能意愿这个或那个,做这个或那个。这一切的原因建立在理性的能力上。因为意志能趋向任何理性能认为是善的。理性能认知作为善的,不仅仅去意愿或去行为,也能不意愿或不行为。在所有特殊的善中,理性能考虑某种善的一个方面,和某善的缺乏即恶的一面,在这个方面,它能认知任何善中的单独一个作为可选择和可避免的。"② 在此,阿奎那更加完整地强调了自由的行为是在意志中,但是自由的根是在理智中。阿奎那这位理性主义者竭力论证人身上的理性优先于意志,因为,既然我们只能欲求我们所认知的东西,理性就必然决定意志。既然意志对其理智有很大的依赖性,那么无论是本性之爱还是超性之爱的爱德,都是如此地和理智有着密切的关系。

对于阿奎那如此关注理智与意志的关系这一思想倾向,米歇尔·沙文(Michael S.Sherwin)在其著作《凭借知识和凭借爱:在托马斯·阿奎那道德神学中的爱德与知识》中对此做了进一步地阐释,并详细地论述了爱和知识的关系。在该书的开头,沙文就对约瑟夫·福克斯(Josef Fuchs)和詹姆斯·基南(James F.Keenan)等人的观点进行了严厉的批评,他将他们看成"道德动机的神学家",因为他们主张仅仅动机或意志本身最终决定道德生活,在他们的框架里,爱德是非认

----

① Michael S.Sherwin, *By Knowledge and by love*: *Charity and Knowledge in the Moral Theology of St.Thomas Aquinas*, Washington, D.C.: The Catholic University of America Press, 2005, p.52.

② ST., Ⅰ—Ⅱ, Q.13, a.6.

托马斯·阿奎那

A Study on Thomas Aquinas' Doctrine of Love

爱的学说研究

知的,与范畴内的知识是分开的。与福克斯和基南等人的观点相反,沙文详细地论证道,超越的且与认知分离的爱德与阿奎那的观点是不一致的。沙文认为,阿奎那确实发展了理智和意志的关系,并且一直在加深理智和意志的关系,凸显了意志对于理智有巨大的依赖性。人性行为的形式一定通过理智来掌握,这样才是一个真正的人性行为。伴随着阿奎那对意志的理解的变化,直接影响了他的爱的理论的变化。爱德和知识之间的关系不仅没有分离,反而加深了在爱德中理智的角色。沙文引用阿奎那的话作为自己论述的开始,如他引用了阿奎那的原话:"圣人和上帝的结合通过知识和通过爱"。①更为重要的是沙文对爱德与知识关系的理解,与他把行为分为内在的行为和外在的行为的理论分析紧密关联。爱德既被认知衡量,同时也不被认知衡量。相关于内部的爱上帝的行为,仅仅是上帝在衡量。但是爱德的外在行为一定被认知因素所衡量,否则就是偶然的、不理智的,最终将不是真正的人性行为。最后,他对道德动机神学家做了决定性的反驳。他认为,爱德如果是一个纯形式,缺乏认知的因素,那么它将不能以一个有意义的方式运转,爱需要通过智德展开自己的行为。总之,沙文高度强调了理智在爱的活动中的重要性,这是作者对阿奎那爱的思想阐发所作出的突出贡献。

尽管沙文强调理智在爱的活动中的重要性,在阿奎那爱的学说的理性特征的解读方面有重要的学术贡献,但他忽略了在基督教信仰内部三圣德之爱德的情感、信仰的一面。因

---

① ST.,Ⅲ,Q.2,a.10.

此，沙文对阿奎那爱的学说的解读也存在一定的偏颇。不过，从他的解读的确可以看出阿奎那爱的学说鲜明的理性特征。而这一特征也是阿奎那对爱的理解区别于耶稣、保罗、奥古斯丁所讲的爱的特色之处。

耶稣、保罗、奥古斯丁所说的爱不是建立在理性的基础上而产生的，是出自人的真实的情感。爱是基督徒显著的标志，爱更是一种信仰，非理性的，发自内心的情感，因此，以爱为基础的信仰注重人内心的皈依，注重人的宗教情感。早期基督教及基督教哲学，都比较强调爱的个人性与情感性特征。他们一般认为，爱完全是个人内心的感受，是人与上帝交流的感受。在爱的前提下，才有可能谈及生存、知识和理智等问题。在奥古斯丁的思想体系中，理性和信仰的关系是，信仰永远是第一位的。人解决了信仰问题再运用理性时，简直如虎添翼。仅仅凭借理性，人永远不能达到洞见世界本体的高度。理性虽然是人必不可少的东西，但是人不能仅凭理性进入天国。这就是说，在奥古斯丁那里，意志永远是高于理性的。如果说奥古斯丁是以爱、情感和信仰为核心，那么阿奎那思想则是以理性和权威为中心。阿奎那已经在很大的程度上对理性的作用给予了肯定。与奥古斯丁相比，阿奎那更体现了希腊人所说的，"人是理性的动物"这一根本的价值取向。

阿奎那重视理性，体现了他对大哲学家亚里士多德思想的吸收和继承，以此来挽救经院哲学的危机，从而在新的时代条件下维护了基督宗教的信仰。威廉·巴雷特在其《非理性的人》中说道："亚里士多德告诉我们，理性是我们人格中最高的部分：人真正说来就是理性。因此，一个人的理性，就是他的真正的自我,他个人身份的中心。这是以最严格最强有力的措辞表达出来的理性主义——一个人的理性自我是他的真正的自我——这种理性主义真正支配着西方哲学家的观点。即使是中世纪的基督教,在吸收亚里士多德学说时,也没有撤换掉这条亚里士多德原则:它只是把信仰作为人格的超自然的中心,把理性作为他的自然的中心,并在他们之间造成了一种不安稳的同盟;自然的人依然是亚里士多德的人,一个其真正自我就是他的理性自我的存在。"①

巴雷特还说,用伯纳德格罗森修的形象比喻来看,阿奎那所说的人,实际上是个半人半马的怪物,是一种在自然和神学层次之间分隔开的生物。这种理性的动物在自然层次上是隶属于超自然的;但还是通过理性的洞见——最后的洞见,属于上帝的本性——激活并纯化意志。虽然这是一种综合,但是已经和圣经所表达的信仰相去甚远了。②

巴雷特的这些论述,比较鲜明地揭示出了阿奎那神哲学思想的本质。尽管阿奎那对哲学和神学、理性和信仰、本性和超本性进行了综合和拔高,尽管他让哲学服从于神学、理性服从于信仰、本性服从于超本性,但是他的神学、信仰、超本性都涂上了一层厚重的理性的色彩。这对后来西方哲学思想的发展产生了重大的影响,预示着近代理性人道主义的诞生,也预示着文艺复兴运动中对人的理性力量的自信。

---

① 威廉·巴雷特:《非理性的人》,段德智译,陈修斋校,上海:上海译文出版社 2007 年版,第 94 页。
② 威廉·巴雷特:《非理性的人》,段德智译,陈修斋校,上海:上海译文出版社 2007 年版,第 105 页。

二、个体性特征

在阿奎那看来,形式本身具有一种普遍性,但是其作为受造的精神实体的本质,却是个体性的。形式就其作为受造的物质实体的组成部分而言,则一定是被个体化了的。就像人的灵魂一样,就其作为一种精神实体,他毫无疑问具有一种普遍性,就其作为苏格拉底的形式而言,则一定是个体化了的。① 然而,阿奎那又认为,质料是个体化的原则,一个物质实体的形式需要被一个特指质料加以个别的刻画。就人而言,特指质料是一个人所特有的身体状况,一个人的灵魂是他所特有的"实体性形式",因为每一个灵魂都被一个适合于它的身体所个体化。也就是说,灵魂作为一种实体,不是个体化的,但是作为人这一实体的形式,是个体化的。这个灵魂是被身体个体化了的灵魂,这个身体也就是这个个别人的身体。在阿奎那看来,灵魂之所以能够成为一个个别人的形式,而不是亚里士多德同一的、不可分的意义上的形式,就是因为它能够接受作为质料的、有维度设定的身体的个体化。这也就是阿奎那在形上学中所肯定的质料是形式个体化的原则。

那么,就具体的人来说,灵魂的能力在人的身上也是个体化的。每一个人的理智、情感、意志的能力不同。一方面,人的理智具有个体性。阿奎那认为,只要承认理智是人的灵魂的能力而不是人本身,那就必须得承认理智的个体性。人的

227

① 段德智:《试论阿奎那的本质特殊学说及其现时代意义》,《哲学动态》2006 年第 8 期。

理智认识的差别也不可能来自心像的不同,可见,阿奎那对唯一理智论的批判表明了他肯定人的理智的个体性,在认识论问题上将人的个体性贯彻到底。另外一方面,人的意志活动也具有个体性。阿奎那认为,人的意志无非就是人的理性欲望,是以人的感觉欲望为基础的,而理性在要求感觉欲望服从、为欲望识别可欲望之善作为目的的这样一个过程中,其本身的活动也因为感觉心像的个体性和理智本身的个体性而是个体的,欲望也因为服从于理性而具有选择这种善或者那种善的自由,因此,与理智活动一样,人的意志活动也是个体性的。①

既然人的理智和意志都具有个体性,那么人的爱也是个体化的。首先,爱的个体性就表现为每一个人爱的深度和广度是不一样的。客体善对于每一人来说是不一样的。有的人偏爱钱财,有的人偏爱权力,有的人偏爱美色,有的人偏爱利益,有的人偏爱思想、偏爱创造,每一个人对善的追求都不尽相同。即使人们对普遍善的爱是共同的,但是人们爱的深度也是不一样的,是有差别的。比如我们都爱上帝,但是大家爱上帝的程度也是不一样的。

其次,爱的个体性表现为,爱体现着每个人的德性和道德境界差异。因为爱更是一种精神性的、思想性的,与个人的德性、修养、道德境界相关。爱在更高的层次上来说,是一种给予,给予是一种付出。我们对他人的友谊之爱,爱他人仅仅是

---

① 参见白虹:《阿奎那人学思想的理论特色与人的全面发展》,《湖北经济学院学报》2011 年第 3 期。

为了意愿对方好,不图对方的回报,也不是为了谋取自己的利益、快乐等。这是一个人品质的体现。阿奎那认为,爱是德性的基础,正确和合理的爱会使一个人有德性。那么这就是对自己最大的爱了。然而有的人总是利用朋友,对朋友的好都是有目的的,希望换来自己更大的利益,这样的人从本质上说是自私的人,表面上他是爱一个自己的人,其实是一个败坏自己生命的人。所以,每个人的爱的层次不同,体现人性的千差万别。

再次,爱的个体性表现为,在超性之爱方面,人们对上帝的爱是个人内心的感受,个人的内心是最重要的。只有当一个人发自内心深处地去认同上帝,对上帝服从,从内心深处理解上帝的要求,那么他对上帝的爱才是可能的。其实从《圣经·新约》开始,就开始注重个人的内心对上帝的根本的爱。阿奎那对此又加深了个人内心的对上帝的爱。他还认为,人的爱德是可以增减的,甚至还可以一旦具有而又失落,这就相当明显地表现出个体性的差异了。肯定人的"个体性",承认人与人之间的差异,体现了人具有自由意志的一面。马丁·路德宗教改革的思想核心是"因信称义",极力强调个体救赎的信仰原则,我们不得不说这一原则的提出跟阿奎那所强调的人的灵魂的个体化问题有其渊源。"因信称义"使人的个体性不再受宗教禁忌的束缚,对上帝的爱这一宗教信仰完全成为个人内心的事物,基督教教会也逐步地回归为完全的宗教机构。

三、整全性特征

我们阐述阿奎那爱的学说的整全性特征,我们不得不从阿奎那对人的整全性分析入手。阿奎那认为人的本质是灵魂和身体的复合实体。单独的灵魂或单独的身体都不能称之为人，阿奎那强调人的统一性。灵魂本身虽然是不朽的实体，但若没有身体的感觉器官的合作，它就不能活动和发展，为获得这个合作，灵魂必须依靠一个质料。由于灵魂完全地存在于身体之中，才使得这一质料成其为身体；尽管人的灵魂具有一种不在身体器官之中的理智能力，但是灵魂依然是身体的实体性形式，灵魂也正是在身体里面，才成其为灵魂。所以人不是灵魂，因为灵魂没有身体是空虚的；人也不是身体，因为身体藉着灵魂才能生存和有思想。灵魂与身体是作为形式和质料结合在一起的，人只能是质料和形式组合成的复合实体。只有承认灵魂是作为身体的实体性形式而与身体结合成为人，才能从根本上保证人的统一性。阿奎那对"人"的整全性的认识超越了他之前所有的思想家。如柏拉图主义者认为，灵魂与身体的结合是推动者和受动者的结合，灵魂可以推动身体，身体仅仅是个工具而已，他把人定义为"一个灵魂利用一个身体"，灵魂的使命在于从身体中解放出来。奥古斯丁虽然没有像柏拉图那样完全否定身体的实体性，但是他也强调灵魂统辖身体的主导地位。虽然没有否定人是灵魂和身体的结合，但是认为人的本质在于灵魂。奥古斯丁虽然提出了身体的问题，但是没有很好地协调灵魂和身体的关系问题。阿奎那遵循了亚里士多德"灵魂是身体的形式，能和身体相统一"这一观点，又论证了灵魂的实体性，提出了这样的观点，即灵魂既是作为实体而不朽的，又是作为实体的形式可以和身体必然联合。只是到了阿奎那这里，身体在人学中的地位才获得了充分肯定：不仅与灵魂一起构成了个体的人的本质的一个不可或缺的成分,而且唯有作为"特指质料"的身体才构成人的本质的个体化的"原则"。这就在一定意义上根本颠倒了古希腊乃至奥古斯丁的人学公式,从而在西方思想史上真正开启了关于全整的人的学说。①

既然阿奎那所说的"人"是整全的人,人是身体和灵魂的统一体,那么人的灵魂的能力也是整全的,人不仅仅有灵魂自己独立的运作,即理智运作和意志运作,另外还有灵魂和身体的复合活动,即感觉欲望的活动和感觉认知的活动。身体和灵魂的统一体主要体现为,一是理智和感觉的统一,理智的活动不能离开感觉的支撑,脱离了身体的灵魂就不能够再认识世间的事物,即使作为人的欲望活动的高级阶段的意志也离不开感觉欲望,但感觉欲望要服从理性。二是理智与意志的统一,理智能够认识意志,意志也需要理性认识到善提供给它作为欲望的目的。意志也能够推动理智,理智的活动也接受意志的推动。所以,人既是理性的思维、意志的主体,同时也是情感欲望的主体,离开了知、情、意的统一,势必造成人的分裂。

爱的活动也体现了这种统一的精神性活动。一方面,阿奎那眼中的人的本性之爱是整全的。人不仅仅有感觉欲望之爱,人也有理智友谊之爱。阿奎那充分肯定了人的感性、感觉欲望、感觉之爱和情感。他不像柏拉图主义和奥古斯丁那样贬斥情感,压抑情感,把感性的肉体、欲望、激情、快乐视为邪恶的和罪恶的。阿奎那认为,他们仅仅和理性发生冲突的时

---

① 段德智:《试论阿奎那的本质特殊学说及其现时代意义》,《哲学动态》2006年第8期。

候才是邪恶的。人不仅仅爱自己的灵魂,还要爱自己的身体。在有关超性之爱的爱德的论述中,阿奎那也提到了人要爱自己的身体。灵魂必须要与身体结合才能构成一个全整的人,感觉之爱和理智之爱都离不开身体的参与。这证明了阿奎那非常强调人的在世性,人就存在于此世之中,承认与人的身体相伴的感觉欲望的合理性。阿奎那不仅强调人的在世性,而且也重视人的超性价值和意义。人具有超越性的目的,人本性上有爱上帝的自然倾向,爱上帝可以获得永生的幸福,人的永生的幸福要比现世的幸福更加值得追求。另外一方面,从本性与超性相结合的角度来看,阿奎那所讲的爱也是整全的。他认为,人对上帝的爱既是本性的,又是超本性的。由于上帝的恩典,人在超本性的基础上与上帝建立了友谊,对本性进行了提升。有的学者如果仅仅重视他的超性之爱,或者仅仅重视他的本性之爱,对于阿奎那爱的学说的解读都是不完全的,都是对他思想的片面性解读。

总之,阿奎那爱的学说的整全性特征根本在于阿奎那将人的全整性贯彻到底,它所呈现出来的始终是一个全整的人,这个人在受造时就被给定了一个基本的条件,那就是既有灵魂,又有身体。而在这个人的生成活动,也就是其作为一个复合实体实现自身存在的时候,他始终是以一个灵魂身体统一体的面貌出现的,他的一切生成活动也都既包含着灵魂的因素,也包含着身体的因素。① 正因为人是作为集自然属性、社

① 白虹:《阿奎那"全整人"观念与人的全面发展问题》,《学理论》2009 年第 27 期。

会属性和精神属性于一身的统一体,那么人的爱也才是丰富的、立体的、有层次的,既有向外索取的感觉欲望之爱,也有向外奉献的理智友谊之爱,既有自然本性之爱,也有出于上帝恩典的超性之爱。这体现了人自身兽性、人性、神性三者的统一,达到身、心、灵和谐与全面均衡发展。这与马克思所提出的"人的全面发展"有异曲同工之妙,为我们今天深刻反思人的全面自由发展问题提供了宝贵的思想理论资源。

第二节　阿奎那爱的学说的现代启示意义

一、新托马斯主义神学思想家对阿奎那爱的学说的发展

1. 马利坦:"爱与位格性相关"

新托马斯主义的代表人物马利坦(J.Maritain)在其著作《位格与公共善》一书中涉及爱的相关问题时,主要是和他的"位格性"(personnality)理论关联在一起加以讨论的。马利坦认为关于位格性的哲学发现,最好的方法就是去研究位格性与爱的关系。[①] 马利坦针对帕斯卡尔(B.Pascal)所说的"我们爱的不是位格,而是它的品质"进行批判,马利坦认为这是一个错误的陈述,他认为爱并不是和品质相关,品质不是我们爱的客体。我们要爱的是最深的、最实体的、最隐秘的、最存在的实体。他认为最存在的实体是一个形而上学的中

---

① J.Maritain, *The Person and the Common Good*, Translated by John J. Fitzgerald, NewYork: Charles Scribner's Sons, 1947, p.28.

心,爱这一中心比爱那些被爱事物中所发现的品质和本质要高深,而且爱者对这一中心的表达是永久的,因为他们的客体是无法形容的。虽然爱寻求这一中心,但是并不是与它的品质相分离,而是与品质成为一体的。这个中心是无穷无尽的,相关存在、恩赐、行为;能给予和给予自身,能接受他人送的这个或那个礼物,甚至能把另外一个自我作为礼物送给自身。这一爱的简要的论述,引出了位格的形而上学问题。因为爱并不是与本性或本质或品质相关,而是与位格相关。①

马利坦把人的个体性(individuality)和位格性进行了区分,突出了位格性的人作为一种精神性存在的一面。然而,人的个体性注重的是人的质料性存在。位格性的概念并不相关于物质,而是相关于最深的和最高的存在者。实际上,人的个体性和位格性并不是两个相互分离的事物,"在我们身上,并不存在一个叫作个体的实在和一个叫作位格的实在。他们是同一个实在,在某种意义上是个体,在某种意义上是位格"。②这正如阿奎那所说的,人是由灵魂和肉体所组合成的一个实体,而不是两个实体。

但是马利坦认为,人的真正的本质在于人的位格,人的位格性才使得人不同于其他的存在者。位格就其本性而言,必然倾向于联合。位格出于其尊严的德性,出于其需求,要成为社会的一员,需要在爱的层面上与他人交流。对自然事物出

---

① J.Maritain, *The Person and the Common Good*, Translated by John J.Fitzgerald, NewYork: Charles Scribner's Sons, 1947, p.29.

② J.Maritain, *The Person and the Common Good*, Translated by John J.Fitzgerald, NewYork: Charles Scribner's Sons, 1947, p.33.

于需求也要爱，只有通过所爱的东西获得自己的丰富性。尤其是对上帝的爱，是人位格性的最深的体现。马利坦所说的那个中心就是以上帝为中心，他认为，"人的中心就是上帝"。人只有与上帝联系在一起才能受到尊重，人的一切，包括尊严在内，都是从上帝那里得到的。因为人是上帝的肖像，上帝是人位格精神性的根源。"上帝就是精神，人类个体也从他那里才开始拥有作为生活原则的精神灵魂，这种精神灵魂才能认知和爱，并为参与上帝生活本身这一荣耀而提高，以至于最终他可以像上帝认知和爱他本人那样来认知和爱上帝。"①

　　然而，我们爱上帝，专心于人的精神与神相通，实现这个目的，只能依靠一种爱，马利坦认为这种爱存在于耶稣走向十字架，即道成肉身的真理中，这是一种神圣无私的爱，是上帝的爱，正是上帝对我们的爱使马利坦看到了人类秩序更新的希望。上帝的爱是一切的爱的前提。

　　马利坦更多地是在阿奎那所讲的本性之爱的层面强调人对上帝的爱。把爱与位格性相关联，只有对那个最深的中心即上帝的爱，才是位格性的爱。其实这与阿奎那所讲的，上帝是最完美的存在，我们人是分有上帝的存在，所以我们要以上帝为目的去爱上帝，这样我们才能够完美，意思是一样的。然而阿奎那和马利坦的时代不一样，着重点是有差别的，阿奎那论证本性对上帝的爱是为超性之爱服务的，是超性之爱的基础，因为阿奎那的立足点是吸收亚里士多德思想为基督教信

---

　　① J.Maritain, *The Person and the Common Good*, Translated by John J.Fitzgerald, NewYork：Charles Scribner's Sons, 1947, p.32.

仰辩护，虽然突出了本性之爱相对的独立性，但是还是为恩典的生命服务的。然而马利坦并不希望全盘回到中世纪，他的理论绝不是封闭保守的，相反，而是基于活生生的现实。他的理论虽然也强调了上帝的爱和上帝的恩典，但是只是因为上帝是人位格性的根源，他主要强调人自身的价值和位格性只有以上帝为中心才能彰显。对上帝的爱的目的是为了慰藉人生的理智秩序和社会秩序。

马里坦主要针对现代西方社会以"人"为中心的人道主义的弊端及其过分强调科学理性而带来的人的异化，才建立了以"上帝"为中心的完整的人道主义。马利坦就是要确立一种以基督教信仰为基础的人道主义，以反对现代世界的世俗的人道主义。他认为后者是一种以人为中心的人道主义，该思潮的要害是只认可人的自然性，或者认为恩典是完全和自然相分离的；或者干脆排斥恩典的存在；或者将恩典世俗化为一种人的现世成就或历史命运。这种人道主义在高扬人的价值的同时，舍弃了人的最高贵的东西，即他的精神存在。真正的人道主义是以神为中心的人道主义。它是一种道成肉身的人道主义和十字架的人道主义。① 他认为这样才能够拯救人类退化的败局，引导人们在现代科学物质至上的世界中重新发现自己的尊严和意义。而人的重新发现必须以重新发现上帝为先决前提，因为唯有上帝才能使人生理想与社会理想、现实创造与永恒超验的神圣追求趋于完美统一。

---

① 徐卫翔：《超越现代：马利坦对现代世界的批判》，上海：同济大学出版社 2004 年版，第 160 页。

2. 吉尔松："对自己的本性之爱和对上帝的本性之爱的统一"

吉尔松根据天主教哲学中所兴起的"爱的问题"论述了自己的看法,论述主要在其著作《中世纪哲学精神》中。人是有限的存有,有限存在者缺乏自己所需,无法实现、维持一己之存有,自然会欲望它,并为了自己的利益而去欲望它。在这一层意义之下,人类一切的爱自然地、正常地,都是有所求的爱。但是另外一方面,人类一切的爱都是上帝对自己的爱的类比的分有,天主是为了自己而爱自己。所以我们人如果只是为了自己而爱天主,这样就不忠实自己的本质。所以问题就出在,人为自己的善而爱似乎不可能无所求,人有太多的需求,怎么可能有无所求的爱? 这就是天主教爱的问题的全部症结所在:在一个本质上无所求的爱中做一种本质上有所求的分有,但有所求的爱又必须变成无所求的爱,才能实现其本质,而且它若不毁减自己,似乎又不可能完美自己的本质。①

吉尔松认为,首先要弄清楚爱的观念。爱和欲望不能混为一谈。几乎所有的欲望都是有所求的,如果我们说,我们为了自己而欲求某物的时候,我们便是在爱此物,这是一种错误的表达方式。在这种情况下,我们爱的只是自己而已。爱就是为了爱的对象本身而欲求,并且是以对象的美与善为乐,除了为对象本身以外,不为任何其他。那么爱是不求回报的,一

---

① 吉尔松:《中世纪哲学精神》,沈清松译,台北:台湾商务印书馆2001年版,第254页。

旦求回报，就不是爱了。然而真爱并不要求放弃人拥有所爱之物的快乐，这是伴随的与爱同一的。所以一切真爱都同时既是无所求，但却会有回报的。① 就是说，爱的无所求和爱所带来的回报并不矛盾。吉尔松的爱的观念明显是承袭了阿奎那对爱的定义。阿奎那就是那样认为的，爱仅仅是相关于那善，对善的一种倾向。所以说，真正的爱上帝应该是不求上帝给予的任何回报，仅仅为了上帝而爱上帝。

但是，如何能在无所求的爱上帝的同时，完全脱离自我呢？吉尔松认为，解决这一问题的关键在于类比和肖像理论。一切万有都是存有本身所创造，每一物的善都是对善本身的分有。天主是普遍的善，是一切善的原因，每一个善只是个别的善，是赋予他们以存在的创造性之善的类比。爱任何的善就是爱它与天主的善之类比性。另外，人是天主的肖像，人不可能爱肖像而不爱肖像的本源，我们意愿任何对象，就是意愿天主的一个肖像，爱自己也就是爱天主的一个类比，也就是爱天主。在肖像、类比的层面上思想，也就是说在创造内思考，便没有理由把对自我的爱和对天主的爱相互区别和对立起来。我们不能说，人由于必然地爱自己，便不可能无所求地爱天主。其实，人无所求地天主正是人真正爱自己的方式。人仅仅只有私爱，才会使自己异于天主之爱。然而，人作为一个肖像，越不像原本，就越不像自己；越是像原本，就越像自己。所以，真爱就是尽可能地忘怀自己。然而，并不因为这种

---

① 吉尔松：《中世纪哲学精神》，沈清松译，台北：台湾商务印书馆 2001年版，第 255 页。

种忘怀而会丧失自己,恰恰相反,在忘怀之中因为对上帝的爱而会重新获得真正的自己。

其实,吉尔松的论证就是要表明人对自己的真正的爱是表达在人对上帝无所求的爱之中。对上帝无所求的爱,会客观上伴随着对爱的回报,这就是对自己最大的爱。无所求的初心带来了意外的惊喜和回报。但是你抱着太强的功利性和目的性,以有所求的心态去爱的时候,你的爱就变得不纯正,那么往往就不会有真正爱的回报。所以,人对上帝真正的爱是可以无所求的,但是却换来了意外的对自己的爱。在本性之爱层面,人对自己的爱和人对上帝的爱不是对立的,而是可以统一的。

《中世纪爱的问题》一书的作者鲁瑟乐也论述了中世纪爱的问题。鲁瑟乐主要是对本性之爱(physical love)和忘我之爱(ecstatic love)及其相互关系进行了论述。他认为,本性之爱就是自爱和爱上帝、爱他人的统一,自爱是真爱的一个必要的特征。在这里,所有的爱不是以绝对地关注自己的善为动机。一个人爱别人的首要动机是由于别人的缘故而不是因为自己的匮乏或需求。这种意义上的本性之爱就使得自爱和爱他的关系协调了。鲁瑟乐认为,阿奎那也是本性之爱的拥护者。阿奎那坚持自爱与爱上帝的完美的和谐,并且把亚里士多德的观点"自爱是所有爱的基础"和奥古斯丁的观点"所有的行动都要寻求自己的幸福相结合形成他自己的本性之爱的概念"比较完美地结合在一起。阿奎那确实超越了自我主义的那种爱,因为阿奎那所说的爱他人不是仅仅为了有益于自己,而是爱他人的同时,自发地、自然地带来了自己的善。

鲁瑟乐认为,这一统一的原则主要是根据阿奎那三个主要的理论。第一个是部分和整体的理论;第二个是所有事物朝向上帝的普遍的欲望;第三个是精神的善和在精神中的善的一致建立了他的本性之爱的概念,即人发现他自己的善在爱上帝中。① 鲁瑟乐虽然也认同自爱和爱上帝的统一,但是与吉尔松的观点相比,其所依据的理论不同,吉尔松依据的是肖像和分有理论,他并不同意鲁瑟乐所用的部分和整体的原则来解释这一问题。

在我看来,关于自爱和爱上帝的关系问题,在阿奎那的原著中其实并不是一个很突出的问题。阿奎那并没有刻意地去重视这个问题,而只是论证人在本性上可以爱上帝胜过爱一切的问题时连带地阐述了这一问题,而他的着眼点是在本性上的问题上面。他的意思是说,人有本性的能力去爱上帝,与超性之爱是吻合的,本性与超本性不是矛盾的,是为超本性服务的。至于"自爱和爱上帝"这个问题,是由于现代性文化的发展,后来的思想家们从现实问题出发,对其思想引申、发展或扩充延伸的结果。

二、新教神学思想家对阿奎那爱的学说的回应

1.蒂利希:爱是趋向与分离者重新合一的冲动

爱的主题在蒂利希(Paul Tillich)的思想中是个重要的问题。他对爱的讨论是以存在论为根基,并从存在论的角

---

① P. Rousselot, *The Problem of Love in the Middle Ages*, Translated and with an introduction by Alan Vincelette, Milwaukee: Marquette press, 2001, pp. 20-21.

度出发探讨爱的问题。蒂利希说，"爱是个存在论的概念。"①尽管爱的形式有多种，如蒂利希把爱分为欲望、欲爱、友爱以及圣爱等形式，但是它们之所以都被称为爱，乃是因为它们之间有一个共同点，这个共同点就是："趋向与分离者重新合一的冲动"。② 生命的本性首先是在人对爱的体验中显明出来的。在实际的生命领域中，爱是使分离者重新结合的力量。

蒂利希认为，爱是生命的内在动力，与存在相关。他说："生命是现实中的存在，而爱是生命的推动力量。"③如果没有推动这一存在着的事物趋向另一存在着的事物的爱，存在就是不现实的，生命的本性也就无法显明。"每一个生命过程都是趋向分离的倾向与趋向重新结合的倾向的结合。这两种倾向的不断统一就是爱的存在论性质。"④在蒂利希看来，爱并不仅仅是一种情感，而是推动未实现的、抽象的存在向实现于不同生存形式之中的存在运动的力量。重新合一是以本质上共同的东西的分离为前提的，没有分离，也就没有爱。但分离又是以原初的统一为前提的，没有个体渴望对其本质所属的统一性的参与，也没有爱。"统一包含了自身和分离，正如

---

① Paul Tillich, *Systematic Theology*, I, Chicago: The University of Chicago Press, 1967, p.279.

② Paul Tillich, *Systematic Theology*, II, Chicago: The University of Chicago Press, 1967, p.136.

③ 何光沪选编：《蒂利希选集》（上），上海：上海三联书店 1999 年版，第 308 页。

④ Paul Tillich, *Systematic Theology*, I, Chicago: The University of Chicago Press, 1967, p.279.

存在包括了自身和非存在一样。"①蒂利希把生命的运动描述为分离和重新结合,又把爱描述为分离者的重新结合,这表明了爱是推动存在从自身中分离出来,又重新回到自身的存在之力量。

蒂利希对爱与存在关系的论述与阿奎那所阐述的形而上学的爱,在根本处有重合的地方。阿奎那所说的人就是分有上帝的存在,人是不完整的和不完美的存在,通过所爱的东西使自己完美。我们爱能完美我们自身的那个完美的事物,爱也是自身存在完整和完美的原则和动力。在蒂利希这里,爱也是维持自身存在的力量。虽然他们述说的角度不同,但是要表达的意思还是有相通之处的。

然而,蒂利希又认为,上帝的爱也是趋向与分离者重新合一的力量。上帝本身就是从存在的根基中出离自身,与自身的本质相分离,又回到自身,与自身的本质相结合的力量。蒂利希说:"在圣子之中,上帝与自身分离,在圣灵之中,他又与自身重新结合。"②这表明上帝本身就是爱,就是存在。上帝作为存在之力量就是爱,这种爱是一种宇宙性的力量,它推动着存在运动。这与阿奎那所说的上帝是爱的观点就不一样了。虽然,阿奎那也认为"上帝是爱",但是与蒂利希所理解的"上帝是爱"的意思不一样。阿奎那所说的"上帝是爱",乃是从"圣灵是爱"的运行的角度说的,在阿奎那那里,上帝的

---

① 何光沪选编:《蒂利希选集》(上),上海:上海三联书店 1999 年版,第 308 页。

② Paul Tillich, *Systematic Theology*, II, Chicago:The University of Chicago Press,1967,p.255.

爱是完全的自我给予，自身是绝对充满的。基督在十字架上所彰显的爱是"充满爱意的俯就，从更高的到低的，从上帝到人，从圣者到罪人等等，后者自身被接纳到'更高的'亦即'至高无上的'上帝的本质之中。"①然而，蒂利希对"上帝是爱"的阐释并没有这层意思，他对上帝的论述不是来源于上帝的启示，而是通过论证人的存在结构从而推论出上帝的存在本身的结构。对于他来说，人的生存是"通向存在本身的唯一途径"。② 他认为人、世界和存在本身具有相同的存在结构，本体上是统一的。人通过对人的生存的分析能够直接意识到上帝存在本身。所以说，人的爱和上帝的爱的存在结构是同一的。

总而言之，蒂利希所说的爱是一种哲学层面的欲爱，即欲求之爱，有欲求的特征。因为在他看来，爱的对象，无论是生理需求还是精神需求，都是分离者重新结合的力量。一切的活动都是在欲爱的推动之下进行的，一切的爱寻求的都是自我的实现，包括上帝的爱也如此。无论人的爱还是上帝的爱，都归结为趋向与分离者的重新结合，实现了人的爱和上帝的爱的等同。这一说法与阿奎那在本性之爱这一层面所论述的问题可以相通。在这一层面，阿奎那认为，人对他物的爱，以及对上帝的爱是为了完美自我，实现自我。然而，阿奎那在超性之爱的层面把上帝对人的爱和人对上帝的爱统一起来，与蒂利希把人对上帝的爱和上帝对人的爱等同起来的做法是完

① 舍勒：《爱的秩序》，林克等译，北京：三联书店 1995 年版，第 17 页。

② Paul Tillich, *Theology of Culture*, Translated by Robert C. Kimball, New York: Oxford University Press, 1964, p.93.

全不一样的。在阿奎那看来,上帝对人的爱,上帝对人的恩典才是人爱上帝的前提和基础。

2. 尼各仁:圣爱和欲爱的完全对立

另外一个新教的神学思想家尼各仁(Anders Nygren)发表了《圣爱与欲爱》这部鸿篇巨制,引起了学术界广泛的关注,这部著作之所以如此引人注目,是因为作者把圣爱与欲爱完全对立起来。

尼各仁认为,欲爱是完全获取性的爱,欲爱的本质就是自爱。一切欲爱都归结为自爱,以自爱为基础。在欲爱中,人对上帝的爱和对邻人的爱本质上都是自爱,都是为了满足自己的需要和欲望。而圣爱是完全给予的爱,尼格仁把自爱看做圣爱的敌人。总而言之,任何形式的欲爱都是自爱,任何自爱都是与圣爱不相容的。

在其著作中,尼各仁对阿奎那爱的理论展开了批判。他不同意阿奎那这样的观点,即认为人类的本性之爱能以任何方式成为超性之爱即圣爱的基础。他认为,阿奎那的本性之爱都是建立在获取性的爱的基础上。这种爱相关于获取性的意志,随后就相关于对幸福的本性要求。自爱必然使得我们爱上帝的原因在于把上帝作为我们的至善。他不认为,纯本性地爱上帝是可能的,他也不承认本性地爱上帝能为圣爱即超性之爱做准备或引向圣爱。①

尼各仁并没有真正地理解阿奎那爱的思想,他的理论和

――――――――――

① Anders Nygren, *Agape and Eros*, Translated by Philip S.Watson, Philadelphia:Westminster Press,1953,pp.425-427.

阿奎那的理论并没有可比性，因为背景和基础并不相同。首先，阿奎那爱的理论的基础和尼各仁就不一样，是属于两个系统的问题。阿奎那想要证明本性之爱和超性之爱的统一，本性之爱是超性之爱的基础。在阿奎那的术语中，本性之爱和超性之爱是围绕着本性和超性做研究的，是分别从有上帝的恩典和没有上帝的恩典这两个角度展开的。而尼各仁的欲爱和圣爱的解读方式，并不是围绕着是否有恩典的问题展开的，而是从获取或给予的角度展开的，所阐述的乃是动机问题。其次，尼各仁与阿奎那对"自爱"的理解也不一样。尼各仁把自我理解为与上帝对立的自我，爱自己就是不爱上帝，正如威森特·布鲁默（Vincent Brummer）说，"尼格仁的观点是把人看做被上帝所操纵的非人格对象。无论是人与上帝的关系，还是人相互的关系都变成非人格性的了，个人仅仅变成了上帝的圣爱流通的管道，完全失去了人格性。"①阿奎那的自我并不是与上帝对立，自我也是上帝给予的，是上帝创造的。自己分有上帝的存在，追求自我的完美和存在是天经地义的，因为这是人之所以为人的必然性表达。所以，人对上帝的爱和对自己的爱并不矛盾，并能爱上帝过于爱自己，而且爱上帝其实就是对自己真正的爱。正因为两人之间的理论基础与出发点不同，所以，尼各仁对阿奎那的批评属于外在的批评，并不是从阿奎那的爱的理论内部出发，分析他的理论问题而展开批评，乃是另立基础从外部展开批评。虽然不能说是完全没

245

---

① Cf. Vincent Brummer, *The Model of Love: A Study in Philosophical Theology*, Cambridge: Cambridge University Press, 1993, pp.136-137.

有道理,但至少可以说是未能切中要害。

三、阿奎那爱的学说的伦理启示

正如当代学者玛·克拉克(M.T.Clark)所评价的,托马斯既是超时的又是合时的,他是适于所有时代的人。阿奎那的理论虽然有其时代背景的局限性,但是他的研究的对象毕竟是有生命的人,而人性是与生俱来的。阿奎那爱的学说对我们现今的思想伦理道德建设具有很大的启发意义。爱就一个字,从古至今延绵不绝,自从有了人,爱就产生了。母爱、父爱、真爱、情爱、圣爱这些词没有人会感到陌生。然而,正因为这种经常化的表达和"普遍的运用","爱"也反倒成为生活中最难懂的词,也似乎是最容易引起误解的一个词。爱究竟是什么,又有几个人能说清楚?往往在很多的情况下,人们亵渎了爱的真正含义。把一个圣洁的词变得猥亵不堪。阿奎那作为一个中世纪的神哲学家,据今已将近八个世纪,然而阿奎那爱的学说并不过时,尤其是他对本性之爱的分析对现今的伦理建设依然具有启发意义。就此,笔者不想再参考其他书目,只想结合阿奎那对爱的论述,就"爱"本身谈谈自己粗浅的看法。

第一,从概念上来说,爱≠独占。从阿奎那对爱的定义中可以看出这一点。阿奎那很清楚地说道,"爱是意志和所有欲望的首要的运动。"爱不同于欲求,爱不同于愉悦,爱只是欲望运动和情感占有的一个必要的条件,但是它并不是欲望运动和情感占有本身。阿奎那并不认为爱暗含有对客体的占有。所以说,爱仅仅是一种感情的结合,是一种倾向,是对对方善的欣赏。阿奎那真正还原了爱本来的面貌,这一点非常重要。爱一个人仅仅是出于欣赏对方的善,并不是想把对方纳为己有进行独占,如果你由欣赏对方变为想把对方纳为己有并因此而独占对方,爱的性质已经变了,已经不再是爱了,而只是借着爱的名义行使着对对方的占有,打着"爱"的旗号干着害人的勾当,把对方由一个可爱的对象变成了一个满足自我私欲的对象而已。

第二,友谊之爱才是真正的爱。阿奎那把爱分为友谊之爱和情欲之爱,这贯穿他的整个爱的分析。作为情欲之爱的爱,爱这个事物是为了别的原因,或者为自己或者为别人,而作为友谊之爱的爱,是因为事物本身而爱事物本身,并希望那个事物善。所以说,情欲之爱其实爱的是狭义的自己。友谊之爱更多地是一种祝愿和祝福,就是希望对方好,跟对方在一起,并不是谋求对方的什么,是没有企图的,而且还是瞄着对方的需求去满足对方,希望对方善。然而,往往正是这样的祝福和不求回报的动机换来了对方给自己最大的回报。因为对方可以感受到你的无私的祝福的爱,对方反而会对你更好。如果你对对方有私心和目的,对方可以感受到你不是真正地爱他,对方也不会对你真正地好,因此矛盾就会产生,人与人之间也就变得不信任。带有索取动机和交换目的的情感都不属于真正的爱。只有用友谊之爱才能彰显真正的自我,只有用友谊之爱才能真正建立和谐的人际关系。

第三,男女之间的友谊之爱更是社会和谐的枢纽。《圣经·创世纪》中就描写了上帝造人,造了男人和女人两种人,男人和女人是两大基本元素。有了男人和女人,才有了生生不息的延续和发展。所以从本底来说,男女两性之间的和谐更重要。国家的和谐来自社会的和谐,社会的和谐来自单位的和谐,单位的和谐来自家庭的和谐,家庭的和谐来自男女的和谐。男女不和谐,会把情绪带到工作中,会带来一连串的连锁反应。男女和谐的关键点在于男女之间的友谊之爱。男人真正地爱一个女人会祝福女人好,希望她善,对女人进行陪补,补女人之所缺,这才是真正的爱。而不是仅仅把她当作生育的机器,仅仅把她当做保姆用人,或者仅仅填补自己的情色需求以及满足征服欲,或者把拥有多个女人当做资本向他人炫耀,这样的出发点都不是男人对女人的友谊之爱。真正的友谊之爱应该是补其所需,延展对方的价值,希望她茁壮成长。反之也一样,女人对男人的友谊之爱也如此,女人真正爱一个男人也是希望男人的价值得到延展,希望他善,能用女人的阴柔之慧弥补男人阳刚之智的不足,而不是仅仅把男人当做自己的钱袋,或者当做勒索和盘剥的对象,或者当做仅供自己独占的胜利品,从而让男人的精神窒息而死。往往女人独占男人的借口,是因为她爱他,但是自己却不知道自己的爱已经成为对方的束缚和枷锁,自己的爱已经成为一种膏药,自己的爱是为了满足自己的掌控欲,这样的爱是悲哀的,是没有价值的,是对真正爱的一种亵渎。所以,男人对女人有友谊之爱,同样女人对男人也有友谊之爱,那么男女才会真正地和谐,男女之间的合力才能真正地去创造更大的价值。

在更高的程度上说,爱也是一种修行。能真正地发自内心以友谊之爱,以祝福的爱,以不嫉妒的爱去爱一个人的时候,才证明自己是一个完满的生命。因为只有一个完满的人才有能力去给予别人,只有一个完满的人才会流溢出自己的真正的爱。这时候,人才真正是"上帝"的肖像。因为"上帝"无所索取,只是给予。这正是人之所以为人的真正的特征所在,否则人无异于动物。有灵性的人都应该朝着圆满的生命去迈进。

第四,人的欲望需要驯服。阿奎那并不像别的神学家那样对人的身体进行完全的否定,认为身体是成圣的障碍,而是从某种层面肯定了身体的积极意义,肯定了身体对人是重要的,是人的本质组成部分。由此,阿奎那也肯定了人由于身体而带来的感觉欲望,肯定了人和动物所共有的感觉欲望。他并不是禁欲主义者,完全否定食欲和色欲的基本需求。然而阿奎那说,人的感觉欲望要服从理智和理性欲望,这就意味着,阿奎那虽然肯定了动物的感觉欲望,但是也要服从更高级的欲望,并不是一味地沉浸在动物性的欲望之中,而是完全反对纵欲主义。阿奎那主张合道的、合理的中道路线,我们可以把它定义为"驯欲"。人是身体和灵魂的复合实体,那么人的欲望也是兽性和神性的复合,兽性的欲望不可避免地存在着,因人有动物的一面,所以要对兽性的欲望进行驯化和驯服,为更高级的神性自我服务,而不是压制它从而导致其罢工,但也决不能让它洪水般泛滥而成灾,导致灵性的丧失和自我的毁灭。

第五,在主张无神论的国度里,我们应该最爱谁?"上帝"在今天对我们意味着什么?人应该最爱自己的神性和灵性,关注自我精神境界的提升。今天的"上帝"对我们而言就是一种最完善的理想人格。阿奎那在论述本性之爱的时候,不止一次地提出自爱,自爱是所有爱的根基。但是这个自爱不同于人们一般所理解的自私之爱。人作为一个存在者,应该是活在含有历史和走势的现实之中,我们不仅应该为"历史的我"负责任,也更应该为"走势的我"负责任。为"走势的我"负责任就是对自己的神性以及精神层面的我进行关注和不断地提升,追求一种理想的人格,即爱一切人都如同爱自己一样,这就是对自己最大的爱。

人们往往在爱的价值取向方面出现了问题,人们往往经不起诱惑,最爱的是钱、权、色、利、情。很多人为这五个字而活,被这五条绳索所捆绑,这五个字把人的欲望玩得团团转,人被异化为钱、权、色、利、情的奴隶,从而失去了主人的地位。这样的人并不是真正自爱的人,只是在消耗自己的精神生命,没有灵性的成长。我们人应该做钱、权、色、利、情的主人,以钱、权、色、利、情为工具,而不是最终的目的。修养自己的德性,让自己更圆满,活得更有灵性,这才是真正的自爱。人之所以为人,就在于人可以自强不息地作无止境的超越。人凭着自由选择的向上追求的能力,可以无止境地向着至善至美的完满理想奋进。这一境界的目标没有终点、没有止境。在这个过程中,爱既是动力,也是试金石;既能开出心智的花朵,也能结成灵性的善果!

以上仅是自己在研究阿奎那的爱的学说过程中的一些感悟和体会,能让几个世纪以前的思想家爱的思想在现时代发光,这也可以说是对他学术的时代价值的一种理解与引申。

感谢托马斯·阿奎那!

参 考 文 献

一、原始资料

1. St. Thomas Aquinas, *Summa Theologica*, Literally Translated by Fathers of the English Dominican Province, New York: Benziger Brothers, Inc., 1947.

2. St. Thomas Aquinas, *Summa Contra Gentiles*, Translated with an Introduction and Notes by James F. Anderson, London: University of Notre Dame Press, 1975.

3. St. Thomas Aquinas, *On Charity*, Translated from the Latin With an Introduction by Lottie H. Kendzierski, Wisconsin: Marquette University Press, 1984.

4. St. Thomas Aquinas, *Truth*, Translated by Robert W. Mulligan, Indianapolis: Hackett Publishing Company, 1994.

二、研究资料

1. Paul J. Wadell, *The primacy of love: An introduction to the Ethics of Thomas Aquinas*, New York: Paulist Press, 1992.

2. Michael S. Sherwin, *By Knowledge and by love: Charity and Knowledge in the Moral Theology of St. Thomas Aquinas*, Washington, D. C.: The Catholic University of America Press, 2005.

3. Thomas M. Osborne, *Love of self and Love of God in Thirteeth-Century Ethics*, Notre Dame: University of Notre Dame Press, 2005.

4. Bernard J. Diggs, *Love and Being: An Investigation into the Metaphysics of St. Thomas Aquinas*, New York: S. F. VANNI Publishers and Booksellers, 1947.

5. Gerard Gilleman, *The Primacy of Charity in Moral Theology*, Westminster: The Newman Press, 1959.

6. Stephen J. Pope, *The Ethics of Aquinas*, Washington, D. C.: Georgetown University Press, 2002.

7. Paul J. Wadell, *Friends of God: Virtues and Gifts in Aquinas*, New York: Peter Lang, 1991.

8. Leo J. Elders, *The Ethics of St. Thomas Aquinas: Happiness, Natural Law and The Virtues*, New York: Peter Lang, 2005.

9. James F. Keenan, *Goodness and Rightness in Thomas Aquinas's Summa Theologiae*, Washington, D. C.: Georgetown University Press, 1992.

10. Ralph McInerny, *Ethica Thomistica: The Moral Philosophy of Thomas Aquinas*, Washington, D. C.: The Catholic University of America Press, 1997.

11. Pierre Rousselot, *The Problem of Love in the Middle Ages*,

托马斯·阿奎那 爱的学说研究

A Study on Thomas Aquinas' Doctrine of Love

Translated and with an introduction by Alan Vincelette, Milwaukee: Marquette press, 2001.

12. Andrew J. Dell'Olio, *Foundations of Moral Selfhood: Aquinas on divine goodness and the connection of the Virtues*, New York: Peter Lang, 2003.

13. Brian Davies, *The Thought of Thomas Aquinas*, Oxford: Clarendon Press, 1992.

14. Brian Davies, *Aquinas*, London: Continuum, 2002.

15. Brian Davies, *Thomas Aquinas: Contemporary Philosophical Perspectives*, New York: Oxford University Press, 2002.

16. Edward J. Gratsch, *Aquinas' summa: An Introduction and Interpretation*, New York: Alba House, 1985.

17. Mary T. Clark, *An Aquinas Reader*, New York: Fordham University Press, 1972.

18. Joseph Bobik, *Aquinas on divine truth: some philosophy of religion*, South Bend, Ind: St. Augustine's Press, 2001.

19. Robert Edward Brennan, *Thomistic Psychology—A Philosophic Analysis of the Nature of Man*, New York: The Macmillan Company, 1954.

20. Robert Pasnau, *Thomas Aquinas On Human Nature*, Cambridge: Cambridge University Press, 2002.

21. W. N. Clarke, *Person and Being*, Wisconsin: Marquette University Press, 1998.

22. John Bowlin, *Contingency and Fortune in Aquinas's Ethics*, Cambridge: Cambridge University Press, 1999.

23. Peter A.Redpath, *The Moral Wisdom of St.Thomas*, Lanham, MD: University Press of America, 1983.

24. Denis J. M. Bradley, *Aquinas on the twofold human good: reason and human happiness in Aquinas's moral science*, Washington: The Catholhic University of America Press, 1997.

25. Gilbert C.Meilaender, *Friendship: A Study in Theological Ethics*, Notre Dame: University of Notre Dame Press, 1981.

26. Henry Bars, *Faith, Hope and Charity*, Translated from the French by P.J.Hepburne Scott, New York: Hawthorn Books Publishers, 1961.

27. Karl Rahner, *Nature and Grace*, Translated by Dinah Wharton, New York: Sheed and Ward, 1964.

28. P.Gregory Stevens, *The Life of Grace*, Englewood Cliffs: Prentice-Hall, 1963.

29. William Hill, *The Three-Personed God*, Washington, D.C: The Catholic University of America Press, 1982.

30. A.N.Williams, *The Ground of Union: Deification in Aquinas and Palamas*, New York: Oxford University Press, 1999.

31. Jaroslav Pelikan, *Imago Dei: An Explication of Summa Theologiae*, Toronto: Calrary University Press, 1978,

32. J.I.Packer, *Knowing God*, London: Hodder & Stoughton, 1993.

33. Augustine, *On Christian Doctrine*, Translated by D.W.Robertson, New York: Bobbs-Merrill companany, 1958.

34. Jacques Maritain, *The Person and the Common Good*,

托马斯·阿奎那 爱的学说研究

A Study on Thomas Aquinas' Doctrine of Love

Translated by John J. Fitzgerald, New York : Charles Scribner's Sons , 1947.

35. Jacques Maritain, *The Sin of the Angel*, Translated by William L. Rossner, Westminster: The Newman Press, 1959.

36. Etienne Gilson, *History of Christian Philosophy in the Middle Ages*, New York : Random House, 1955.

37. Etienne Gilson, *Wisdom and Love in Saint Thomas Aquinas*, Wisconsin : Marquette University Press, 1951.

38. Paul Tillich, *Love Power and Justice*, New York : Oxford University Press, 1960.

39. Paul Tillich, *Theology of Culture*, Translated by Robert C. Kimball, New York : Oxford University Press, 1964.

40. Paul Tillich, *Systematic Theology*, Chicago : The University of Chicago Press, 1967.

41. Anders Nygren, *Agape and Eros*, Translated by Philip S. Watson, Philadelphia : Westminster Press, 1953.

42. C. S. Lewis, *The Four Loves*, London : Fount Paperbacks, 1998.

43. Robert Hazo, *The Idea of Love*, New York : F. A. Praeger, 1967.

44. Vincent Brummer, *The Model of Love : A Study in Philosophical Theology*, Cambridge : Cambridge University Press, 1993.

45. James Maffatt, *Love in the New Testament*, London : Hodder and Stoughton Limited, 1929.

46. Douglas N. Morgan, *Love : Plato, the Bible and Freud*, New York : Prentice-Hall, 1964.

47. Francis J. Mcgarrigle, *The Two Commandments of Christ*, Mil-

waukee：Bruce，1962.

48. Darlene Fozard Weaver，*Self love and Christian Echics*，Cambridge：Cambridge University Press，2002.

49. Edmund N. Santurri and William Werpehowski，*The Love Commandments：Essays in Christian Ethics and Moral Philosophy*，Washington D.C：Georgetown University Press，1992.

50. Edward Collins Vacek，*Love，human and Divine：The heart of Christian Ethics* ，Washington D. C：Georgetown University Press，1994.

51. M.C.D'Arcy，*The Mind and Heart of Love*，London：Faber and Faber Limited，1954.

52. Paul de Jaegher，*The virtue of love*，New York ：Kenedy，1955.

53. Gilbert Meilaender and William Werpehowski，*The Oxford Handbook of Theological Ethics*，New York：Oxford University Press，2005.

54. Jean Mourous，*The Meaning of Man*，Translated by A. H. G. pownes，New York：Sheed&Ward，1948.

55. John Capreolus，*On the Virtues*，Translated by Kevin White and Romanus Cessario，Washington，D.C.：The Catholic University of America Press，2001.

56. P. De Litter，S. J.，"*Hope and Charity in ST. Thomas*"，The Thomist，April and October，1950.

57. Thomas F.O'Meara，"*Virtues in the Theology of Thomas Aquinas*"，Theological Studies，Vol.58，1997.

58. Leo M. Bond，"*A Comparison Between Human and Divine*

Friendship",The Thomist,January,1941.

59. Dom Gregory Stevens,"*The disinterested love of God*",The Thomist,July,1953.

60. William Rossner,"*Toward an analysis of ' God is love ' *",TheThomist,October,1973.

三、中文部分

1. ［意］托马斯·阿奎那:《神学大全》第一集《论上帝》(1—6卷),段德智译,北京:商务印书馆 2013 年版。

2. ［意］托马斯·阿奎那:《反异教大全》(1—4卷),段德智译,北京:商务印书馆 2017 年版。

3. 托马斯·阿奎那:《论存在者与本质》,段德智译,北京:商务印书馆 2013 年版。

4. 段德智:《阿奎那的本质学说对亚里士多德的超越及其意义》,《哲学研究》2006 年第 6 期。

5. 段德智:《试论阿奎那的本质特殊学说及其现时代意义》,《哲学动态》2006 年第 8 期。

6. 阿奎那:《上帝没有激情:托马斯·阿奎那论宗教与人生》,刘清平、汤澄莲编译,武汉:湖北人民出版社 2001 年版。

7. 段德智:《宗教概论》,北京:人民出版社 2005 年版。

8. 赵敦华:《基督教哲学 1500 年》,北京:人民出版社 1997 年版。

9. 赵敦华:《西方哲学简史》,北京:北京大学出版社 2001 年版。

10. 姚介厚：《西方哲学史》（学术版）第二卷，江苏：江苏人民出版社 2004 年版。

11. ［美］梯利：《西方哲学史》，葛力译，北京：商务印书馆2001 年版。

12. 傅乐安：《托马斯·阿奎那基督教哲学》，上海：上海人民出版社 1990 年版。

13. 江作舟、靳凤山：《经院哲学的集大成者阿奎那》，合肥：安徽人民出版社 2001 年版。

14. ［美］凯利·克拉克、吴天岳、徐向东主编：《托马斯·阿奎那读本》，北京：北京大学出版社 2011 年版。

15. ［美］约翰·英格利斯：《最伟大的思想家：阿奎那》，刘中民译，北京：中华书局 2014 年版。

16. 刘素民：《大家精要：阿奎那》，西安：陕西师范大学出版社2017 年版。

17. 邬昆如、高凌霞：《士林哲学》，台北：五南图书公司 1996年版。

18. 刘素民：《托马斯·阿奎那自然法思想研究》，北京：人民出版社 2007 年版。

19. 翟志宏：《阿奎那自然神学思想研究》，北京：人民出版社2007 年版。

20. 董尚文：《阿奎那存在论研究：对波埃修〈七公理论〉的超越》，北京：人民出版社 2008 年版。

21. 徐弢：《托马斯·阿奎那的灵魂学说探究》，上海：上海人民出版社 2008 年版。

22. 白虹：《阿奎那人学思想研究》，北京：人民出版社 2010

年版。

23. 刘素民:《托马斯·阿奎那伦理学思想研究》,北京:中国社会科学出版社 2014 年版。

24. 黄超:《托马斯·阿奎那情感理论研究》,北京:人民出版社 2016 年版。

25. 翟志宏:《托马斯难题:信念、知识与合理性》,北京:中国社会科学出版社 2015 年版。

26. 威廉·巴雷特:《非理性的人》,段德智译,陈修斋校,上海:上海译文出版社 1992 年版。

27. 柏拉图:《柏拉图全集》,王晓朝译,北京:人民出版社 2003 年版。

28. [美]阿兰·布鲁姆:《爱的阶梯:柏拉图的〈会饮〉》,秦露译,北京:华夏出版社 2017 年版。

29. 亚里士多德:《尼各马科伦理学》,苗力田主编,北京:中国人民大学出版社 1992 年版。

30. 严群:《亚里士多德之伦理思想》,北京:商务印书馆 2003 年版。

31. 托马斯·阿奎那:《亚里士多德形上学注》,孙振清译,台北:明文书局 1991 年版。

32. 苗力田主编:《亚里士多德全集》,北京:中国人民大学出版社 1994 年版。

33. 奥古斯丁:《上帝之城》(上下卷),王晓朝译,北京:人民出版社 2006 年版。

34. 奥古斯丁:《忏悔录》,任晓晋、王爱菊、潘玉莎译,北京:北京出版社 2004 年版。

35. 潘小慧:《德性与伦理——多马斯的德行伦理学》,台北:哲学与文化月刊杂志社 2003 年版。

36. 潘小慧:《四德行论——以多马斯哲学与儒家哲学为对比的探究》,台北:哲学与文化月刊杂志社 2007 年版。

37. [美]奥尔森:《基督教神学思想史》,吴瑞诚、徐成德译,北京:北京大学出版社 2003 年版。

38. [英]麦格拉思:《基督教概论》,马树林、孙毅译,北京:北京大学出版社 2003 年版。

39. [美]阿拉斯代尔·麦金太尔:《伦理学简史》,龚群译,北京:商务印书馆 2004 年版。

40. [法]吉尔松:《中世纪哲学精神》,沈清松译,台北:台湾商务印书馆 2001 年版。

41. [德]舍勒:《爱的秩序》,林克等译,北京:三联书店 1995 年版。

42. [英]路益师:《四种爱》,林为正译,台北:雅歌出版社 1989 年版。

43. 姚新中:《儒教与基督教仁与爱的比较研究》,北京:中国社会科学出版社 2002 年版。

44. 杜晓燕:《爱的福音:中世纪基督教人道主义》,北京:华夏出版社 2005 年版。

45. 欧阳谦:《20 世纪西方人学思想导论》,北京:中国人民大学出版社 2002 年版。

46. 黄锡木主编:《主题汇析圣经》,香港基道出版社 2001 年版。

47. 张庆熊:《基督教神学范畴:历史的和文化比较的考察》,

上海:上海人民出版社 2003 年版。

48. [德]莫尔特曼:《被钉十字架的上帝》,阮炜译,香港:道风山基督教丛林 1994 年版。

49. 袁廷栋:《哲学心理学》,台北:辅仁大学出版社 1985 年版。

50. 辛格:《爱的本性:从柏拉图到路德》,高光杰等译,贵阳:贵州人民出版社 1992 年版。

51. 刘小枫主编:《人类困境中的审美精神——哲人、诗人论美文选》,上海:东方出版中心 1996 年版。

52. 何光沪选编:《蒂利希选集》,上海:上海三联书店 1999 年版。

53. 王涛:《圣爱与欲爱——保罗·蒂利希的爱观》,北京:宗教文化出版社 2009 年版。

54. 徐卫翔:《超越现代:马利坦对现代世界的批判》,上海:同济大学出版社 2004 年版。

55. 卓新平:《当代西方天主教神学》,上海:上海三联出版社 1998 年版。

56. 张绥:《中世纪上帝的文化》,浙江:浙江人民出版社 1987 年版。

57. [德]恩斯特·卡西尔:《人论》,甘阳译,上海:上海译文出版社 1985 年版。

58. 何光沪:《多元化的上帝观——20 世纪西方宗教哲学》,贵州:贵州人民出版社 1991 年版。

59. 赵敦华:《人性和伦理的跨文化研究》,黑龙江:黑龙江人民出版社 2004 年版。

60. ［美］安德鲁·J.德洛里奥:《道德自我性的基础:阿奎那论神圣的善及诸美德之间的联系》,刘玮译,北京:中国社会科学出版社 2008 年版。

附 录 一

托马斯·阿奎那大事年表[①]

1224—1225　1224 年末或 1225 年初[②]，托马斯·阿奎那生于洛卡赛卡城堡（Roccasecca），距离位于罗马和那不勒斯（Naples）之间的"阿奎那"小城（Aquino）不远的地方。该城是阿奎那家族的领地。阿奎那家族是当地的望族，与教廷和神圣罗马帝国皇帝都保持着密切关系。托马斯·阿布那的父亲是 Landulph，母亲是 Theodora。在兄弟姐妹十二人中，托马斯·阿奎那排行最后。

1230　5 岁时被父母送入卡西诺山（Monte Cassino）本笃会的修道院当修童读书。父母希望将他培养成修道院院长。

1239　被革除教籍的弗里德利克二世（Frederick Ⅱ,

---

① 引自刘素民：《托马斯阿奎那自然法思想研究》，北京：人民出版社2007 年版，第 456 页。

② 一说 1225 年年末，瑞典 Fribourg 大学神学教授 Peter Calo 则以为1227 年更为可能。参见 Prtimmerr 所著 Fontes Vitae S.Thomae Aquinatis，notis historicis et criticis ilhistrati，Toulouse，1911。

1194—1250)派兵占领并关闭了卡西诺修道院,托马斯·阿奎那返家。返家数月后的秋天,托马斯被送到由弗里德利克二世创办的那不勒斯大学读书,在"三目"(文法、逻辑、修辞)"四科"(音乐、数学、几何、天文)的学习中,不久"文法"方面就超过了其老师。随后开始接触到亚里士多德的形而上学、自然哲学与逻辑学著作。

1244 　　　　 在那不勒斯加入多米尼克修会(Doninican Or-der)。父母坚决反对托马斯加入修会,因此,当修会计划把他送到波洛尼亚的总堂深造时,在去巴黎的途上,他被他的兄弟劫持囚禁,困于洛卡赛卡的一个家族城堡,历时一年多。

1245—1248 　 摆脱家庭控制,被修会送到巴黎的圣雅克修院学习。

1248—1252 　 大阿尔伯特(Albertus Magnus,1206/1207—1280)在科隆开设大学馆主持多米尼克修会的神学研究,托马斯·阿奎那在大阿尔伯特的指导下学习《圣经》、伪狄奥尼修斯著作以及《尼各马可伦理学》等课程,托马斯参与了注释亚里士多德的著作、编纂百科全书和编写大学教材等工作。由于体格硕大、沉默寡言,被人称为"西西里哑牛"(The dumb ox of Sicily)。

1250 　　　　 晋铎为神父。

1252—1254 　 由科隆回巴黎继续学业,并获圣经学学位,开始讲授圣经。

1254—1256	获语言学学位。开始讲授语言学。在巴黎与波那文都(Bonaventura,1221—1274)同时毕业,获得神学硕士学位。
1256—1259	留在巴黎大学任教,获准作为神学教授在神学院开课。(此为他在巴黎大学第一阶段的授课。)
1256—1257	因为大学学潮,未能及时获得硕士学位,1257年才取得博士学位。
1259—1268	离开巴黎,到意大利。同年,教皇亚历山大四世委任托马斯·阿奎那为罗马教廷神学顾问,直至 1268 年。
1259—1267	在意大利曾经先后执教于 Orvieto、Viterbo 等几所著名大学。结识亚里士多德专家莫尔贝克的威廉(Wilhelm Moerheke),开始接受亚里士多德哲学的影响。
1259—1264	完成第一部论著《反异教大全》在意大利的写作。
1260—1264	在那不勒斯居留和在 Orvietu 任教。
1266—1268	开始撰写《神学大全》第一部。在罗马 Sauta Sabina 和 Viterbo 任教。
1269—1272	奉命重返巴黎大学任教,三年中与许多不同派系的哲学家辩论,显示出非凡的才能。完成《神学大全》第二部的写作。
1270	12 月 10 日谴责阿维洛伊(Averoes,1126—1198)主义第 13 条命题;教廷最终正式宣布阿

	维洛伊主义为异端,托马斯·阿奎那在大论战中获得了胜利。
1272	厌倦了巴黎大学接连不断的学潮和无休止的论战,离开巴黎,回故乡那不勒斯大学任神学教授,开始写作《神学大全》第三部的前 90 个问题。还注释了亚里士多德的有关著作。
1273	12 月 6 日突然中止《神学大全》的写作。①
1274	1 月教会为了调解西方拉丁教会与东方希腊教会的矛盾,决定在法国里昂召开会议,托马斯·阿奎那奉命以教廷神学顾问和基督教神学最高权威的身份出席。途中逗留在他侄女 Francoise d'Aquin 处,一病不起。他自觉病况加重,要求将他送至 Fossanuova 的修道院。3 月 4 日,他感觉死期将至,要求敬领终传圣事,3 月 7 日夜安然逝世,享年不到 50 岁。
1277	3 月 7 日,巴黎,托马斯·阿奎那的 219 个命题遭谴责。3 月 8 日,牛津,托马斯·阿奎那的命题遭谴责。
1323	7 月 18 日,托马斯·阿奎那在 Avignon 被追封

---

① 1273 年 12 月 6 日早晨做弥撒时,他长时间出神。有人说这是一种显圣(vison),有人说这是精神崩溃;有人说这是精神超越,沉醉于神秘的体验,等等。这一经历宣告了托马斯·阿奎那一切学术活动的终结。托马斯·阿奎那说:"我再也不能写任何东西了,奥秘启示我显示我的写作实如糟粕"(I can do no more. Such secrets have been revealed to me that all I have written now appears to be of little value.)。参见 Josef Pieper, The Silence of St. Thomas, New York; Pantheon, 1953。

为"圣徒"。

1567	托马斯·阿奎那被封为教会"导师"或"圣师"（Doctor of the Universal Church），并追授"天使博士"（Doctor Angelicus）的封号。
1878	"永恒之父"（Aeterni Patris）通谕颁布，成为整个经院哲学复兴运动的一个标志。托马斯·阿奎那被尊为"经院哲学博士的巨擘与导师"（The prince and master of all Scholastic doctors）；其学说被宣布为"天主教至今唯一真实的哲学"。
1880	8月4日被教皇训谕尊为全球天主教学校学生的主保（patron of all Catholic universities, academies, colleges, and schools throughout the world）。
1914	6月29日天使博士（Doctoris Angelici）通谕公布，同年批准并于7月27日正式公布，将托马斯的二十四论题作为正式的教学大纲。
1923	"圣托马斯通谕"（Studiorum Ducem）发布。

附 录 二

托马斯·阿奎那"本质"观述评①

"本质"作为一个现代哲学概念，主要是从西方哲学系统中引进来的。但在中国古代汉语中也有"本质"一词。该词有两种意思，一是指事物本来的形体，二是指事物的根本性质。作为一个哲学词汇，用来翻译英文中的 essence，以与现象和表象相对。马克思主义哲学传入中国之后，现代汉语以及现代中国哲学中，"本质"一词得到了广泛的应用。"透过现象看本质"，既是中国马克思主义辩证法中的哲学语言，在一定程度上也成为我们当代中国人的日常语言。为了深化我们对"本质"一词的理解，我们有必要深入到西方哲学史与宗教哲学的思想史中，考察"本质"一词的多重意义。事实上，"本质"一词在西方哲学的传统中有多重意思，亚里士多德哲学中的"本质"概念就不同于马克思哲学中的"本质"概念，即使是在以亚里士多德哲学为基础的托马斯·阿奎那的宗教哲学中，其"本质"一词的含义与亚里士多德哲学中的亦有所不同。

---

① 本文原载于《理论月刊》2008 年第 4 期，此次发表，略有修改完善。

托马斯·阿奎那在早期的著作《论存在者与本质》一书中就清楚地表明了他的形而上学哲学思想。对"本质"等形而上学概念的分析构成了他神哲学思想的基础。本文主要通过对托马斯·阿奎那最为重要的哲学著作《论存在者与本质》一书中所论述的"本质"观的梳理和分析，意在让读者明了阿奎那的形而上学思想，以便更好地理解他的爱的伦理学思想；同时，也揭示西方中世纪基督教哲学中"本质"观的复杂性，以便深化当代中国人对西方哲学史"本质"概念内含丰富性的认识。

一、阿奎那对"本质"的定义及其认识本质的方法

　　何谓事物的"本质"呢？阿奎那从"存在者"的角度出发，阿奎那认为，"存在者"是由本质和存在两者构成。因而，它是一个复合的概念，本质是其中的构成要素之一，所以我们只有先认识"存在者"，然后才能抽象出其本质。阿奎那是从两种方式来言说"存在者"的：第一，从实存的层面，实际存在的事物；第二，从逻辑的层面，即命题的真实性。但是阿奎那认为，本质这个词不是由言说存在者的第二种方式产生出来的。因为按照第二种方式，一些事物虽然被称作存在者，但是却并不具有本质，这在"缺乏"的情况下很清楚。毋宁说，"本质这个词是由言说存在者的第一种方式生产出来的。"①所以阿奎那对本质的认识是从实存论的角度来思考的。在这里，"本

---

　　① 【意】托马斯·阿奎那：《论存在者与本质》，段德智译，《世界哲学》2007年第1期。以下有关阿奎那的引文，均出于此。

质"具有实存性质,它不是一个普遍的概念,因而也就不是一般意义上由人的思维构造出的实体。

在阿奎那看来,"所谓本质就应当意指那些为自然事物所共有的东西,各种不同的存在者就是据此归属到各种不同的属相和种相之下的,如人性乃人的本质,如此等等。"然而,作为"自然事物共有的""本质",从存在论的角度去看,它又存在于何处? 我们又如何去认识这一"本质"呢? 对此两个问题,托马斯是这样论述的:首先,"因为存在者这个词是绝对地和首先用来言说实体的,是随后并且是在次要的意义上用来言说偶性的,故而本质也就内在地和真实地存在于实体之中,而只是以一定的方式并且是在从属的意义上才存在于偶性之中的。其次,由于实体可以分为单纯实体和复合实体两大类,所以'本质'在这两大类的实体中的存在方式是不同的。"他认为,虽然有些实体是单纯的,有些实体是复合的,但本质却存在于两者之中。不过,由于单纯的实体是以更加高贵的方式具有存在的,本质也就以更为真实、更为高贵的方式存在于它们之中。单纯实体之所以更加高贵,乃是因为上帝就是这样一种单纯的实体。而且也只有在这样的实体中,存在与本质是合而为一的。由此可见,阿奎那努力借助语言与逻辑这样的理性力量,说不可说的上帝,通过有限来表达无限,让理性服务于信仰,体现了中世纪基督宗教哲学的鲜明特色。

二、"本质"在三种存在者中的不同表现——阿奎那论"本质"与"存在者"的三种关系

阿奎那认为具有本质的实体有三种:第一是复合实体;第

托马斯·阿奎那 爱的学说研究
A Study on Thomas Aquinas' Doctrine of Love

二是理智实体;第三是最单纯的实体——上帝。

(一)作为在"复合实体"中所发现的本质

阿奎那说:"所谓本质,在复合实体的情况下,无非意指由质料与形式复合而成的东西。"由于复合实体是由质料与形式二者构成的,所以"本质"既在形式之中,也在质料之中。因为复合实体的存在既不单单是形式,也不单单是质料,而毋宁说是它们两者的合体。所谓本质也就是事物藉以被说成存在的东西。因此,一件事物藉以被称作存在者的本质,便既不应当单单是形式,也不应当单单是质料,而应当是它们两者,尽管只有形式才适合构成这样一类存在的原因。

然而,在阿奎那看来,复合实体中所发现的本质不可能具有普遍性。因为复合实体包含有质料。而质料总是表现为一种"个体化原则"。如他说:"然而,既然个体化的原则(individuationis principium)为质料,则似乎就可以因此说:自身同时蕴含有质料和形式的本质就只能是特殊的,而不可能是普遍的。由此也就可以得出结论说:要是所谓本质即是由定义指明的东西,则对普遍的共相(universalia)便不可能下任何定义。"

当代法国存在主义哲学家萨特曾经说过,"存在先于本质。"这一观点,从某种意义上说可以追溯到阿奎那。在阿奎那看来,作为复合体的存在者其内含远在本质之外。本质仅是存在者的一个部分。他通过属相与种相及其本质关系的论述,揭示了这样一个道理。如他说:"尽管属相可以意指种相的整个本质,但是,同一个属相的各种不同的种相中,却并不只有一个本质;因为属相的统一性正是由它的非限定性或无差别性本身生发出来的。""再者，既然如上所述，种相的本性对于个体来说是非限定的，就像属相的本性对于种相一样，从而，述说种相的属相在其意义中即涵盖(尽管是含混地)了限定性地存在于种相中的一切，则述说个体的种相便必定意指在本质方面存在于个体中的一切，虽说这是含混地(indistincte)意指出来的。这样，种相的本质是由人这个词意指出来的，从而，人这个词就是用来述说苏格拉底的。然而，如果种相的本性被表明是排除作为个体化原则的特指质料的，则种相就只是作为一个部分而相关于个体的。人性这个词也就是这样意指事物的，因为人性所意指的是人之所以为人。然而，特指质料并不是那种使人之所以为人的东西，因而无论如何也不属于那些使人成为人的东西。因此，既然人性概念只包括那些人之所以为人的东西，而特指质料是被排除在外的或不被述说的，既然一个部分不可能用来述说它的全体，则人性便既不可能述说人也不可能述说苏格拉底。所以，阿维森纳说：复合物的实质并不就是那构成其实质的复合物本身，虽说这实质本身是复合的。例如，人性虽然是复合的，但是却并不就是人。相反，它必须被接受进其本身即为特指质料的某件事物之中才能够成为人。"

从阿奎那的论述中可以看到，其对人性的认识是非常深刻的。作为普遍的人性在每个具体的个人上都有体现，但每个个人又有各自的精神气质，每个具体的个人的丰富性远在人性的抽象概念之外。这与萨特"存在先于本质"的命题有惊人的相似性。阿奎那反对把现实的人归约为某种理论上的抽象的人性，只是他囿于基督宗教哲学的思想框架，不像现代哲学家承认人是自由的而已。无论如何，阿奎那从语言上对人与人性这两种不同"本质"之间的区分是非常有意义的。他说："因此，很显然，人这个词和人性这个词虽然都是意指人的本质的，但是，如上所述，它们意指的方式却并不相同。因为人这个词所意指的是作为整体(ut totum)的人的本质；换言之，是就这本质非但不排除质料的指定，反而内在而含混地蕴含有它，就像我们说属相包含着种差那样。所以，人这个词是用来述说个体的。但是，人性这个词却是意指作为人的部分(ut partem)的人的本质的，因为在它的意涵中所内蕴的只是那属于人之所以为人的东西，而排除了一切指定性，从而也就不可能用来述说个体的人。由于这层理由，本质这个词有时就被发现是用来述说某件事物的，例如，当我们说苏格拉底是一本质的时候，即是如此；本质这个词有时又被用来否定某件事物，例如，当我们说苏格拉底的本质并非苏格拉底的时候，即是如此。"

可以这样说，阿奎那此处对"本质"一词作语言与思想的分层处理，对于我们深化对"本质"一词的理解，大有帮助。我们可以从不同的层面，不同的范围来概括事物的性质。当我们说人的本质时，是相对于动物或其他东西而言。当我们说人性是人的本质时，是从人的整体、类自身而言的，是所有的人都具有的一种共通的基本特质。由此，我们可以说，阿奎那提出了"整体本质"和"部分本质"的观念。当代中国马克思主义研究者曾经提出所谓的"一级本质"，"二级本质"等说法，其实仅就一事物的自身特性的重要性而言的。另外，还可以从述说事物整体特征(属相)和部分特征(种相)的角度来考察事物的"整体本质"与"部分本质"含义。这种"本质"观可以从哲学上拓宽并深化我们对"本质"的理解。

（二）作为在理智实体中所发现的本质

阿奎那区分两种脱离质料的实体，一种是灵魂、灵智，另一种是第一因，即作为纯形式而存在的上帝。灵魂或灵智，阿奎那又称之为"受造的理智实体"。在这两种实体之中，"本质"的表现方式有所不同。

在"受造的理智实体"中，存在与本质并不具有绝对的统一性。如他说："按照第二种方式，本质是在受造的理智实体中发现的。在这些实体中，它们的存在并不就是它们的本质，尽管它们的本质是没有质料的。因此，它们的存在不是绝对的而是接受过来的，从而是受到接受本性的能力的限制的和有限的。但是，它们的本性或实质却是绝对的，而不是被接受进任何质料之中的。"

在单纯实体中，单纯实体与本质是统一的，并以整体的方式呈现出来的。如阿奎那说："所以，复合实体的本质与单纯实体的本质之间的差别在于：复合实体的本质不单是形式，而是包含形式与质料两个方面，单纯实体的本质则单单是形式。由此便演绎出了两样别的差别。一是复合实体的本质既能够用来意指一个整体，也能够用来意指一个部分，如上所说，这是视质料的指定而定的。因此，复合实体的本质并不是在任何情况下（quolibet）都能够用来述说复合事物本身的。因为我们不能够说一个人即是他自己的实质。但是，单纯事物的本质，作为它的形式，除非作为整体，是不可能意指什么的。因为在这种情况下，其本质中除了仿佛是所接纳的形式外是根本不存在别的任何东西的。所以,对单纯实体的本质,无论怎样设想它,这本质总是可以用来述说这实体的。因此,阿维森纳说:'一件单纯事物的实质即是这单纯事物本身。'这是因为再没有任何别的事物能够接纳这形式。"很显然,阿奎那的这一说法,其实是在为上帝的存在进行理智的论证。充分地体现了他的宗教哲学为基督教信仰服务的特征。

(三)作为在最单纯实体——上帝中所发现的本质

对于上帝这样的存在来说,本质与存在是合一。存在本身就只是单纯的形式,而且不能附加上任何东西,如阿奎那说:"这样,我们就可以清楚地看到在不同的事物中是如何发现本质的。其实,发现实体之具有本质可以有三种方式。一种是像上帝那样,其本质即是他自身的存在。所以,我们发现一些哲学家声言上帝并不具有实质或本质,这是因为他的本质不是别的,无非是他的存在。"他又说:"倘若我们说上帝是纯粹的存在,我们就不必犯一些人所犯的错误,断言上帝是每一件事物借以形式地存在的普遍存在(esse universale)。作为上帝存在的存在是这样一种存在,任何东西都是不可能附加上去的。"

为了论证上帝与万物的关系,阿奎那还进一步地论述了作为第一因存在的上帝的意义:那就是可以避免人们在思维方面的无限退缩的缺陷。他说:"凡适合于一件事物的东西,如果不是由它的本性的原则所引起的,像人的笑那样,就是来自由某种外在的原则,像空气中的光来自太阳的影响那样。这样,一件事物的存在本身便不可能由该事物的形式或实质所引起(我的意思是说不可能由动力因所引起),因为这样一来,该事物就产生了它自己的存在,并且将因此而自行存在,而这显然是不可能的。所以,一切其存在有别于它自己本性的东西都是从他物获得其存在的。而且,既然凡通过他物而存在的东西都可以还原到那些通过自身而存在的东西,作为它的第一因,那就必定存在着某件事物,其本身为一纯粹的存在,构成所有事物存在的原因。否则,我们在探究事物的原因时就将陷入无穷追溯。因为凡不是纯粹存在的事物,如上所述,其存在都是有一个原因的。所以,很显然,理智实体是形式兼存在,并且是从第一存在获得其存在的,而所谓第一存在即是纯粹存在。这也就是第一因,亦即上帝。"

由上述所引的文献可知,基督教哲学的思维逻辑与古希腊的思维逻辑是一致的,那就是要为世界寻找一个终极的起点。但是,正是基督教哲学为了论证上帝的存在,发展手工艺品出了一套严密的思维科学——逻辑学,则又是人类精神发展史的一种吊诡。

(四)在"偶性"中所发现的本质

阿奎那在论述了本质如何存在在于复合实体、理智实体、上帝这一最高实体三种形式之中,最后进一步论述"本质"是如何存在于偶性之中的。他这样说:"既然我们已经解释了本质是如何存在于所有类型的实体中的,则我们现在就应当着手来澄清本质是如何存在于偶性之中的。"

在阿奎那看来,"偶性"只是在一定意义上才是一个存在者,所以本质与偶性的关系就不是必然的。如阿奎那说:"偶性附着的东西就其自身而言,却是一个完全的存在,自行存在于它自己的存在之中。而且,这种存在在本性上是先于伴随发生的偶性的。所以,这种伴随发生的偶性,由它同它所附着的事物的联合,是产生不出该事物在其中自行存在的那种存在,产生不出该事物借以成为一存在者本身的那种存在的。毋宁说,它产生了某种次级存在(esse secundum)。如果没有这种次级存在,存在者的存在就不可能被理解为存在,就像即使没有第二个东西,第一个东西仍然可以被理解一样。因此,由偶性和主体能够产生出某种在偶性上而不是在本质上是一的东西,所以,从这两者的结合中并不能产生出一种本质,像形式与质料的结合那样。这样,一个偶性便既没有一个完全本质的形态,它也不构成本质的一个部分。毋宁说,正如偶性只是在一定意义上才是一个存在者一样,它也只是在一定意义上才具有本质的。”

不仅如此,一些偶性恰恰是由一些事物的本质派生出来的。如阿奎那说:“一些偶性是由一件事物的本质的原则按照它的完满的现实性产生出来的,就像火的热度一样,火始终现实地是热的。而另外一些偶性则是实体的倾向的结果,而在这样的情况下,完全的偶性是由一种外在的活动主体产生出来的,就像空气的透明一样,它是通过一个外在的发光体成全的。在这样一些事物中,倾向(aptitudo)作为一种偶性虽然是不可分离的,但是倾向的完成(complementum),由于是来自该事物的本质之外的某项原则,或是由于其并未进入该事物的结构之中,却是可以分离的,就像运动这种能力以及诸如此类的别的本性一样。”

阿奎那否定偶性与本质之间存在必然性的关联,这当然是中世纪基督教哲学以上帝为核心的本质主义观念的典型表现,但也可以刺激我们对偶然与必然的关系做更进一步的认识。现代哲学中的"概率"观念的出现就可以反映人类对偶然与必然的关系的认识。阿奎那虽然否认了偶性与本质之间的必然联系,但将偶性看作是"同一种相的诸多个体"之间得以形成区别的原因,这一观点则有助于我们把握"个体"的特征。阿奎那说:"既然每一件事物都是藉质料而得以个体化的,都是藉它的形式而被安置进它的属相或种相的,则伴随质料产生出来的偶性便是个体事物的偶性,属于同一种相的诸多个体便是藉这些偶性相互区别开来的。但是那些伴随形式产生出来的偶性便是该属相或种相的特性(propriaepassiones),所以,它们就发现存在于所有那些分有该属相或种相的本性的事物中。例如,一个人笑(visibile)这种偶性就是随着形式而来的,因为笑是随着人的灵魂的一定种类的领会产生出来的。"

三、结束语

沿着阿奎那的思路,可以这样说,正因为有偶性,才有个体。而每个个体的人正因为他可能在所谓的普遍"本质"的规定之外,人的世界才有可能显示他的丰富性、生动性与复杂性。从联系的角度看,所有的"偶性"都有可能与本质保持着某种我们人还不能认识、尚未认识的内在关系,虽然不一定是必然的关系。世界就是由偶性的事物与人组成的,一切偶性会以各种方式与本质保持着某种形式的关联性,而不会出现阿奎那所说的:有些偶性没有本质。我们似乎只能说,偶性是以多样的方式与本质保持着关系。正是因为"偶性"与本质的关系具有复杂性、多样性,人的认识能力有限,才不易发现这种多样的关系。偶性也是一种存在者,它不仅有自己的本质,而且是以某种方式与本质保持着间接的关系,这也是我们对阿奎那"本质"观的一点修正。

后 记

何曾想到写本书后记会是博士毕业十年之后。十年前的这个时候,我正在准备 11 月份的博士论文答辩,当年的场景都历历在目,仿佛在昨日。回首这十年,自己有辛酸与泪水,也有美好与喜悦。这是成长的十年,也是蜕变的十年。以前看有人出版博士论文都是工作后很久,一直不明白为何不早日出版,事非经过不知难。当自己博士毕业走出校门、踏入社会之后,感觉有太多自己不可掌控的变量因素存在。正因为这些无法掌控的变量因素,才让我深感人的有限性和不确定性。傲气与任性无济于事,淡定和豁达才是良药,事情讲究水到渠成。或许将自己的博士论文进行修订并出版也是一种水到渠成。

感恩我生命中拥有博士研究生的学习经历。博士论文的撰写经历尤其让我终生受益。这是对一个人逻辑思维能力、材料驾驭能力、抗寂寞能力、意志力等综合能力的考验。面对中世纪神哲学家阿奎那的大部头著作,曾让我望而却步,但最终咬着牙挺了过来,让我有一种重生般的喜悦与自信。从此,我明白了,消化这个世界上大大小小的问题必须拥有坚强的胃。

感恩我的导师段德智先生。我于 2003 年考取武汉大学硕士，就读哲学学院宗教学专业基督宗教方向，之后硕、博连读，于 2008 年底博士毕业，师从段德智先生五年半。先生一丝不苟、甘于坐冷板凳的治学精神，以及他超乎常人的意志力和抗干扰能力深深地感染着我。先生笔耕不辍，埋头钻研。每次我打电话到家里，总能找到先生，因为他几乎很少应酬和会议出差等。在这个浮躁和喧嚣的年代，一个人为了学术信仰而甘于平凡，一个人为了追求真理而不为名利所累，这恐怕也是这个时代最不平凡、最不世俗的人了，因为他达到了为真理而真理、为自由而自由的境界。先生严谨的治学态度让人心生敬畏，他高标准、严要求、力求精益求精。我的博士论文提纲在先生的指导下反复调整，改了不下七八遍。当时我有点接近崩溃，在他家里眼泪都掉出来了，心里埋怨先生太苛刻。有一次，先生说，"不要那么自恋，要舍得删减自己的东西"。先生不经意的一句话点醒了梦中的我，意在让我不要自恋和固执己见，要具有反思和自我批判精神。此外，先生海纳百川的气度、韬光养晦的睿智、善良仁义的品行等都深深地影响着我、鞭策着我、激励着我，让我获益匪浅，终生受用。

感谢武汉大学哲学学院宗教学系的麻天祥老师、吕有祥老师、宫哲兵老师、车桂老师、郝长墀老师等。徐弢老师还在香港帮我搜集了三本与论文选题相关的书籍。感谢三位特殊的老师，翟志宏老师、黄超老师和董尚文老师。他们是我的亲师兄，给了我莫大的帮助。翟志宏师兄给我提供了《神学大全》英文版以及他在国外搜集的一些研究资料。董尚文师兄给我提供了《论爱德》的原著。感谢与自己同时论文答辩的白虹师兄和鄢松波师兄，我们在写作的过程中互相鼓励和安慰，以让博士论文的写作更有动力。还要感谢台湾辅仁大学士林哲学研究中心的潘小慧教授以及其他老师，他们给了我去辅仁大学交流和学习的机会，让我开阔了研究视野，搜集了很多相关的研究资料。也感谢湖北大学的戴茂堂教授、山东大学的傅有德教授以及中国人民大学的李秋零教授，他们在百忙之中抽出时间审阅了全文，并提出了很宝贵的意见。

2010年11月，我跟随国家宗教事务局原局长叶小文先生在中央社会主义学院做博士后，主要从事马克思主义宗教学研究。2013年7月，我跟随国家行政学院社会和文化教研部原主任祁述裕教授进修访学，主要从事文化政策研究。2016年1月，我正式入职中央社会主义学院统战理论教研部民族宗教教研室，主要从事当代中国宗教问题、中国宗教政策研究。其实，自从博士毕业后，我几乎很少再从事中世纪基督宗教哲学研究，但是硕、博期间从事基督宗教哲学研究所形成的逻辑思辨能力深深地影响着我，带给我无穷尽的思想的力量。我从云端走向泥土，我深感云端的哲学思辨与泥土的自然芬芳结合的美妙。工作逐渐安定之后，我想重拾我的中世纪哲学研究，因为我深感我的博士论文研究不是一种观点和理论的"终结"，而只是更深入研究的"导引"或"纲要"。爱是人类思想史上最深刻的主题，阿奎那的爱德伦理学研究对抵抗当今时代的冷漠依然具有深刻的启迪意义，尤其对当今天主教在神学伦理思想方面的中国化具有很强的借鉴意义。修订出版我的博士论文是一种对过往经历的纪念，同时也是一种新的起点和开始。

在此,感谢人民出版社的洪琼先生对本书的精心编辑,感谢中央社会主义学院的领导和各位同事对本人的关心与帮助。

张祎娜

2018 年中秋

责任编辑:洪　琼

图书在版编目(CIP)数据

托马斯·阿奎那爱的学说研究/张祎娜 著. —北京:人民出版社,
　2018.9
(经院哲学与宗教文化研究丛书)
ISBN 978 - 7 - 01 - 019800 - 2

Ⅰ.①托… Ⅱ.①张… Ⅲ.①托玛斯·阿奎那(Thomas,
　Aquinas,Saint 1225-1274)-哲学思想-研究 Ⅳ.①B503.21

中国版本图书馆 CIP 数据核字(2018)第 215832 号

托马斯·阿奎那爱的学说研究
TUOMASI AKUINA AI DE XUESHUO YANJIU

张祎娜　著

人民出版社 出版发行
(100706　北京市东城区隆福寺街 99 号)

北京中科印刷有限公司印刷　新华书店经销

2018 年 9 月第 1 版　2018 年 9 月北京第 1 次印刷
开本:880 毫米×1230 毫米 1/32　印张:9.875
字数:200 千字

ISBN 978 - 7 - 01 - 019800 - 2　定价:49.00 元

邮购地址 100706　北京市东城区隆福寺街 99 号
人民东方图书销售中心　电话 (010)65250042　65289539